À Samuel, Garance, Anaëlle
et leurs trois façons d'être sportifs…

En hommage à Jean Prévost.

REMERCIEMENTS

L'auteur remercie les membres de *L'Équipe* pour leur relecture attentive.
Milan remercie en particulier Fabrice Pavée et Yann Hildwein pour leur efficacité et leur patience.

Copain des sports a reçu les prix suivants :
- Prix spécial du livre sportif francophone, Sportel Monaco 98
- Prix pédagogique de l'Association des journalistes sportifs 1998

Éditions Milan
300, rue Léon-Joulin
31101 Toulouse Cedex 9 – France.

Loi 49-956 du 16 juillet 1949 sur les publications destinées à la jeunesse
ISBN 978-2-7459-3280-8

Création graphique : Bruno Douin
Mise en page : Isabelle Ferrant
Relecture et correction : Sylvie Canaguier
Photogravure : Graphocop 47 Agen

Dépôt légal : 4e trimestre 2008
Imprimé en Espagne par Egedsa-Sabadell

LE GUIDE DES PETITS SPORTIFS

COPAIN DES SPORTS

Serge Guérin

Illustrations de Laurent Audouin
et Roland Chenel

MILAN
jeunesse

L'ÉQUIPE
INOUBLIABLE

L'ÉQUIPE
JOUBERT, UN TYPE EN OR

Sommaire

L'EQUIPE
JOYON, COMME UN AVION

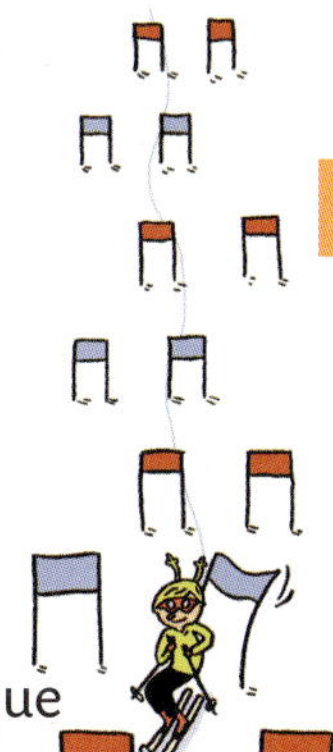

Quel sportif n'a pas rêvé de participer à la cérémonie d'ouverture des JO ! Ici, Beijing (Pékin), en 2008.

Vive le sport !

Le sport, c'est d'abord du plaisir et un moyen d'avoir la forme. Mais, comme dans la vie, la réussite dans le sport oblige à faire des efforts, à respecter les autres et à suivre une discipline. Tu peux choisir un sport individuel ou un sport collectif… ou même les deux. À toi de décider !

S'échauffer, se dépenser courir : le sport, c'est aussi du jeu et du plaisir.

Pour commencer

Sport d'équipe ou individuel, en salle ou en plein air, à la mer ou à la montagne : des dizaines d'activités s'offrent à toi. Selon tes goûts, tes capacités physiques et tes qualités (ou tes défauts), tu trouveras le sport qui te convient le mieux. Quitte à en essayer plusieurs…

L'école de la vie

Faire du sport t'apporte beaucoup dans ta vie de tous les jours ! De mille et une façons, tu te sens mieux. Mieux dans ton corps, plus vif et plus dynamique. Mieux dans ta peau, car tu as davantage confiance en toi. La pratique d'un sport, avec des règles à suivre et une certaine discipline, t'apprend à mieux te connaître, et développe chez toi la volonté, le goût de l'effort et de la réussite, l'attention aux autres. Tu deviens un joueur fair-play, qui respecte ses adversaires.

À quel âge débuter ?

Tu as entre 7 et 13 ans ? C'est l'âge idéal pour te lancer dans le sport, car tes capacités d'apprentissage sont au meilleur niveau.
Tu peux apprendre facilement des gestes nouveaux, même très techniques. Ta souplesse, ton adresse, ton sens de l'équilibre ne demandent qu'à s'exercer… En revanche, il vaut mieux patienter pour les activités basées sur la force et l'endurance.

Sport pour tous... et toutes

Presque tous les sports sont mixtes. Certains sont davantage pratiqués par les hommes, comme le rugby, alors que d'autres, comme la natation synchronisée ou la gymnastique rythmique, intéressent plus les filles. Mais rien n'interdit aux filles de faire des sports considérés comme « masculins » ! Sais-tu que plus de 20 000 filles sont inscrites dans des clubs de foot ?

Combien existe-t-il de sports différents ?

Il y a 35 sports olympiques. Mais tu peux en rajouter au moins autant qui ne sont pas agréés pour les Jeux, et on en invente régulièrement de nouveaux. Comment choisir ? Sois curieux, suis tes propres envies plutôt que celles de ton entourage... ou la mode.

L'essayer, c'est l'adopter

L'essentiel, c'est de trouver le sport que tu prendras plaisir à pratiquer régulièrement et longtemps. Sinon, tu ne progresseras pas et tu risques de t'en dégoûter. N'hésite pas à essayer plusieurs disciplines avant de te décider. Certains clubs proposent des séances d'essai et prêtent alors l'équipement. Cela évitera à tes parents d'investir dans le matériel tant que tu n'auras pas choisi ton sport.

Sport collectif, le rugby développe fair play, esprit d'équipe et solidarité.

L'escrime, une école des réflexes et du sang-froid.

À chacun son sport

Tu peux être attiré par un sport pour lequel tu as des aptitudes... Ou, au contraire, par un sport qui répond à un manque... Tu peux choisir le karaté parce que tu es combatif, ou parce que tu es timide. Tu aimes l'ambiance de groupe ? Les sports d'équipe sont faits pour toi : foot, basket, handball, volley, ou water-polo... Tu cherches un défoulement ? Pense à l'athlétisme, aux sports de combat ou aux sports de glisse. Tu ne te sens pas très costaud ? La gym ou la natation peuvent t'aider à prendre de la carrure. Et si tu aimes la nature, regarde du côté de l'équitation, de l'escalade, de la spéléologie, du ski de fond, des raquettes, du canoë, etc.

Le sport, c'est la santé

Faire du sport, c'est bon pour la santé ? C'est vrai… À condition de bien connaître et de respecter ton corps !

Les poumons

Quand tu inspires, l'oxygène de l'air gonfle tes poumons comme deux petits ballons. Il est mis en contact avec ton sang. Tu ne peux gonfler tes poumons au-delà d'un certain volume. Mais en pratiquant régulièrement un sport, tu augmenteras leur capacité. Tu gagneras ainsi en souffle. Pour oxygéner ton corps pendant l'effort, souffle très fort et pense à rentrer ton ventre, pour le vider totalement de l'air usé. Quand tu inspires, gonfle ton ventre. Prends l'habitude de courir en soufflant deux fois et en n'inspirant qu'une seule fois.

Courir est bon pour la santé.

Le cœur du grand coureur cycliste des années 1990, Miguel Indurain, battait à seulement 28 pulsations par minute au repos !

L'essoufflement

En plein sprint, tu commences à haleter comme un petit chien. Tu es essoufflé. Pourquoi ? Dans l'effort physique, tes muscles consomment beaucoup d'oxygène. Si tes poumons ne sont pas assez gros, ils sont obligés de fonctionner de plus en plus vite… jusqu'à une certaine limite ! Au-delà, les muscles n'éliminent plus assez le gaz carbonique qui les empoisonne : c'est la panne d'oxygène.

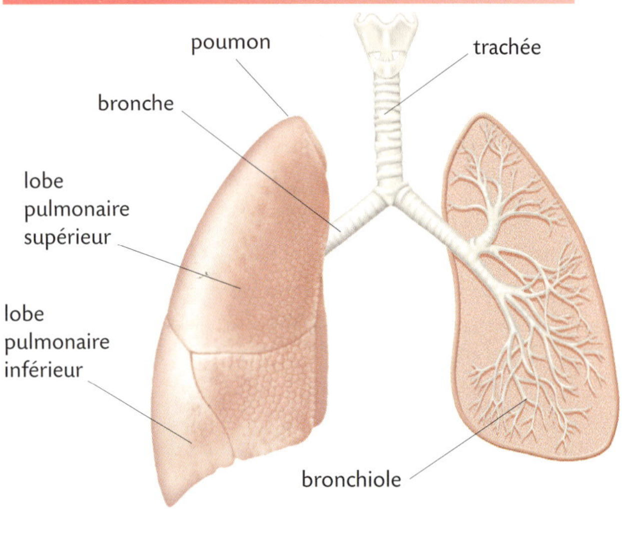

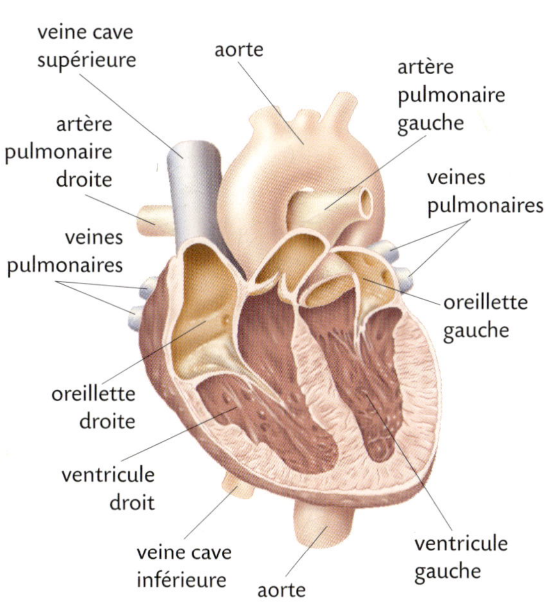

La gymnastique : idéal pour les articulations.

Le cœur

C'est la pompe qui envoie le sang vers les poumons pour qu'ils se chargent d'oxygène. Ensuite, elle expédie le sang oxygéné dans tout ton corps, et notamment dans tes muscles. Le cœur est lui aussi un muscle. Si tu ne le fais jamais travailler, il restera peu efficace. On mesure la rapidité de ses battements en prenant le pouls. Au repos, on compte 85 pulsations par minute pour un enfant et 75 pour un adulte.

Les muscles et les articulations

Tu es doté de 570 muscles striés qui t'obéissent et font bouger tes os. Ils représentent environ 40 % du poids de ton corps. Le sport développe le volume et l'efficacité des muscles : la gymnastique les rend plus élastiques, le saut, le basket ou le patinage donnent du dynamisme, alors que le tennis apporte de la puissance. Les articulations relient les os entre eux. Si l'activité physique assouplit globalement les articulations, certains sports les sollicitent un peu trop, comme l'équitation ou le ski.

35 pulsations...

... par minute, c'est le rythme cardiaque de certains marathoniens.

Prends ton pouls

1. Pose ton index et ton majeur tendu sur le côté de ta pomme d'Adam, tu vas percevoir une pulsation.

2. Chronomètre 30 secondes grâce à la trotteuse de ta montre et compte le nombre de pulsations que tu sens sous tes doigts pendant ce temps.

3. Multiplie ce chiffre par 2 et tu connaîtras ton rythme cardiaque. Pense à prendre ton pouls toujours dans les mêmes conditions, de préférence le matin au repos. Tu pourras ainsi vérifier s'il évolue au fur et à mesure de ta pratique sportive.

Les règles d'or du sportif

Tu fais du sport ? Alors vis aussi comme un vrai sportif. En respectant quelques règles de base, tu te sentiras bien dans ton corps et tu progresseras !

Pratiquer un sport contribue à être bien dans sa peau et dans sa tête .

Règle n° 1 : boire !

Grâce à l'eau, tu élimines les déchets produits par ton organisme. Chaque jour tu perds environ 2,5 litres d'eau, il faut donc que tu en absorbes autant. Les aliments en contiennent beaucoup, mais tu dois apporter le reste à ton corps en buvant à peu près 1,5 litre d'eau par jour. Sans rien faire, un adulte élimine 1 litre de sueur en 24 heures. Un coureur de marathon, lui, en perd 6 ! Plus tu fais de l'exercice, et plus ton organisme s'échauffe. Ta peau fabrique alors de la sueur pour refroidir ton corps. Si tu ne bois pas, ton corps risque de manquer d'eau, d'être « déshydraté ».

Règle n° 2 : bien dormir !

Le sommeil est le meilleur ami du sportif. En dormant tu recharges tes batteries. C'est surtout la nuit que tu grandis et que ton cerveau mémorise ce que tu as appris dans la journée. Tu as donc besoin de longues (et bonnes !) nuits, de 9 à 12 heures de sommeil en moyenne.

Boire de l'eau fraîche permet de se désaltérer, mais boire une boisson chaude permet de lutter contre la déshydratation de façon plus efficace.

Dopage interdit !

Se doper, prendre des drogues, c'est de la triche : tout le contraire de l'esprit sportif ! En plus, c'est très dangereux pour ta santé. Cela peut même tuer.

Qu'ils soient frais ou secs, les fruits procurent énergie et vitamines.

Règle n° 3 : de tout, mais pas trop !

Pour être en pleine forme, tu dois manger de façon équilibrée et variée. Assez pour couvrir les besoins de ton corps – qui sont importants parce que tu grandis – mais pas trop. Chaque aliment, en proportions raisonnables, est bénéfique pour ton corps : les laitages, pour les os et les dents, la viande, le poisson et les œufs pour les muscles, les pâtes, le riz, le pain, pour l'énergie, le sucre, le chocolat pour le tonus, les fruits et les légumes pour les vitamines, l'eau , et tous ensemble pour le plaisir du goût ! Ce qui est très important, c'est la régularité. Faire quatre repas chaque jour : petit déjeuner, déjeuner, goûter et dîner. En cas de petite faim : un fruit.

Règle n° 4 : respecte ton corps !

C'est en prenant soin de ton corps aujourd'hui que tu prépares ta bonne santé et ta condition physique d'adulte. Aujourd'hui, c'est déjà demain !

Il y a sucre et sucre

Les sucres que tu connais bien, ce sont les sucres « rapides », qui fournissent directement de l'énergie à ton organisme : sucre, bonbons, chocolat, miel…
Utiles pour donner un coup de fouet en plein effort, ils sont à consommer avec modération : gare aux kilos superflus et aux caries !
Les sucres « lents » constituent un réservoir d'énergie qui dure, ce sont les pâtes, le pain, les pommes de terre, le riz, les céréales.
Un plat de pâtes la veille d'une compétition t'assurera le plein d'énergie !

Sans tabac ni alcool !

Le tabac et l'alcool sont les pires ennemis du sportif et de ta santé. Tes copains friment avec une cigarette ? Montre ta force de caractère en ne faisant pas comme eux !
Le tabac provoque des cancers et réduit tes performances sportives en diminuant ta capacité respiratoire. Il tue chaque année plus de 60 000 personnes.

De l'école aux clubs

De la cour de récré aux innombrables clubs et associations, sans oublier les bases de loisirs, il y a de multiples occasions de faire du sport…

L'escalade, un sport complet à pratiquer en toute sécurité grâce à un matériel éprouvé (casque, harnais).

À l'école

En primaire, tu fais de l'éducation physique, mais pas vraiment du sport. Différentes activités peuvent t'être proposées dans le cadre de l'école, de l'initiation au judo à la pratique de la course d'orientation.
Au collège et au lycée, ce sont des profs spécialisés qui t'enseignent le sport.
Les épreuves d'athlétisme, de gymnastique et de natation comptent pour réussir le bac. Un bon moyen de gagner quelques points !

Les associations sportives

Tu peux t'inscrire à l'association sportive de ton établissement pour t'initier à un sport. Si tu as entre 4 et 12 ans, tu auras une licence de l'Union sportive de l'enseignement primaire, l'USEP. Grâce à l'USEP, tu peux aussi organiser des rencontres, les arbitrer, et même réaliser des reportages.

Le mouvement sportif

En France, il existe plus de 150 000 clubs ! Les fédérations regroupent tous les clubs qui enseignent une même discipline. Elles organisent les compétitions et établissent les règles. Le Comité national olympique et sportif français (CNOSF) est l'organisme qui regroupe toutes les fédérations nationales.

Catégories

Tu imagines un combat de boxe entre un costaud de 25 ans et un enfant de 6 ans ? C'est pourquoi on a inventé les catégories d'âge :

- **Petits Poussins** (6/7 ans),
- **Poussins** (8/9 ans),
- **Benjamins** (10/11 ans),
- **Minimes** (12/13 ans),
- **Cadets** (14/15 ans),
- **Juniors** (16/17 ans)...

Chez les adultes, il y a pour certains sports des catégories selon le poids.

Tester pour choisir

Si, dans ton établissement, il n'y a pas le sport que tu aimes ou si tu as envie de voir d'autres gens et de sortir du monde scolaire, tu trouveras au sein d'un club le moyen de pratiquer ta discipline dans un cadre différent. Il est souvent possible de suivre un entraînement, pour vérifier si l'ambiance et le professeur te conviennent. Les clubs organisent parfois des journées « portes ouvertes » pour présenter leurs activités.

Progresser

On ne devient pas champion du jour au lendemain. Le sport est une école de volonté et de patience. L'échauffement est un moment très important. Il ne faut jamais s'en passer ! De sa qualité dépend ta réussite à l'entraînement et c'est aussi le plus sûr moyen d'éviter les « bobos ». Ensuite, fixe-toi des objectifs raisonnables, qui correspondent à tes possibilités du moment. Enfin, n'oublie pas de finir la séance en douceur pour que ton corps revienne progressivement au calme, sinon gare aux courbatures !

En vacances aussi !

On a davantage de temps pour faire du sport. En voyage organisé, en camping, dans ta famille, ou chez des amis, il existe des tas de possibilités. C'est peut-être l'occasion de convaincre tes parents de refaire du vélo, d'aller à la piscine ou de randonner ? Tu peux aussi partir faire du sport sans eux en stage sportif avec un organisme ou le service jeunesse et sports de ta ville. Les bases de plein air et de loisirs permettent aussi de pratiquer des activités très variées : planche à voile, escalade, VTT... pour une journée, un week-end ou une semaine.

Cyclistes en compétition de descente.

Vive la compétition !

Les compétitions, il en existe pour tous les goûts… et tous les niveaux. La compétition, c'est un état d'esprit. Rien ne t'oblige à en faire ! Cependant, certains sports sont plus compétitifs que d'autres : comment faire du foot, s'il n'y a jamais de match ? Et puis, la compétition peut être un défi que tu te fixes pour progresser…

Si tu passes à la compétition

Le sport va occuper davantage de place dans ta vie, car il faudra que tu t'entraînes sérieusement. Réfléchis bien : il faudra peut-être abandonner d'autres activités... Il existe des compétitions pour tous les niveaux et tous les âges : des coupes ou des tournois, au niveau local et départemental, mais aussi national et international.

Les épreuves

Pour un marathon, tout le monde part en même temps et le premier arrivé a gagné. Facile ! Mais on imagine mal des judokas se battre tous ensemble sur un même tatami ! Ils doivent se rencontrer deux par deux. Dans ce cas, deux types de compétition sont possibles : la coupe et le championnat.

Déjà médaillé d'argent en sabre individuel, Nicolas Lopez a conduit ses coéquipiers Julien Pillet et Boris Sanson à la victoire par équipes aux JO de Pékin.

Une descente bien maîtrisée pour ce jeune skieur...

La coupe

Les équipes ou les athlètes sélectionnés se rencontrent deux par deux. Le vainqueur d'un match gagne le droit d'affronter le vainqueur d'un autre match, et ainsi de suite jusqu'à la finale où il ne reste que deux adversaires. Le meilleur gagne le trophée. Qu'il s'agisse de Coupe du monde, ou simplement de Coupe de France..., les supporters se passionnent dès les épreuves éliminatoires.

Le championnat

Chaque équipe affronte successivement l'ensemble des autres équipes, marquant des points à chaque match. Par exemple, pour le Championnat de France de foot : 3 points pour les gagnants, 1 point s'il y a match nul et 0 pour les perdants. L'équipe gagnante est celle, qui, à la fin de tous les matches, totalise le plus de points. Pour être intéressant, un championnat doit regrouper des équipes de même niveau. Dans certains sports comme le foot, on a donc créé des ligues. Les meilleures équipes d'un championnat montent dans la ligue supérieure, les plus mauvaises descendent dans la ligue inférieure.

Graine de champion

Un champion ou une championne, c'est quelqu'un qui transforme son physique et son mental pour devenir l'un des premiers de sa catégorie. À force de travail et de volonté…

Fabrique de champions

Pour être accepté (en internat) à l'Institut national du sport et de l'éducation physique (Insep), il faut être âgé de 15 ans au moins, avoir un niveau de finaliste du Championnat de France, et des résultats scolaires satisfaisants ! Horaires aménagés, cours adaptés, entraîneurs, soigneurs, médecins, kinés… Ici, c'est le niveau mondial qui est visé ! L'Insep a formé David Douillet, Ladji Doucouré, Tony Parker, Émilie Le Pennec…

Rêve ou cauchemar ?

Pour appartenir un jour à l'élite, il faut bien sûr « être doué ». Mais avec un même potentiel au départ, ce qui fait vraiment la différence, c'est la ténacité dans le travail et la volonté. Le soutien de l'entourage et la rencontre avec de bons entraîneurs sont également essentiels.

L'un de ces jeunes se retrouvera-t-il un jour en haut du podium ?

Sport et études...

Difficile de réussir à concilier les deux ! Ce serait dommage de sacrifier le sport... mais très dangereux de sacrifier les études ! Tu peux, dès le collège, t'orienter vers les sections sport-études des établissements scolaires. Elles sont spécialisées par discipline sportive. Il faut un niveau sportif élevé et avoir de bonnes notes à l'école.

Du tennis en rêvant de Roland-Garros...

Les autres formations

Certaines fédérations (football, basket, rugby) ont leurs propres centres de formation. Les clubs professionnels ont également créé des centres de formation. Les jeunes, d'abord aspirants, puis stagiaires, peuvent y préparer un CAP (certificat d'aptitude professionnel) des métiers du sport.

La reconversion n'est pas toujours facile pour un sportif de haut niveau. Yannick Noah, lui, a réussi à se transformer en chanteur à succès !

Sport-études

Adresse-toi au rectorat de ton académie et aux directions régionales de la Jeunesse et des Sports pour avoir la liste des sections sport-études

Au rugby, comme avec les All Blacks...

Professionnels ou amateurs

La plupart des sports ne connaissent pas le professionnalisme. Pourtant, ceux qui les pratiquent à très haut niveau ont les mêmes qualités que les meilleurs professionnels ! Les professionnels sont payés pour pratiquer leur sport, alors que les amateurs doivent avoir un travail pour gagner leur vie. À l'origine, seuls les amateurs pouvaient participer aux Jeux olympiques. Mais, depuis 1988, la plupart des professionnels ont le droit de s'y inscrire.

Carl Lewis reste l'une des plus grandes stars vivantes de l'athlétisme.

Bugno est le numéro 1
L'ÉQUIPE
9"86 LEWIS DIEU DU SPRIN
SENNA
FORGET
OM-MONACO
ESPOSITO

Les Jeux olympiques

Les Jeux olympiques sont la plus importante manifestation sportive du monde ! Cette grande fête du sport réunit les meilleurs champions du moment et n'a lieu qu'une fois tous les quatre ans. Leurs exploits sont suivis avec passion par des milliards de téléspectateurs.

Qui a inventé les JO ?

Selon la légende, les premiers Jeux auraient été organisés en Grèce pour honorer Zeus, le roi des dieux. En 884 av. J.-C., Iphitos, roi d'Élide, lassé des conflits qui déchirent les cités grecques, restaure les jeux sacrés à Olympie. Pendant les festivités, les cités s'affronteront uniquement par le sport. Dès 776 av. J.-C., les Jeux olympiques sont organisés tous les quatre ans. À la course sur le stade s'ajoutent bientôt la lutte, le lancer du disque, le pentathlon...

Une longue histoire

Ils sont supprimés par l'empereur romain Théodose Ier, en 394 après J.-C. À cette époque, l'idéal grec s'est perdu, et les JO ont dégénéré en sanglants jeux du cirque. Ils ne renaîtront qu'à la fin du XIXe siècle, grâce à la passion de Pierre de Coubertin. En 1896, les premiers JO de l'époque moderne sont organisés à Athènes. Ils auront lieu tous les quatre ans, et seront ouverts à tous les athlètes du monde !

Les Jeux et la politique

Les JO n'ont pas toujours été une grande fête de l'amitié entre les peuples ! En 1904, à Saint Louis, des compétitions sont organisées séparément pour ceux que les Américains considèrent comme « inférieurs ». En 1936, Hitler utilise les Jeux de Berlin pour sa propagande raciste. En 1972, à Munich, des athlètes israéliens sont assassinés par des terroristes palestiniens. En 1980, 63 pays refusent d'envoyer leurs sportifs à Moscou pour protester contre l'invasion de l'Afghanistan. Longtemps, les athlètes sud-africains ont été interdits de Jeux pour cause d'apartheid. En 2008, les Jeux de Pékin ont été l'objet d'une forte polémique de la part de ceux qui pensent que la Chine ne respecte pas la démocratie.

Pierre de Coubertin

Né à Paris en 1863, mort à Genève en 1937, Pierre de Coubertin, convaincu de l'importance de l'activité physique dans la formation de l'individu, consacre toute sa vie aux Jeux. Il préside le Comité international olympique jusqu'en 1925. Ses « valeurs olympiques » sont l'universalité (tous les peuples peuvent participer), la loyauté… et l'harmonie du corps et de l'esprit.

Lors des premiers Jeux olympiques d'hiver, les skieurs scandinaves raflèrent toutes les médailles !

Été comme hiver

Les Jeux olympiques comprennent les Jeux d'hiver, pour l'ensemble des disciplines qui ont besoin de neige et de glace, et les Jeux d'été pour tous les autres sports. Les Jeux d'hiver sont organisés pour la première fois en 1924, à Chamonix. Jusqu'en 1992, ils se déroulent la même année que les Jeux d'été. Depuis on alterne Jeux d'hiver et d'été tous les deux ans.

LE ZOOM DE L'ÉQUIPE

Nouveaux sports

Le beach-volley a fait son apparition aux JO en 1996 à Atlanta. En 1896, lors des premiers Jeux olympiques de l'ère moderne, neuf sports étaient représentés pour 241 participants. En 2008, à Pékin, vingt-huit sports ont rassemblé 10 624 participants. Le petit nouveau était le BMX (vélo bicross). N'en déplaise aux puristes, le CIO a toujours cherché à épouser l'évolution de la pratique sportive pour attirer un public jeune.

Symbole essentiel des JO, la flamme olympique en 2000 à Sydney.

L'ouverture

La cérémonie d'ouverture des Jeux est un grand moment. Chaque ville d'accueil essaie de proposer un spectacle inoubliable. Les sportifs engagés défilent par pays derrière le porte-drapeau, un athlète particulièrement respecté. C'est lui qui prête serment au nom de tous. Les Jeux regroupent toujours plus de concurrents : ils étaient 241 pour 14 pays lors des Jeux de 1896, et 10 624 à Pékin, en 2008, pour 204 pays !

Une mascotte est souvent créée pour symboliser la ville qui accueille les JO.

La flamme

Depuis les Jeux de Berlin en 1936, la flamme, symbole de l'esprit olympique, est rallumée à chacun de ces rendez-vous sportifs. Elle part d'Olympie en Grèce, puis elle est transportée jusqu'au stade où se déroulent les JO. Lors de la cérémonie d'ouverture, elle enflamme la vasque qui domine le stade, puis elle continue à brûler jusqu'à la clôture des Jeux.

LE ZOOM DE L'ÉQUIPE

Olympique... ou non

Le patin à roulettes et le roller n'ont jamais été des sports olympiques. L'automobile et la moto non plus. Certains sports l'ont été puis ont été rayés du programme des Jeux. C'est le cas, par exemple, du golf, du rugby et du polo. Présents à Pékin en 2008, le baseball et son dérivé le softball disparaîtront à Londres en 2012. Certains champions ne pourront donc jamais viser l'or olympique. C'est regrettable.

Devises

C'est Pierre de Coubertin qui a proposé la devise en latin des Jeux olympiques : « Citius, altius, fortius » (en français : Plus vite, plus haut, plus fort).

Michael Phelps, Champion des champions

14 médailles d'or ! C'est l'incroyable collection du nageur américain Michael Phelps, l'athlète le plus titré de l'histoire des JO. Il devance ainsi le carré d'as constitué par le coureur finlandais Paavo Nurmi, la gymnaste russe Larissa Latynina, le nageur américain Mark Spitz et l'athlète américain Carl Lewis, chacun détenteur de 9 médailles d'or. Avec 16 médailles en tout, il n'est plus qu'à deux longueurs du record de Latynina (18). En remportant 8 médailles d'or à Pékin, Phelps s'est par ailleurs attribué le record du nombre de titres obtenu lors d'une même édition des Jeux, jusqu'alors détenu par Mark Spitz (7, en 1972).

Le drapeau

Le drapeau des Jeux, inventé par Coubertin, et adopté aux JO d'Anvers, en 1920, représente 5 anneaux entrelacés, symbolisant l'union des 5 continents : l'Europe (bleu), l'Asie (jaune), l'Afrique (noir), l'Amérique (rouge), et l'Océanie (vert).

Le serment

C'est le porte-drapeau qui prête serment au nom de tous. Voici le texte intégral : « Au nom de tous les concurrents, je promets que nous prendrons part à ces Jeux olympiques en respectant et suivant les règles qui les régissent, dans un esprit de sportivité, pour la gloire du sport et l'honneur de nos équipes. »

Les médailles

Des médailles récompensent ceux qui montent sur le podium : l'or pour le premier, l'argent pour le deuxième, le bronze pour le troisième. En prime, ils recevront souvent beaucoup d'argent de leur pays ! Dans l'Antiquité, les vainqueurs étaient simplement coiffés d'une couronne d'olivier.

Cérémonie d'ouverture des JO d'Athènes en 2004.

Handisports et Jeux paralympiques

Être handicapé n'empêche pas de faire du sport. Bien au contraire ! Sports d'été ou d'hiver, individuels ou d'équipe… le choix des disciplines qui leur sont accessibles est de plus en plus vaste !

Un grand choix

Cyclisme, tir à l'arc, tennis, tennis de table, escalade, kayak, voile, plongée, escrime, judo, équitation, pétanque, basket, football, rugby, volley-ball… La liste des sports pratiqués par les handicapés s'allonge chaque jour. Et leurs performances n'ont souvent rien à envier à celles des autres athlètes !

Sport pour tous

Tu rêves de faire du sport, mais tu crois que c'est impossible, parce que tu as un problème de santé important ou un handicap ? Cela vaut la peine de te renseigner auprès des fédérations sportives, car la plupart ont adapté leur pratique et leurs règles pour s'ouvrir aux moins valides ! Toi aussi, tu connaîtras le plaisir d'avoir une activité physique, de progresser et de te mesurer à d'autres. Des rencontres amicales et des compétitions réunissent valides et handicapés.

L'athlétisme

Courses en fauteuil roulant, lancer de javelot ou de massues, saut... différentes disciplines permettent aux handicapés de se mesurer dans des épreuves spécifiques. Dans de grandes courses populaires, comme le marathon de Paris, des athlètes en fauteuil roulant se retrouvent parfois aux côtés des coureurs sur 2 jambes, et réalisent des exploits équivalents. Des aveugles participent aussi à ce type de course.

Parmi, les sports où l'on bouge, beaucoup sont accessibles à ceux qui ont des problèmes de mobilité.

Plusieurs dizaines de sports permettent à tous de s'exprimer.

Le basket

Le basket est certainement l'un des sports qui a le plus cherché à adapter ses règles aux différents handicaps. Il existe des compétitions internationales de très haut niveau où des champions en fauteuil peuvent se mesurer entre eux. Mais ce sport permet également aux handicapés mentaux d'apprendre à contourner un obstacle et d'atteindre un objectif. Le National Sport Adapté de basket est une sorte de Championnat de France. Près d'une cinquantaine d'équipes s'y affrontent.

Toujours plus nombreux

Lors des premiers Jeux, en 1960, ils n'étaient que 400 athlètes venus de 23 pays. Quarante-quatre ans plus tard, à Athènes, près de 4 000 athlètes, représentant 136 pays, ont offert au public des exploits étonnants ! Pour les Jeux d'été, les principales disciplines sont l'athlétisme, le basket-ball, le volley-ball, le cyclisme en tandem et en solo, l'escrime, l'haltérophilie, le judo, la natation, le tennis, le tennis de table et le tir à l'arc. Les Jeux d'hiver proposent des compétitions de biathlon, de ski alpin et de ski nordique.

Les Jeux paralympiques

On peut être à la fois handicapé et sportif de haut niveau ! Depuis 1960, Les Jeux paralympiques donnent aux handicapés l'occasion de montrer leurs capacités exceptionnelles. Ils ont lieu tous les quatre ans, dans le pays accueillant les Jeux traditionnels, et la même année. Les Jeux paralympiques d'hiver datent de 1976.

Départ du 100 m hommes à Athènes en 2004.

Courir,

L'athlétisme est le roi des sports et le plus ancien. Les gestes sont beaux, les performances impressionnantes et les efforts immenses. Du 100 mètres au lancer de javelot, il y en a pour tous les goûts et tous les physiques. Pour les femmes et pour les hommes.

sauter, lancer

Le stade : lieu mythique de performances, de partage et de fête .

Au stade !

À l'intérieur ou autour de cette boucle infernale, filles et garçons pratiquent plus de 30 spécialités... Courses (sprint et fond) ou concours (sauts et lancers), prépare-toi à transpirer !

Le stade

Les épreuves sportives de la Grèce ancienne qui donneront naissance aux Jeux olympiques se déroulaient dans un stade où les coureurs se mesuraient devant un public assis sur des gradins. Puis le stade devint le théâtre de combats (les pugilats) et d'épreuves de lancers. Plus tard, on lui adjoignit un hippodrome. Le vainqueur de la course qui se tenait le premier jour des Jeux, et consistait en un seul tour de stade, avait l'honneur d'allumer la flamme de l'autel de Zeus et donnait son nom à l'olympiade.

Dedans ou dehors ?

L'athlétisme se pratique principalement à l'air libre, mais il est aussi possible de s'entraîner en salle et d'y faire des compétitions : ce sont les championnats indoor. Toute l'année, les clubs organisent des meetings dans lesquels les athlètes se mesurent dans un certain nombre d'épreuves. Les épreuves d'athlétisme se déroulent presque toujours dans un stade devant des spectateurs. Autrefois en gazon ou en cendrée, les pistes sont désormais en matière synthétique, plus performante par tous les temps.

Le stade type

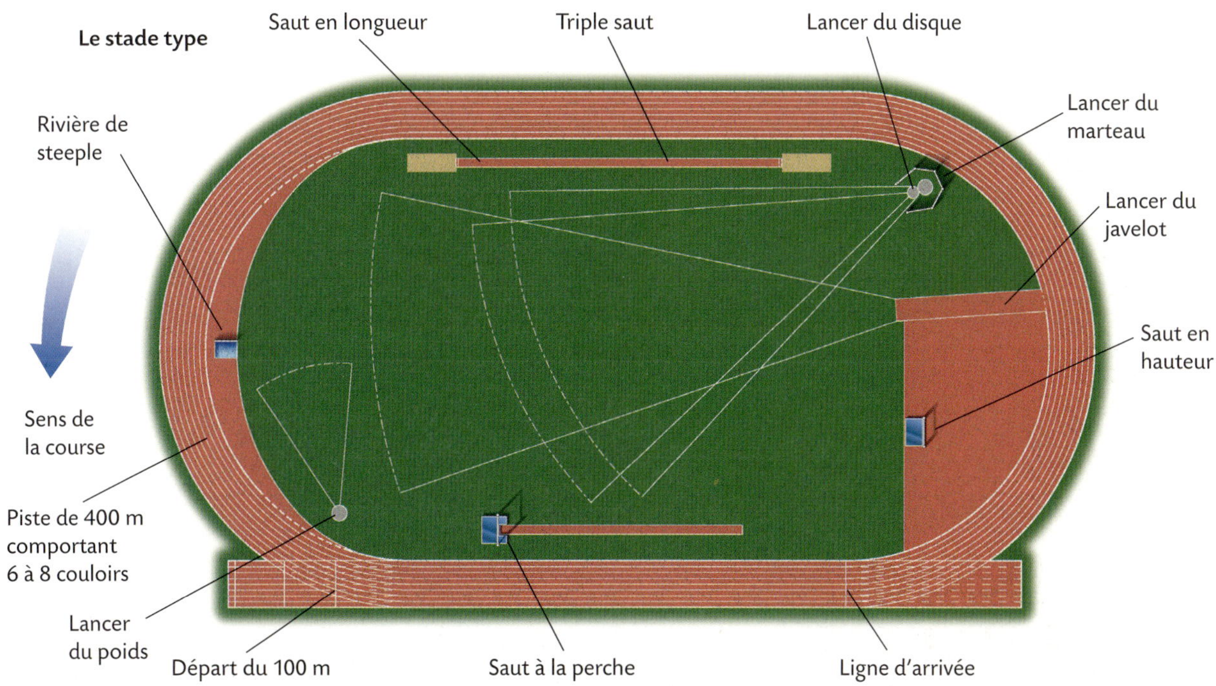

Erreur impossible

Capital, le chronométrage ! Quand il est encore manuel, il doit être pris par 3 chronométreurs, mais, dans les grandes manifestations, l'électronique prend le relais : caméra à haute vitesse braquée sur le starter, cellules photoélectriques, yeux électroniques mesurant l'accélération et la vitesse instantanée, photo finish, le tout relié à un ordinateur central...

150 000

C'est le nombre de places (assises) que comporte le stade le plus grand du monde : le Rungnado May Day Stadium à Pyongyang, en Corée du Nord

À vos marques, prêts, partez !

Réunis quelques copains pour une course.

1. Trace une ligne de départ et une ligne d'arrivée au sol.

2. Aligne tes copains derrière la ligne de départ.

3. Place-toi à quelques pas de la ligne d'arrivée sur le côté, de profil par rapport aux coureurs pour être bien visible.

4. Donne les ordres : « À vos marques, prêts, partez ! » ou tire en l'air avec un pistolet à pétards.

Et que le meilleur gagne !

FOOTBALL

UNE VICTOIRE QUI FAIT DU BIEN

(Pages 18 et 19)

CISSÉ PLAQUE L'OM POUR SUNDERLAND

(Page 20)

0,85 €

www.lequipe.fr

L'ÉQUIPE

LE QUOTIDIEN DU SPORT ET DE L'AUTOMOBILE

INOUBLIABLE

Quatre jours après avoir remporté le 100 m, record du monde à la clé (9"69), le Jamaïquain Usain Bolt s'est imposé sur 200 m hier à Pékin en établissant une nouvelle marque mondiale (19"30). Jamais un athlète n'avait réussi pareil exploit dans l'histoire des Jeux. (Pages 3 à 5)

En s'offrant à Pékin 3 médailles d'or (100, 200, 4 x 100 m) pour autant de records du monde, le Jamaïcain Usain Bolt a réécrit l'histoire du sprint.

Le sprint !

Sur 100, 200, ou 400 m, il est indispensable de partir à temps, mais il faut aussi courir comme un fou ! Bienvenue au paradis des sprinters !

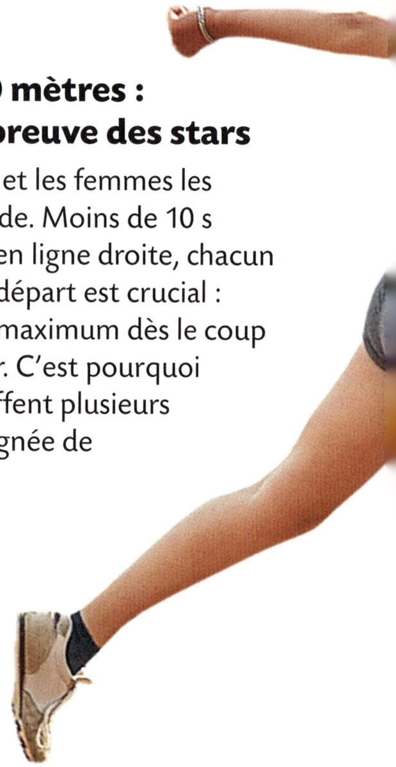

100 mètres : l'épreuve des stars

Ce sont les hommes et les femmes les plus rapides du monde. Moins de 10 s pour couvrir 100 m en ligne droite, chacun dans son couloir. Le départ est crucial : il faut atteindre son maximum dès le coup de pistolet du starter. C'est pourquoi les sprinters s'échauffent plusieurs heures pour une poignée de secondes de course.

200 mètres : toujours plus vite

Cette course se pratique sur la moitié de la piste. Elle fut longtemps plus prestigieuse que le 100 m. Les lignes de départ sont décalées pour que chaque compétiteur courre la même distance car le départ du 200 m s'effectue en virage. Certains athlètess'inscrivent parfois au 100 et au 200 m, car les qualités demandées sont proches.

« 5 centièmes ! »

C'est en moins de 5 centièmes de seconde que se tenaient les cinq premières athlètes du 100 m féminin des Championnats du monde 2007.

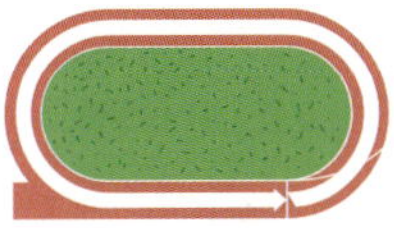

400 mètres : Pour les solides

Le tour complet du stade ! Puissance et résistance : c'est une distance extrêmement difficile qui récompense de superbes champions capables de tenir une vitesse folle sur une longue distance.

Courir dans le sens inverse des aiguilles d'une montre ?

Lors des premiers Jeux olympiques, les athlètes couraient dans le sens inverse des aiguilles d'une montre. Lors des premiers Jeux de l'ère moderne, les épreuves de courses se firent dans le sens des aiguilles d'une montre. Certains trouvaient que courir dans ce sens n'était pas naturel, parce que le cœur, situé à gauche, supporterait mal la force centrifuge dans cette direction ! Le sens des courses a donc été inversé à partir de 1913.

Départ !

Les starting-blocks sont utilisés pour le départ des courses du 100, 200 et 400 m.
Ils permettent une bien meilleure impulsion et éliminent le risque de dérapage. Une cellule électrique permet de savoir si le coureur a sorti le pied avant le coup de pistolet. Un seul faux départ est autorisé pour chaque course, les fautifs étant ensuite éliminés.

Toutes sur la même ligne… ou presque. L'arrivée du 100 m femmes aux Championnats du monde d'Osaka en 2007.

Les courses de relais

Quatre as et un témoin. Ici, il ne suffit pas de courir vite. Il faut une synchronisation parfaite et beaucoup de technique pour briller dans un sport qui symbolise l'esprit d'équipe !

Esprit d'équipe

Les relais sont des courses sur 400 ou 1 600 m dans lesquelles chacun des membres de l'équipe doit parcourir 100 ou 400 m. Le premier s'élance comme dans une course normale, le témoin en main. Dix mètres avant l'arrivée, le deuxième s'élance, en récupérant le témoin que le premier coureur doit lui passer sans ralentir. Une zone de transmission de 20 m est prévue. Avant ou après cette zone, c'est une faute éliminatoire.

Un passage de témoin parfait ! Les relayeuses s'échangent le témoin en pleine course.

Passe à ton voisin !

Le relayeur commence à courir le bras tendu en arrière pour recevoir le témoin. Paume vers le haut, la prise américaine, ou paume vers le bas, la prise française, ou encore bras plié, mais au-dessus de l'épaule, paume vers le haut. Il faut répéter des milliers de fois le geste pour avoir la bonne technique... Attention à ne pas faire tomber le témoin !

Mis sur orbite par Usain Bolt, Asafa Powell offre à la Jamaïque un triomphe sur le relais 4 x 100 m des JO de Pékin, assorti d'un nouveau record du monde.

À bout de souffle

Certaines courses de relais se déroulent sur plusieurs centaines de kilomètres. C'est le cas de celle qui se dispute sur la Highway 66 (la Route 66). 4 500 km d'est en ouest à travers les États-Unis ! En se relayant tous les 20 km (environ 1 h 30 de course toutes les 18 heures), les coureurs sont partis pour 15 jours de galère !

Double performance

Très souvent, le vainqueur de l'épreuve individuelle remporte aussi le relais. Ainsi l'Américain Jeremy Wariner a gagné le relais du 4 x 400 m, deux jours après sa victoire dans la finale du 400 m individuel aux championnats du monde de 2007.

Jeremy Wariner en pleine action dans le relais 4 x 400 m.

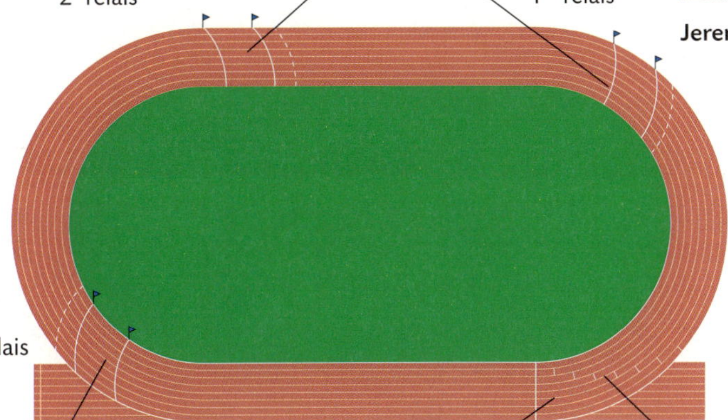

Le relais 4 x 100 m

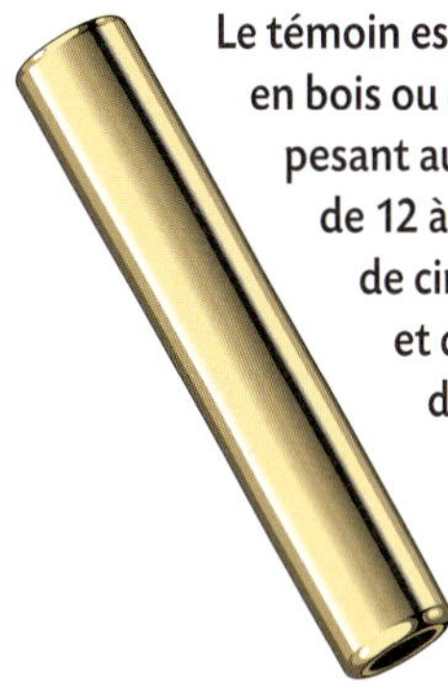

Le témoin est un tube lisse, en bois ou en métal, pesant au moins 50 g, de 12 à 13 cm de circonférence et de 28 à 30 cm de long.

Organise un relais

1. Faites 2 équipes de 4. Chacun choisit sa place dans le relais selon ses capacités. Celui qui possède le meilleur départ débutera la course. Celui qui sait finir en puissance sera le quatrième.

2. Attribue un témoin à chaque équipe.

3. Détermine un parcours et découpe-le en 4 séquences : un point départ, un point d'arrivée et trois zones de transmission du témoin.

4. Place un relayeur à chaque zone de transmission.

5. Demande à un copain de donner le départ.

Les courses d'obstacles

Comment rendre plus difficile et plus périlleuse une course de vitesse ? En ajoutant quelques obstacles : des haies, par exemple ! Que celles et ceux qui n'ont pas le sens du rythme s'abstiennent !

Vitesse et agilité

Dans la course de haies, contrairement au sprint, le rythme est cassé. L'athlète, aussi appelé « hurdler », risque à chaque fois la chute. La concentration est maximale et il faut être très bien coordonné. Le coureur doit garder son souffle et pouvoir se relancer à chaque haie.

Le 100 m et le 110 m haies

Dix haies sont disposées le long d'un couloir de 100 m pour les filles et de 110 m pour les garçons. Leur hauteur est de 84 cm pour les filles et de 1,06 m pour les garçons. Il est interdit d'éviter une haie, mais si, involontairement tu en renverses une ou plusieurs, tu ne seras pas disqualifié. Le temps perdu, lui, ne pardonne pas...

À seulement 21 ans, le Cubain Dayron Robles, déjà recordman du monde, a confirmé en s'imposant à Pékin.

Forfait à Pékin pour cause de blessure, le champion olympique et recordman du monde chinois Liu Xiang a fait pleurer toute une nation.

Le 3 000 m steeple

Cette discipline a été imaginée par des étudiants qui voulaient imiter des courses de chevaux, reproduisant à l'identique les parcours de saut d'obstacles avec haies et ruisseaux. C'est devenu une discipline olympique dès les Jeux de Paris en 1900. Aujourd'hui, il s'agit de parcourir 3 km en passant 28 fois une barrière haute de 0,91 m et 7 fois une rivière large de 3,66 m et profonde de 0,70 m. Cette épreuve, très dure, demande de la résistance, de la souplesse et une forte capacité d'adaptation. Il y a beaucoup de chutes et de blessures. Les coureurs sont de très solides athlètes habitués au cross ou aux courses de trail.

Le 3 000 m steeple masculin : dans cette épreuve, on a le droit de prendre appui sur la barrière pour la franchir.

Le 400 m haies

L'Américain Edwin Moses fut le plus grand champion sur la distance. Pendant près de 10 ans, il a tout gagné, dont 2 titres olympiques. Cette discipline très exigeante demande une résistance à toute épreuve. Maigre consolation, la hauteur des haies est réduite à 0,91 m pour les hommes et à 0,76 m pour les femmes.

Les femmes aussi

Pour la première fois le 3 000 m steeple femmes a été couru aux JO de Pékin. Il était temps de laisser les filles courir cette épreuve très dure et spectaculaire !

Le franchissement de la haie : inutile de sauter trop haut ! La jambe avant s'allonge, la jambe arrière s'ouvre sur le côté… Tu es prêt à rebondir vers l'avant dès la réception.

À seulement 20 ans, l'Éthiopien Tsegaye Kebede, a remporté le marathon de Paris 2008 avant de décrocher le bronze à Pékin..

Le demi-fond et le fond

Les courses de demi-fond et de fond se déroulent sur piste ou en extérieur. Il faut un incroyable courage et beaucoup de résistance pour pratiquer ces disciplines. Les « fondeurs » sont des sportifs très solides qui participent à la grande histoire de l'athlétisme.

À quel âge débuter ?

Avant 16 ans, il ne faut pas te lancer sur ce type de distance.
Il est d'ailleurs interdit de s'inscrire à un marathon avant 18 ans. Si cette discipline t'attire, ton entraîneur te préparera progressivement aux efforts de longue durée.

Petits et légers...

Les meilleurs coureurs de demi-fond débutent leur carrière sur des distances courtes, comme le 1 500 m. Ils s'essaient ensuite au 5 000 ou au 10 000 m. Ces champions sont toujours, très légers et souvent de petite taille. Ils doivent avoir le sens de la stratégie et s'adapter aux changements de rythme de leurs adversaires.

À Pékin, l'Éthiopienne Tirunesh Dibaba est entrée dans l'histoire de l'athlétisme féminin en réalisant le premier doublé olympique 5 000 m/10 000 m.

Les marathons dans les grandes villes (New -York, Berlin, ou ici Paris) attirent toujours une foule impressionnante, qui mêle stars et anonymes.

800 et 1 500 m

Le 800 et le 1 500 m demandent des athlètes aussi puissants que résistants. Le départ se fait en couloirs. Les athlètes sont d'abord décalés, puis ils se regroupent sur la gauche de la piste. Le 1 500 m est la course la plus connue, elle a remplacé le mile anglais (1 609 m). Le 1 000, le 2 000 et le 3 000 m ne sont pas des disciplines olympiques.

5 000 et 10 000 m

Les grands fondeurs passent parfois pour des fondus ! En effet, le 5 000 et le 10 000 m sont des épreuves de fond, qui demandent d'intenses efforts. Généralement, ce sont les mêmes athlètes qui se distinguent sur 5 000 et 10 000 m.

L'Éthiopien Hailé Gebreselassié, le plus grand coureur de fond de tous les temps, a battu 25 records du monde.

Le marathon : épreuve des épreuves

La légende veut qu'en 490 av. J.-C. le soldat Philippidès ait accompli en courant les 40 km séparant la ville de Marathon de la ville d'Athènes, pour annoncer aux Grecs leur victoire sur les Perses. Sa mission accomplie, Philippidès serait mort d'épuisement. Le marathon est l'épreuve qui clôture les JO.

Beaucoup de courses se déroulent dans des paysages magnifiques. Ainsi, le trail des Templiers se déroule le temps d'un week-end entre les Causses et les Cévennes... sur 72 km.

Les courses nature

Marche, course d'orientation, cross-country, trail, ultra marathon... Chacun peut trouver chaussure à son pied !

Marche... et souffre

Épreuve olympique, la marche est un exercice très dur. L'athlète doit toujours être au contact du sol, il lui est interdit de courir. S'il s'y risque, il est éliminé au troisième avertissement. Pour aller plus vite, les marcheurs de compétition se déhanchent fortement. Avec cette technique, ils approchent les 15 km/h.

Tout terrain nature

Sur la terre, l'herbe ou le sable, rien n'arrête les mordus du cross-country. Leur terrain, c'est la nature, leur carburant, c'est le bon air d'une campagne vallonnée...
Les Anglais ont inventé le terme « cross-country », qui signifie « traverser la campagne » ; ils ont aussi organisé les premières courses en 1877.
De 3 à 12 km, à toi de prendre ton pied !

Même dans la boue, il faut persévérer !

L'Éthiopien Kenenisa Bekele, coureur de cross le plus titré de l'histoire, avec 11 titres mondiaux, a réalisé le doublé 5 000/10 000 m aux JO de Pékin.

Ultra marathon

L'ultra marathon recouvre toutes les courses dont la distance dépasse celle d'un marathon (42,195 km). Il y a deux grandes sortes : celles dont on spécifie la distance (50 ou 100 km), et celles dont on spécifie la durée, par exemple 24 h. Ainsi l'UTMB, l'ultra-trail du Mont-Blanc consiste à faire un tour complet du massif, soit 165 km en 46 h maximum avec 9 000 m de dénivelée positive !

Organise une course d'orientation

C'est autant un jeu qu'une course.
La tête y est aussi importante que les jambes : il faut savoir se repérer avec une carte et une boussole. Le premier n'est pas celui qui court le plus vite, mais celui qui se perd le moins !

1. Réunis un groupe de copains et choisissez un terrain que vous connaissez bien (le parc municipal, la base de loisirs…).

2. Déterminez le nombre de balises, le temps dans lequel le parcours doit être effectué et formez des équipes.

3. Crée un parcours en plaçant des balises (rubans, ou traits de couleur).

4. Au départ, chaque équipe dispose d'une carte où figurent les points repères, d'une feuille de route avec des indices et/ou d'une boussole si tout le monde sait s'en servir.

5. Arrivée à la balise, chaque équipe doit collecter un ruban, une marque distinctive, ou répondre à une question, qui prouve son passage.

6. La première équipe qui franchit la ligne d'arrivée avec toutes les preuves de passage a gagné.

Il faut toujours partir avec de l'eau dans son sac, un goûter et un vêtement adapté à la météo. La course doit être bien préparée de façon que l'on puisse rapidement retrouver les égarés.

L'Américain Mike Powell, champion du monde à la longueur en 1991.

Les sauts

Longueur ou triple saut, hauteur ou perche ? Pour sauter plus loin ou plus haut, tu dois savoir courir vite pour prendre ton élan, et au dernier moment te transformer en un véritable ressort vivant !

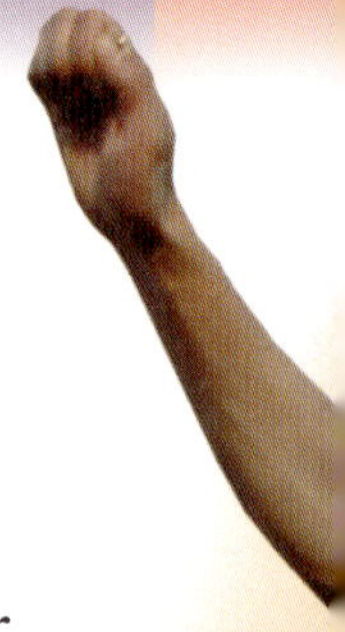

Le saut en longueur

Qui n'a rêvé de traverser une rivière d'un seul bond, sans se mouiller les pieds ? Les athlètes qu'on voit prendre leur élan, s'élancer et retomber dans le sable – presque 9 m plus loin – peuvent le faire ! Il est vrai qu'ils ont droit à six essais pour réussir de telles performances...

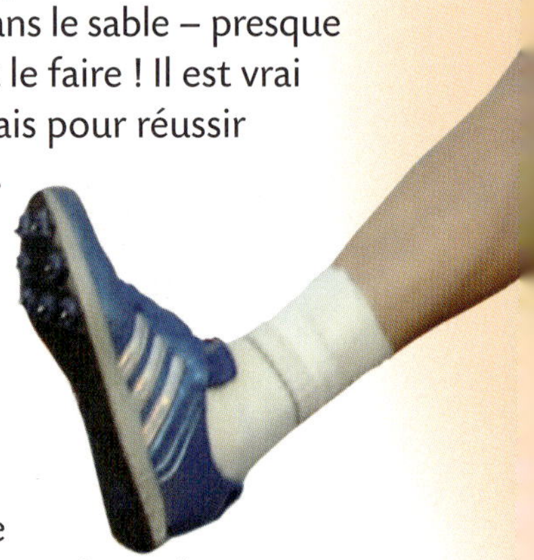

Mais il faut vraiment être très fort pour emmagasiner autant de puissance en quelques mètres. Ces sportifs doivent disposer d'une détente naturelle exceptionnelle et s'entraîner autant à courir à fond sur des très petites distances qu'à sauter le plus loin possible.

Sacrée histoire

L'extraordinaire record de Bob Beamon de Mexico a tenu 23 ans avant que Mike Powell, dans un affrontement fabuleux avec Carl Lewis aux Mondiaux de 1991, ne le batte pour 5 cm, avec 8,95 m. En 1995, Ivan Pedroso réussit 8,96 m. Le record ne fut pas homologué car un arbitre s'était mis devant le capteur de vent !

Déjà sacrée au triple saut en en 2004 à Athènes, la Camerounaise Françoise Mbango Etoné a conservé son titre à Pékin.

La Russe Viktoria Gurova réalisant le triple saut.

Le triple saut

Le triple saut, qui est une variante du saut en longueur, demande encore plus de précision. Jusqu'aux JO de 1996, l'épreuve olympique était réservée aux hommes. La planche d'appel se situe à une dizaine de mètres du sable. L'athlète prend son élan pour sauter, il prend d'abord une impulsion à cloche-pied, puis il se relance en une foulée bondissante et finit par un bond en extension. Mais que tu sois sauteur en longueur ou adepte du triple saut, attention à ne pas te déséquilibrer à l'arrivée : c'est la marque la plus proche de la planche d'appel qui compte.

À recommencer !

La plasticine est le juge de paix des sauts. Cette bande de matière plastique rouge malléable se situe derrière la planche d'appel. Elle garde l'empreinte de la chaussure fautive ! Ton saut sera nul si ton pied « mord » sur la ligne et marque la bande de plasticine.

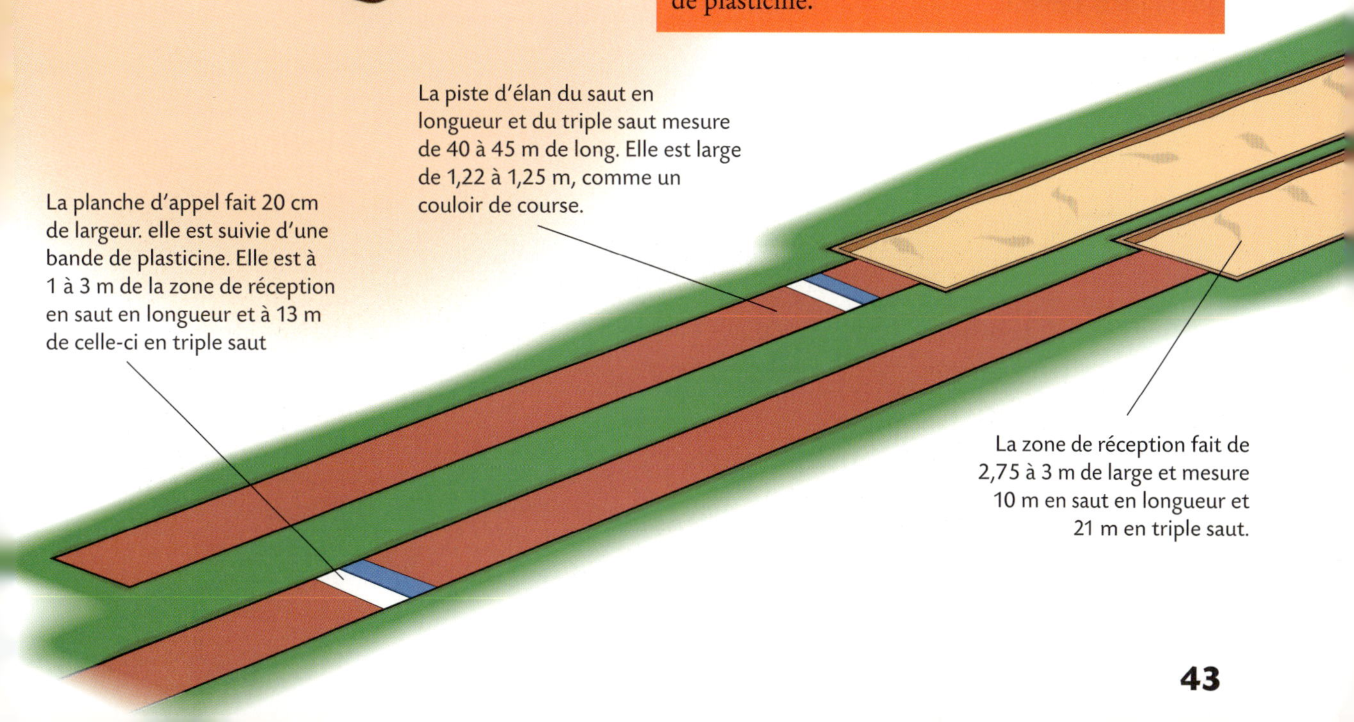

La piste d'élan du saut en longueur et du triple saut mesure de 40 à 45 m de long. Elle est large de 1,22 à 1,25 m, comme un couloir de course.

La planche d'appel fait 20 cm de largeur. elle est suivie d'une bande de plasticine. Elle est à 1 à 3 m de la zone de réception en saut en longueur et à 13 m de celle-ci en triple saut

La zone de réception fait de 2,75 à 3 m de large et mesure 10 m en saut en longueur et 21 m en triple saut.

Javier Sotomayor, champion cubain est recordman du monde de saut en hauteur depuis 1993 avec un bond fabuleux : 2,45 m !

Le saut en hauteur

Le saut en hauteur n'était pas une épreuve à l'époque de la Grèce antique. On trouve, en revanche, la trace de ce type d'épreuves chez les Celtes. En Écosse, pour entrer dans certains clans, le guerrier devait sauter par-dessus un homme debout... Le premier record homologué fut celui de l'Anglais Marshall Brooks, un étudiant d'Oxford qui franchit 1,80 m. De 1900 à 1912, les Jeux olympiques affichaient des épreuves de saut sans élan.

Toujours plus haut !

Sauter par-dessus une barre sans la faire tomber, ce n'est pas facile. En concours, tu choisis toi-même ta hauteur de départ et tu as droit à 3 essais pour la franchir. Si les femmes montent moins haut, en revanche leur geste technique est souvent meilleur. En 1972, Ulrike Meyfarth devient, à 16 ans, la plus jeune championne olympique individuelle en athlétisme, et égale le record de l'époque (1,92 m). Elle porte 10 ans après, le record à 2,02 m et remporte à nouveau le titre olympique en 1984.

Pour mieux sauter

- Démarre ta course avec des foulées longues, accélère progressivement.
- Aide-toi en te « tirant » vers le haut avec les épaules, les bras et le regard.
- Fais le pont au-dessus de la barre, talon dans les fesses.
- Ramène vite les talons.
- Au moment de la chute, regarde ton nombril et arrive sur les épaules pour ne pas risquer de te faire mal au cou.

Le « fosbury flop » naît en 1968, quand le champion olympique Dick Fosbury saute le premier dos à la barre.

6,14 m

C'est le record du monde de saut à la perche. Il est détenu par l'Ukrainien Sergueï Bubka depuis 1994.

C'est ma perche !

La longueur et la souplesse de la perche sont adaptées au poids, à la puissance... et à l'expérience du sauteur. Inutile de chiper la perche d'un champion pour imiter ses performances : tu n'arriverais même pas à la plier !

Le saut à la perche

Le saut à la perche est l'épreuve la plus spectaculaire de l'athlétisme. Il exige à la fois des qualités athlétiques et acrobatiques. Les cadreurs de télévision adorent ! Discipline longtemps réservée aux garçons, ce saut demande beaucoup de puissance, une grande souplesse, mais aussi pas mal de courage pour s'élever à plusieurs mètres de hauteur ! Les filles pratiquent ce sport en compétition internationales depuis le début des années 1990. À Sydney, l'Américaine Stacy Dragila a remporté le premier titre olympique en perche féminine, puis a fixé le record du monde féminin à 4,83 m en 2004.

À Pékin, la Russe Elena Isinbaeva a conservé son titre olympique en portant le record du monde à 5,05 m.

Les lancers

Bienvenue chez les costauds ! Dès qu'ils voient leur engin, poids, disque, marteau ou javelot, ils le lancent le plus loin possible… Mais ce ne sont pas des fainéants ! Et les filles ? Elles sont présentes aussi, allient rapidité et technique, mais seulement depuis 1999 en compétitions internationales pour le marteau.

L'Allemand Boris Henry a atteint 84,74 m, pour décrocher le bronze aux Championnats du monde de 2003.

Le javelot

Le javelot est à l'origine une arme de chasse et de guerre. C'est l'engin le moins lourd des lancers, il pèse 800 g pour les hommes et 600 g pour les femmes. C'est le seul lancer où l'athlète peut prendre son élan en courant. C'est pourquoi le javelot bat tous les records de distance : jusqu'à près de 100 m ! La piste d'élan mesure de 30 à 36,50 m, et le lanceur doit projeter son engin dans un secteur de 28°. Pour que l'essai soit valable, le javelot doit toucher le sol avec la pointe. On mesure la longueur du jet au centimètre pair (74,22 et jamais 74,23 m).

Attention javelot !

Les spectateurs et les autres lanceurs doivent faire très attention. Il arrive en effet qu'un javelot s'égare. Ainsi en 2007, le sauteur en longueur français Salim Sdiri a été touché dans le dos par un javelot…

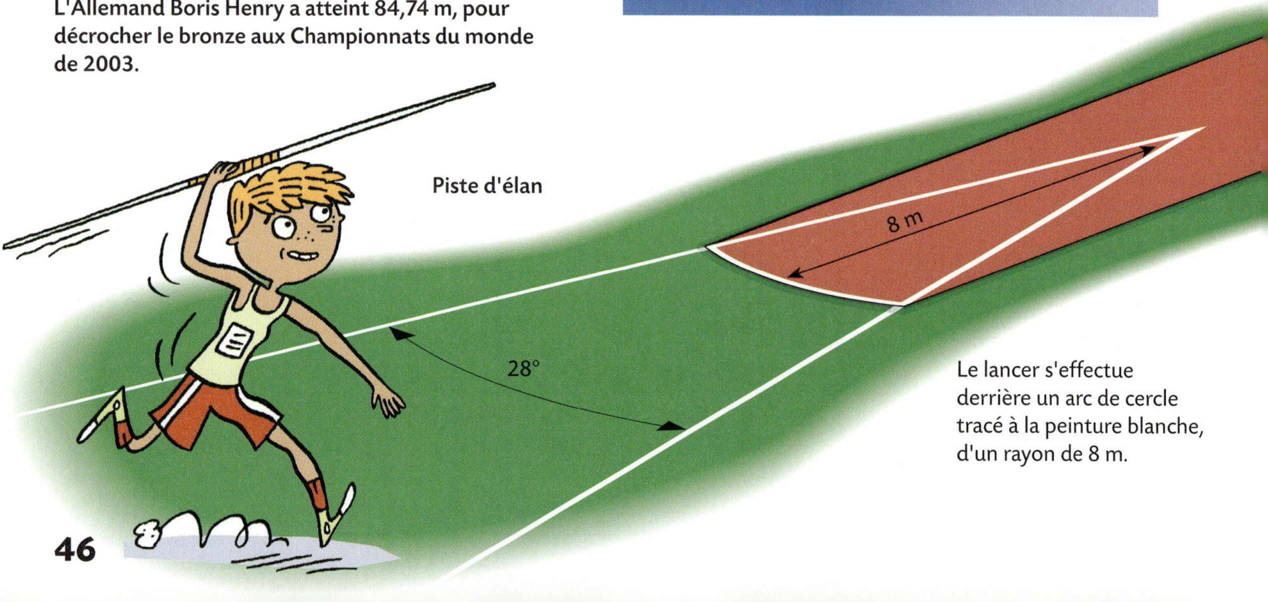

Le lancer s'effectue derrière un arc de cercle tracé à la peinture blanche, d'un rayon de 8 m.

Le lancer du disque demande autant de vitesse que de puissance.

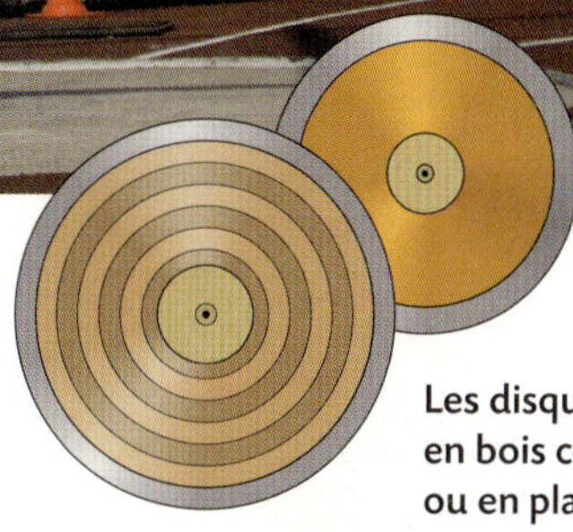

Les disques sont en bois cerclé de fer ou en plastique.

Le disque

La plus ancienne des disciplines du lancer est celle du disque (le Discobole, statue en bronze du sculpteur grec Myron, date du ve siècle av. J.-C.). Comme au poids ou au marteau, le disque, de 600 g à 2 kg suivant le sexe et la catégorie, doit retomber dans un secteur de 40° tracé à partir de l'aire de lancer. L'aire de 2,50 m de diamètre n'a pas de butoir, mais est entourée d'un grillage de protection.

Des records

En lancer du disque, Jürgen Schult détient le record du monde depuis 1986 avec 74,08 m et Lars Riedel a été quintuple champion du monde de 1991 à 2001 ! Une fois n'est pas coutume le record du monde féminin détenu par Gabriele Reinsch depuis 1988 est de 76,8 m, soit 2,72 m de plus que le record du monde masculin.

Gare au tournis !

Le lanceur effectue un tour et demi sur lui-même avant de lâcher son disque. Au moment du lancer, la vitesse de rotation « colle » le disque à la main. Plus besoin de s'occuper de la prise. Si tu te poses encore des questions sur l'utilité du grillage, sache que les meilleures athlètes féminines envoient un disque de 1 kg à plus de 76 m et que les hommes dépassent les 74 m avec un engin qui pèse le double !

Yuriy Sedykh détient le record du monde (86,74 m) depuis 1986. Il a remporté 2 titres olympiques, une couronne mondiale et trois Championnats d'Europe !

Le lancer de marteau

Cet engin demande une force et une stabilité impressionnantes au lanceur. Les meilleurs se transforment en toupie humaine pour propulser une masse de 7,257 kg à plus de 80 m ! Cage de protection indispensable ! Les règles du lancer du marteau sont identiques à celles du disque. Pendant que le lanceur se concentre, il peut laisser le boulet reposer sur le sol. Dès qu'il commence à faire tourner son engin, le jet est commencé. Comme pour tous les autres lancers, il a droit à 6 essais.

Un marteau pas comme les autres

Un marteau de lancer est constitué d'une poignée, d'un câble en acier et d'un boulet (la tête du marteau). Le tout mesure plus de 1 m de long. Le poids total du marteau pour les seniors est de 7,257 kg.

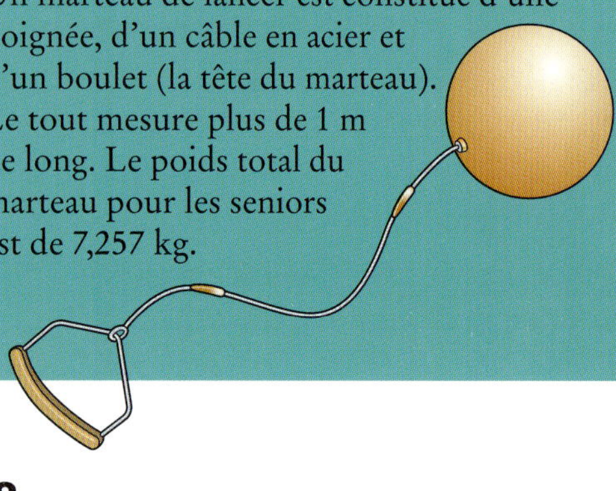

Histoire irlandaise

Dès la mythologie celtique on trouve un champion, du lancer de roue, Cùchulainn. Au Moyen Âge et dans l'époque moderne, la tradition se poursuit, mais le marteau a remplacé la roue. C'est en 1876 que le marteau devient une vraie discipline. Les Irlandais restent les maîtres comme John Flanagan, qui émigre aux États-Unis, et détient le record du monde de 1895 (44,46 m) à 1909 (56,19 m), remportant trois titres olympiques. Aujourd'hui, les meilleurs lancent à plus de 80 m.

15 records !

L'Américain Parry O'Brien a battu 15 fois le record du monde du lancer de poids, entre 1953 et 1956. C'est l'inventeur d'une nouvelle technique où il se met dos au butoir.

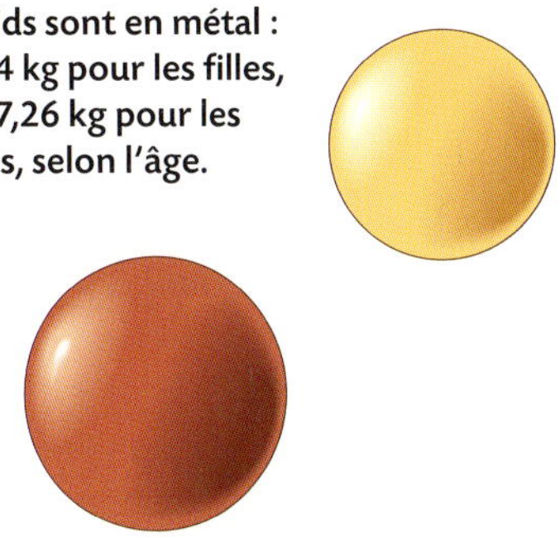

Les poids sont en métal : de 2 à 4 kg pour les filles, de 3 à 7,26 kg pour les garçons, selon l'âge.

Si j'avais un marteau...
- Attention, engin dangereux ! Respecte les consignes de sécurité.
- Maîtrise bien les moulinets avant d'essayer les tours.
- En jouant des hanches, porte toujours ton poids sur la jambe opposée au marteau.

Le lancer du poids

Le lancer de poids a pour origine le lancer de pierre lourde, qu'on retrouve aussi bien dans les jeux antiques grecs que dans les jeux celtes. Plus ou moins lourd suivant les catégories, le poids se lance d'une seule main, à partir du creux de l'épaule. La règle est simple : envoyer le poids le plus loin possible sans quitter l'aire de lancer, un cercle de 2,135 m de diamètre, équipé d'un butoir. En compétition, tu as droit à 6 essais.

La Néo- Zélandaise Valérie Vili championne olympique à Pékin 2008.

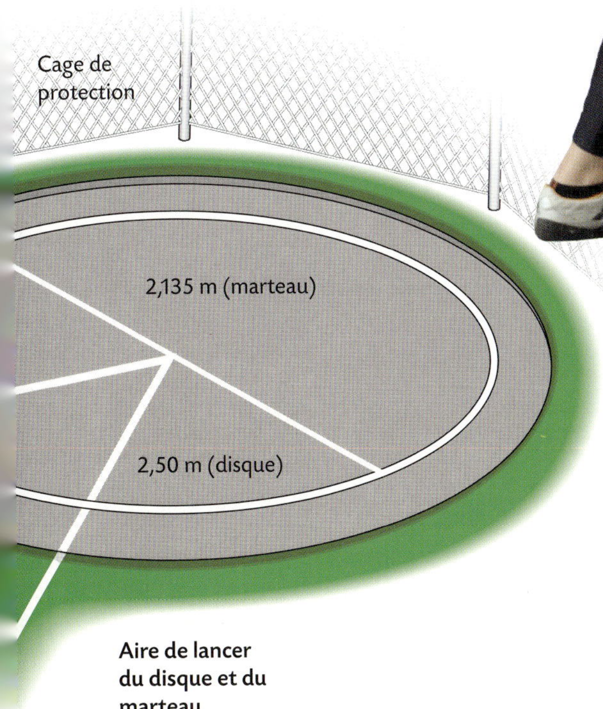

Aire de lancer du disque et du marteau

Faire le poids !

La Soviétique Natalya Lisovskaya détient le record du monde depuis 1984. Elle a amélioré son record deux fois pour atteindre 22,63 m en 1987. Depuis les performances ont beaucoup baissé. Sans doute parce que le dopage est mieux surveillé aujourd'hui. Et chez les hommes, c'est la même chose. Le record appartient à l'Américain Randy Barnes, depuis 1990, avec un lancer de 23,12 m. Aujourd'hui, les champions dépassent rarement les 21 m mais ce sont toujours des sacrés gabarits !

Les épreuves combinées

Rapides, endurants, résistants, forts, puissants… Les athlètes du décathlon et de l'heptathlon courent, sautent et lancent… Ces femmes et ces hommes sont les plus endurants. Place aux Champions des champions !

Le triathlon commence toujours par la natation le plus souvent en mer ou en rivière.

À peine sorti de l'eau, il faut se changer et monter sur un vélo pour une course qui dépasse parfois les 100 km.

Les triathlètes finissent par la course à pied. Il faut qu'ils aient gardé des réserves pour ne pas s'écrouler !

La bonne combine

Les épreuves combinées consistent à enchaîner sur 2 jours une série de disciplines représentant l'ensemble des épreuves d'athlétisme. Chaque performance, dans chaque discipline, compte pour un certain nombre de points. Tous les athlètes ont leurs préférences, mais ils doivent aussi s'entraîner dans les disciplines où ils sont moins bons pour ne pas y perdre trop de points.

Le triathlon combiné

Autre sport d'exception : le triathlon. Ces 3 épreuves sont réservées à des athlètes hypersolides et résistants. Il faut nager, faire du vélo et terminer par une course ! Il y a plusieurs niveaux de difficulté et certaines épreuves peuvent être réalisées par des jeunes et des très jeunes. Mais il y a aussi des épreuves de fou comme l'Ironman à Hawaii, véritable Championnat du monde des supertriathlon : imagine, les concurrents doivent d'abord faire 3,86 km de nage dans la baie de Kailua-Kona, puis 180,2 km de course cycliste et terminer par un marathon !

Le décathlon

Les hommes pratiquent le décathlon. Le mot grec déca signifie « dix », et le décathlon consiste pour les athlètes à se mesurer en 10 épreuves, selon un ordre déterminé :
1er jour : 100 m, saut en longueur, lancer du poids, saut en hauteur et 400 m.
2e jour : 110 m haies, lancer du disque, saut à la perche, lancer du javelot et 1 500 m. Les décathloniens sont les plus complets des athlètes.

L'heptathlon

De leur côté, les femmes pratiquent l'heptathlon. Le mot grec hepta veut dire « sept ». Trois épreuves de moins, mais il faut tout de même d'incroyables facultés de récupération !
1er jour : 100 m haies, saut en hauteur, lancer du poids, et 200 m.
2e jour : saut en longueur, javelot et 800 m.

Le pentathlon

Le pentathlon moderne n'est pas de l'athlétisme, c'est une épreuve combinée très ancienne et particulièrement difficile car il faut maîtriser des disciplines très différentes. Juges-en plutôt :
1er jour : escrime à l'épée, puis natation (300 m pour les hommes, 200 m pour les femmes).
2e jour : tir au pistolet, course à pied (entre 2 000 et 4 000 m, selon l'âge et le sexe)et équitation (concours d'obstacles) !

Le rugby, c'est à la main ou au pied... à XIII ou à XV... mais toujours avec un ballon ovale et une dose de panache !

À chacun son

Tu peux tout faire avec un ballon ! Foot, volley, basket, rugby... À toi de décider selon tes goûts, le temps qu'il fait, le nombre de copains ou copines qui t'accompagnent, le terrain disponible... Offensif, défensif, stratégique, en force, chacun peut jouer comme il veut.

ballon !

N'oublie pas que le foot, c'est d'abord un sport d'équipe où chaque joueur doit tenir son rôle et être solidaire de ses coéquipiers.

Le football

Il suffit de savoir tout juste marcher pour donner son premier coup de pied dans un ballon : c'est un geste naturel. Mais pour devenir un bon joueur, il faut du travail, de la résistance et même du génie !

Le Havre Atletic Club

Le Havre est la première ville française à avoir créé un club de foot, en 1872. De nombreuses rencontres sont alors organisées, mais le premier Championnat professionnel ne se tiendra qu'en 1932.

Une histoire de balle au pied

Depuis 5 000 ans, les hommes jouent à la balle au pied. Ils ont inventé des règles, des terrains et des compétitions. L'ancêtre direct de notre football est né en Angleterre, il y a plus de 150 ans. Les premières règles sont rédigées par les étudiants de Cambridge en 1848. En 1863, des étudiants de Liverpool créent la Fédération anglaise de football. Neuf ans plus tard, la première compétition nationale est organisée entre les différents clubs. C'est la naissance de la Coupe d'Angleterre.

Le meilleur, c'est Zizou

Le meilleur joueur français de tous les temps est aussi la personne la plus populaire en France, Zinedine Zidane. « Zizou » fut un extraordinaire meneur de jeu. Né à Marseille en 1972, il a remporté le Mondial 1998 et l'Euro 2000. Il a joué dans les plus grands clubs notamment le Real Madrid.

Révélation du Mondial 2006, Franck Ribéry est considéré comme l'un des meilleurs milieux de terrain actuels.

Le roi des sports

Le foot est le sport le plus populaire du monde. On pense qu'il y a plus d'un milliard de joueurs sur la planète ! Chaque rencontre mobilise des supporters. Parfois, ils ne sont que quelques dizaines, pour des compétitions locales, mais pour les grands matches internationaux, ils sont des dizaines... de milliers à venir encourager leur équipe dans des stades gigantesques. Sans compter les téléspectateurs qui se chiffrent chaque année en milliards de personnes. Le record est détenu par les matches de la Coupe du monde qui sont regardés par 37 milliards de téléspectateurs au total !

LE ZOOM DE L'ÉQUIPE — Pelé, le plus jeune

En 1958, le Brésilien Pelé n'a que 17 ans quand il remporte la Coupe du monde de football. Une star est née. À 16 ans, Diego Maradona joue déjà avec l'équipe d'Argentine. En 1986, il a 25 ans quand il devient champion du monde. Karim Benzema a revêtu le maillot bleu à 19 ans.

L'ÉQUIPE
POUR L'ETERNITE

La Coupe du monde

La Coupe du monde a été créée en 1928 par la FIFA (Fédération internationale de football) et la première s'est tenue en 1930 en Uruguay. C'est la plus grande épreuve sportive au monde. Elle a lieu tous les quatre ans, comme les Jeux olympiques, mais elle est beaucoup plus populaire que les épreuves de football des JO ! C'est l'équipe du Brésil qui détient la palme du nombre de participations (18) et de victoires (5) en Coupe du monde. La France a gagné la Coupe du monde en 1998, et l'Italie a gagné la dernière édition en 2006.

La « bicyclette » est un geste technique impressionnant : le joueur fait un saut périlleux arrière pour frapper le ballon du pied, très en hauteur.

Un but à tout prix !

Un match de foot se déroule en deux mi-temps de 45 min. Entre les deux, les joueurs se reposent 15 min. Si les équipes sont à égalité après les deux mi-temps et que le match nécessite un vainqueur (Coupe du monde par ex.), les joueurs jouent une prolongation : deux nouvelles périodes de 15 min. Toujours à égalité ? C'est l'épreuve des tirs au but. Cinq joueurs de chaque équipe tirent à tour de rôle du point de penalty. L'équipe gagnante est celle qui a marqué le plus de buts. Dure épreuve pour les nerfs des buteurs et des gardiens !

Composition de l'équipe

Une équipe comporte 11 joueurs (3 remplaçants peuvent entrer en jeu pendant le match) :
- (1) gardien de but ;
- (2-3) deux défenseurs latéraux qui couvrent les côtés de la défense ;
- (4-5) deux défenseurs centraux qui protègent le but ;
- (6-8-10-7) quatre milieux de terrain qui récupèrent le ballon et relancent vers l'attaque ;
- (9-11) deux attaquants.

Certaines équipes jouent avec des tactiques plus prudentes, avec cinq défenseurs ou avec un seul attaquant ; d'autres prennent plus de risques avec trois attaquants.

Question de vocabulaire

Les Italiens appellent le football « calcio » en référence au jeu de balle qui se pratiquait au XVIe siècle. Pour les Américains, le football ne peut être qu'américain ! Ils appellent notre football, le « soccer ».

Chacun à sa place

Le ballon est joué avec tout le corps, sauf les membres supérieurs. Seul le gardien de but a le droit d'utiliser les mains. Pour vérifier le respect des règles par les joueurs, un arbitre central, qui porte un maillot différent de celui des joueurs, dirige le match. Il est aidé de deux arbitres assistants qui signalent, avec un drapeau, la sortie du ballon hors du terrain et les hors-jeu.

Fautes et hors-jeu

L'arbitre sanctionne les fautes en accordant à l'équipe victime un coup franc ou un penalty. En cas de faute grave, il brandit un carton jaune (expulsion après 2 cartons) ou un carton rouge (expulsion immédiate).
Un joueur est considéré comme hors jeu s'il est plus proche de la ligne de but adverse que le ballon, sauf s'il se trouve dans sa propre moitié de terrain, ou si 2 de ses adversaires, au moins, sont plus proches de leur propre ligne.

Le foot, c'est d'abord un jeu d'adresse et de clairvoyance.

Si tu aimes courir

Tu peux t'inscrire dans un club à partir de 5 ou 6 ans. La taille n'est pas fondamentale, sauf pour le poste de gardien de but. Tous les footballeurs sont des athlètes, mais ils ne sont pas tous grands. En revanche, tu devras savoir courir, ne pas avoir peur du contact physique, être adroit et avoir l'esprit d'équipe. Il faudra aussi que tu aies le « coup d'œil » pour saisir rapidement la situation. Tu travailleras ta condition physique et les gestes techniques.

Fais une tête !

On peut jouer le ballon avec le pied, avec la tête avec le buste... mais ni avec les mains et ni avec les bras. Seul le gardien de but a le droit d'utiliser les mains. Le jeu de tête est énormément pratiqué par les joueurs. On a calculé qu'un professionnel donnait en quinze ans de carrière environ 5 000 coups de tête.

Tu peux essayer tout seul ou en groupe de faire rebondir le plus de fois possible le ballon sur ton crâne, doucement !

Le football américain

Aux États-Unis, on dit simplement « football ». En Grande-Bretagne, on l'appelle « gridiron football ». En France, c'est le « football américain », mais on devrait plutôt dire le « rugby américain », puisqu'il se joue à la fois à la main et au pied !

Le sport américain

Au XIXe siècle, chaque université américaine édictait ses propres règles, qui mélangeaient celles du rugby et du foot. En 1876, plusieurs universités américaines décidèrent lors de la Massasoit Convention d'adopter des règles communes. Elles recoupaient pour l'essentiel celles de la Fédération anglaise de rugby, sauf en ce qui concerne le comptage des points. Walter Camp, l'entraîneur de l'université de Yale, modifia en profondeur les règles et l'esprit du jeu entre 1880 et 1883 : diminution du nombre de joueurs de 15 à 11, réduction de la surface du terrain et introduction de la *scrimmage line* (la ligne de mêlée)... Le football américain était né.

Du rugby-foot

En gros, le but du jeu est proche de celui du rugby : par passes successives, tu dois parvenir à marquer un essai (*touchdown* : 6 points) et le transformer (*pat* : 1 point). Les deux équipes de 11 joueurs sont tour à tour en attaque et en défense. L'équipe attaquante a droit à 4 *downs* pour avancer de 10 yards (9,144 m). Si elle n'y parvient pas, c'est l'autre équipe qui récupère le ballon. À chaque changement, chaque équipe peut remplacer un nombre illimité de joueurs. Les attaquants qui ont perdu le ballon sont remplacés par des joueurs spécialisés dans la défense, et réciproquement. La durée d'un match est de 60 minutes de jeu effectif, avec 4 quarts-temps. Mais avec les arrêts de jeu, il dure plusieurs heures.

Les mots du football américain

- *Down* : tentative
- *Field goal* : coup de pied au but
- *Kick off* : coup de pied d'engagement
- *Offense* : attaque
- *Punt* : coup de pied de dégagement

Le football américain est le sport le plus populaire aux États-Unis.

À chaque Super Bowl, la finale des meilleures équipes professionnelles, toute l'Amérique retient son souffle !

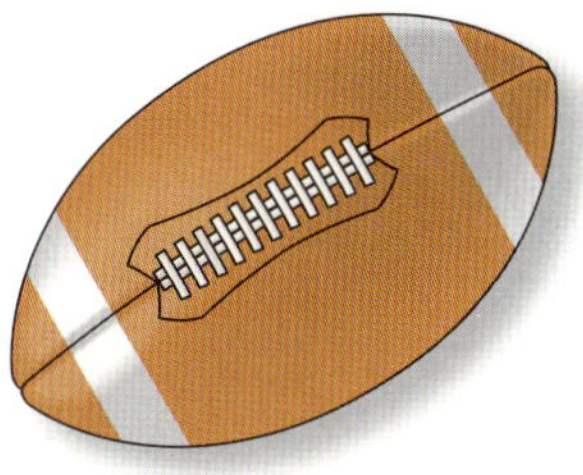

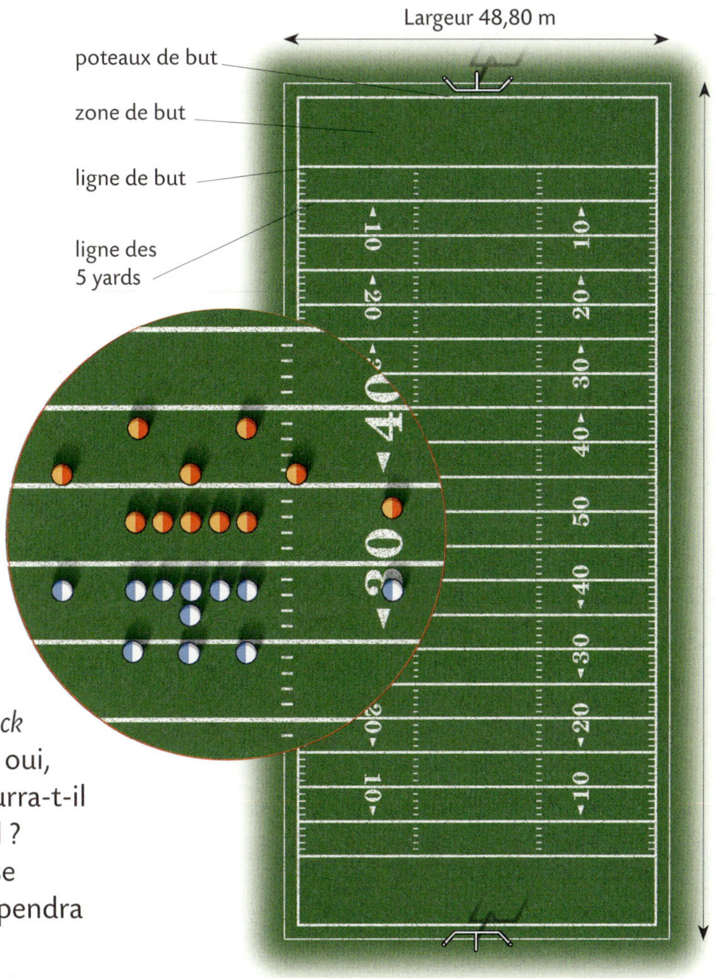

Le terrain de football américain est jalonné de lignes blanches tous les 5 yards (4,60 m) et de numéros tous les 10 yards. On le surnomme le « gril ».

Un *down*

La phase d'attaque débute lorsque le ballon est tenu par le centre de la ligne offensive qui le passe entre ses jambes au *quarterback* (le meneur de jeu). L'équipe adverse se rue à l'assaut pour empêcher l'attaque de s'organiser. Le *quarterback* aura-t-il le temps de passer la balle à un *running back* (arrière) avant d'être plaqué ? Si oui, combien de yards ce dernier pourra-t-il parcourir avant d'être jeté au sol ? Ou choisira-t-il de faire une passe à l'un de ses receveurs ? Tout dépendra de l'efficacité des bloqueurs qui s'affrontent en combats singuliers avec la défense adverse. La bagarre, en tout cas, sera générale !

Pour jouer au rugby, il vaut mieux aimer la castagne et avoir une sacrée pêche.

Le rugby à XV

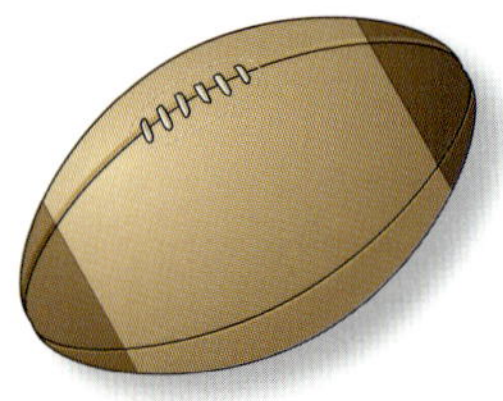

Il y en a qui tombent dedans quand ils sont petits... Difficile en effet d'échapper au rugby quand on naît en Nouvelle-Zélande ou dans le Sud-Ouest de la France ! Et il y a ceux qui y viennent ! Car le rugby est un sport terriblement attachant.

Jeu de costauds

Au collège de la ville de Rugby, en Grande-Bretagne, les élèves jouaient souvent à une sorte de football, ancêtre du foot actuel. Selon la légende, un jour de 1823, l'élève William Webb Ellis, excédé par des règles qu'il trouve idiotes, prend le ballon en main et le porte dans le but adverse. Le rugby est né ! La première fédération nationale voit le jour en 1871. Le rugby devient un sport national en Grande-Bretagne et dans ses colonies (Australie, Afrique du Sud, Nouvelle-Zélande), avant d'arriver en Europe.

Un sport qui peut se pratiquer très jeune par les filles comme par les garçons.

Pour toutes les pointures

Tu peux commencer le rugby très tôt (dès 5 ou 6 ans). Un bon rugbyman doit savoir tout faire, mais tu pourras te spécialiser en fonction de tes capacités. Si tu es grand et costaud, tu feras merveille chez les avants, tu peux aussi très bien réussir au poste de demi de mêlée si tu es petit.

Sport de brutes ou de gentlemen

Violent, le rugby ? Il est vrai que c'est un combat. Écoute les commentateurs de télé : il n'est question que de « bravoure » et d'« abnégation ». Ces « hommes de devoir », « rugueux et durs au mal », se doivent « de forcer le respect de leurs adversaires ». Autant dire que le rugby n'est pas pour toi si tu es douillet ! Mais on parle aussi d'« élégance », de « panache » et de « rugby aussi pétillant que du champagne ». À toi de jouer !

Un monde bipolaire

En rugby, le monde est coupé en deux : l'hémisphère Nord et l'hémisphère Sud. Au nord se déroule le Tournoi des Six Nations avec l'Angleterre, l'Écosse, le pays de Galles, l'Irlande, la France et l'Italie, alors qu'au sud se déroule le Tri-Nations avec l'Australie (les *Wallabies*), l'Afrique du Sud (les *Springboks*) et la Nouvelle-Zélande (les *All Blacks*). La France a obtenu en 2002 le premier « Grand Chelem » de l'histoire à 6 nations. La suprématie mondiale se joue lors de la Coupe du monde. L'Afrique du Sud a remporté celle de 2007, en France.

Le haka est une danse rituelle visant à impressionner l'adversaire et à motiver les joueurs néo-zélandais.

À la main et au pied

Dans un match de rugby, il y a deux mi-temps de 40 minutes et une pause de 15 minutes. Le but du jeu est de porter le ballon dans l'en-but adverse (c'est l'essai, qui vaut 5 points) ou de botter le ballon dans la partie haute entre les poteaux. Cette action se fait dans trois cas : après un essai (c'est la transformation de l'essai, qui vaut 2 points) ; en cours de jeu, après avoir fait rebondir le ballon au sol (le drop : 3 points) ; suite à une faute sanctionnée par l'arbitre (la pénalité : 3 points).

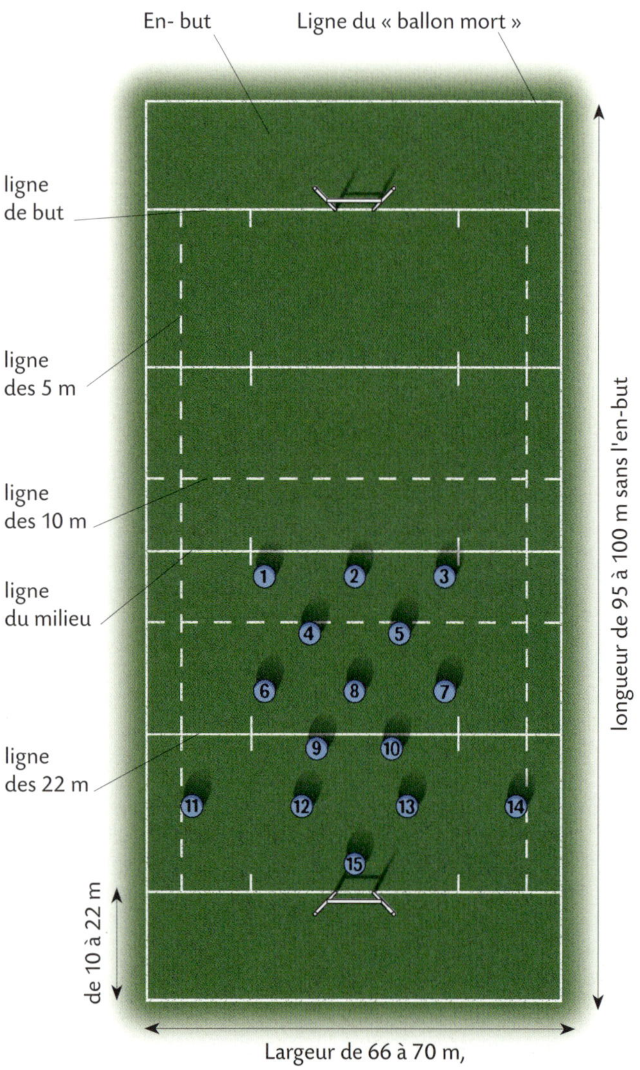

Attention au plaquage ! Frédéric Michalak en action lors du match France/Nouvelle -Zélande en 2007.

Un mélange parfait

L'écrivain Jean Giraudoux présentait ainsi l'équipe de rugby idéale :

- « 8 joueurs forts et actifs » : les avants qui sont en première ligne, piliers (1 et 3) et talonneur (2), les 2e ligne (4 et 5) et les 3e ligne (6, 7 et 8) ;
- « 2 joueurs légers et rusés » : les demis, le demi de mêlée (9) et le demi d'ouverture (10) ;
- « 4 grands et rapides » : les trois-quarts, deux ailiers (11 et 14) et deux centres (12 et 13) ;
- « et un dernier, modèle de flegme et de sang-froid » : l'arrière (15).

« C'est la proportion idéale entre les hommes ».

À bas les brutes !

Le jeu brutal est toujours sanctionné. Par exemple, il est interdit de frapper l'adversaire, de le plaquer quand il n'a pas le ballon, de le plaquer au-dessus des épaules ou par le cou, de charger sur le camp adverse avec tes copains qui te protègent. Tout ce que tu pourrais imaginer du même genre est interdit aussi !

Les gestes techniques

La passe : Tu peux courir avec le ballon et le passer à un coéquipier qui se trouve derrière ou à côté de toi, mais pas devant ! L'en-avant est sanctionné par une mêlée avec introduction du ballon par tes adversaires.

La mêlée : La mêlée fermée, ordonnée par l'arbitre, comprend les huit avants de chaque équipe, solidement ancrés les uns aux autres, qui exercent une poussée sur l'adversaire. Le demi de mêlée introduit le ballon, et le talonneur est chargé de le ramener au pied vers ses coéquipiers.

La mêlée est un exercice très physique et très technique : elle symbolise le rugby.

Sur les touches, il faut sauter très haut pour se saisir du ballon, comme ici lors du match Angleterre/Tonga durant la Coupe du monde.

La touche : Quand une équipe fait sortir le ballon du terrain, l'arbitre ordonne une touche. L'autre équipe bénéficie de la remise en jeu. Les avants de chaque équipe se placent en file de part et d'autre du point de sortie, à 5 m de la ligne de touche. Le lanceur envoie le ballon entre les deux équipes, qui sautent pour le capter.

Les rugbymen doivent récupérer les passes sans s'arrêter de courir.

Tente un drop !

Sur le terrain de rugby, avec tes copains, tu peux t'entraîner à jouer un coup de pied de pénalité. Le ballon est alors posé par terre et tu tentes de l'envoyer entre les poteaux.

Mais à tout moment, tu peux aussi tenter un drop : tu laisses tomber le ballon, puis tu tapes dedans après le rebond pour le faire passer entre les poteaux.

Le rugby à XIII

Ce sport a été inventé pour permettre la création d'équipes professionnelles, ce qui était interdit dans le rugby traditionnel. Malgré l'entrée du professionnalisme dans le rugby à XV, les 2 disciplines demeurent.

L'autre rugby

Le rugby à XIII est né en Grande-Bretagne, d'une querelle entre partisans de l'amateurisme et du professionnalisme. Dès les années 1900, la rupture est totale et définitive : il y aura un rugby à XV et un rugby à XIII. La différence se situe au niveau des avants : il n'y a qu'un troisième-ligne au lieu de trois.
Le rugby à XIII est apparu en France en 1933. Aujourd'hui, il est pratiqué par des professionnels et par des amateurs, même s'il reste moins populaire que son aîné.

Pionnier de la Coupe du monde

Le rugby à XIII a créé sa Coupe du monde bien avant son cousin : le premier Mondial a été organisé en 1954 (en France) alors qu'il a fallu attendre... 1987 pour assister à la première Coupe du monde à XV.
Les deux plus grandes compétitions de clubs sont la National Rugby League (Australie) et la Super League (Angleterre), où joue aussi une équipe française, les Dragons Catalans de Perpignan. Chaque année, le World Club Challenge oppose les champions d'Angleterre et d'Australie pour désigner le meilleur club du monde.

Le rugby, sport professionnel

Pendant plus de 120 ans, le rugby à XV est resté un sport amateur. Il était considéré comme un simple loisir. Même les meilleurs joueurs avaient un métier à côté. En 1995, il est devenu un sport professionnel comme son cousin du XIII. Les joueurs reçoivent maintenant un salaire pour disputer les grandes compétitions avec leur club. Du coup, les enjeux économiques sont importants et c'est tout l'esprit festif de ce sport qui est menacé.

Le rugby à XIII est aussi physique que celui à XV, on retrouve les plaquages, les grandes courses pour marquer un essai ou encore les longs coups de pied.

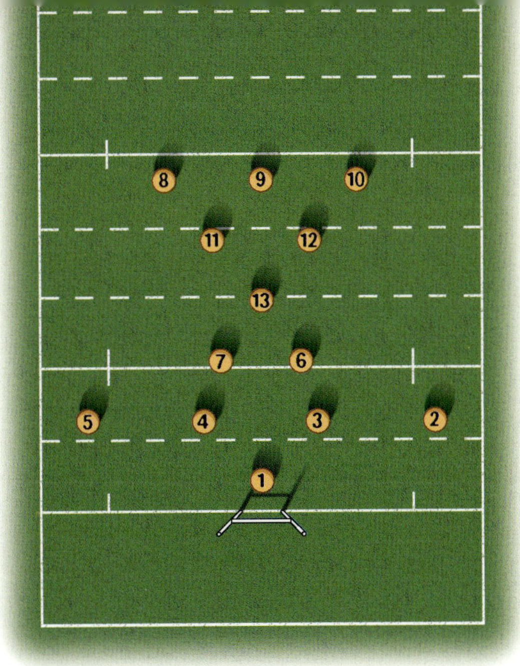

Le « tenu »

Le rugby à XIII se joue en deux mi-temps de 40 minutes. Chaque équipe marque des points en inscrivant des essais (4 points) et en passant des coups de pied : transformations (2 points), pénalités (2 points) et drops (1 point). La principale différence avec le XV est le tenu : quand un joueur est plaqué, le jeu est arrêté, le joueur plaqué passe rapidement le ballon du talon à un coéquipier qui continue l'action. L'équipe attaquante a droit à 5 tenus. Ensuite, le ballon est rendu à l'adversaire. En école de rugby, le terrain est plus petit et le nombre de joueurs réduit.

Une variante, le rugby à 7

Le rugby à 7 a une origine très ancienne. Ce sont des bouchers écossais qui, se retrouvant à 14 au lieu de 15 pour jouer, imaginèrent faire 2 équipes de 7. Le terrain est le même et les règles sont presque identiques, sauf que les touches se font à 2 dans l'alignement, que la mêlée se fait à 3 et que les coups d'envoi et de renvoi des 22 m au centre se font aussi en drop. Les mi-temps durent 2 x 7 min, et 2 x 10 min en finale. Ce jeu, plus dynamique que le rugby traditionnel, a de plus en plus de succès.

Touché !

Le *touch rugby* est un jeu sans combat, qui ressemble au rugby à XIII, avec des équipes de six joueurs. Dès que le porteur du ballon est touché des deux mains par un adversaire, il doit s'arrêter et passer le ballon à un partenaire. L'équipe qui attaque a droit à 6 touchés. On peut aussi y jouer sur sable, en salle ou en *street*, sur goudron.

Le rugby à 7, c'est chouette pour jouer entre copains.

Le basket-ball

D'origine américaine, le basket est, aujourd'hui, un sport très populaire en Europe, en Asie et en Amérique du Sud. Le basket féminin aussi a conquis le cœur d'un large public dans le monde entier.

Le basket est un sport très spectaculaire, mais aussi très technique.

Dans le panier !

Le Canadien James Naismith, professeur de gym au collège de Springfield, dans le Massachusetts, en avait assez que ses élèves s'ennuient pendant les cours d'éducation physique. Il inventa donc un jeu de ballon, sans violence entre les joueurs, où l'adresse comptait davantage que la force. Son astuce ? Un but en hauteur et de toute petite dimension. C'était en 1891 : le basket était né.

Records

Au basket, on fait exploser des records en tout genre, de la taille des joueurs au nombre de points. Ici face au Français Tony Parker, le Chinois Yao Ming, qui joue chez les Houston Rockets, mesure la taille record de 2,29 m.

NBA et WNBA

La célèbre National Basket ball Association (NBA) organise le meilleur championnat du monde, qui regroupe 30 équipes professionnelles (les « franchises ») des États-Unis et du Canada. Depuis 1996, les filles se mesurent dans un Championnat équivalent, la Women's National Basket ball Association (WNBA).

Sports de rêve

Depuis l'apparition de stars mondiales comme Michael Jordan ou Magic Johnson, le basket est devenu autant un spectacle qu'un sport. Aux États-Unis, chaque grande compétition est entourée de manifestations de fête. Il y a un Championnat du monde, mais l'épreuve des Jeux olympiques est prise très au sérieux par les pros du basket contrairement au foot. Aux Jeux de Barcelone en 1992, l'équipe américaine avait été surnommée la « Dream Team », c'est-à-dire l'équipe de rêve.

Tony Parker est le premier basketteur français à avoir remporté le fabuleux Championnat américain de NBA. Et en plus, c'est un chanteur de rap !

AUJOURD'HUI LE MAGAZINE

PAPA ET CHAMPION

RUGBY

LES BOKS OUVRENT LE TRI NATIONS

(Page 12)

ATHLÉTISME

DEFAR, UN 5 000 M RECORD

(Page 16)

1,50 €

AUTOMOBILE

AUDI-PEUGEOT : DUEL DE DIESELS AU MANS

(Pages 18 à 22)

FOOTBALL

LIGUE 1, LIGUE 2 : LES CALENDRIERS

(Pages 10 et 11)

TENNIS

MAHUT ASSOMME NADAL

(Page 15)

www.lequipe.fr

L'ÉQUIPE

LE QUOTIDIEN DU SPORT ET DE L'AUTOMOBILE

LE MEILLEUR, C'EST PARKER

Champion NBA pour la troisième fois de sa carrière avec les San Antonio Spurs, premier Européen à être élu meilleur joueur de la finale, Tony Parker, le meneur de jeu des Bleus, a gagné sa place, à vingt-cinq ans, parmi les plus grands basketteurs du monde. (Pages 3 à 6, et notre éditorial, page 2)

À tes baskets !

Adresse, vitesse et souplesse... Les qualités nécessaires pour jouer au basket en font un sport qui s'adresse aussi bien aux filles qu'aux garçons. Le basket te demandera d'avoir une bonne détente pour devenir toujours plus aérien. Mais il n'est pas réservé aux géants. À certains postes de l'équipe, les petits rapides et agiles, font des merveilles. Pour intégrer une équipe, il faut avoir 7 ou 8 ans. Avant 12 ans, tu pratiqueras le mini basket (terrain plus petit, panier moins haut et temps de jeu plus court). La puissance de la détente fait toute la différence entre les très bons basketteurs... et les autres.

Le jeu

Deux équipes de 5 joueurs s'affrontent sur le terrain dans un match qui se joue en quatre quart-temps de 10 min (12 min aux USA). Mais chaque arrêt de jeu étant décompté, le match dure souvent 1h20. Deux arbitres, un chronométreur, un marqueur et un opérateur des 24 secondes vérifient le respect des règles. Chaque équipe dispose en tout de 12 joueurs qui se remplacent entre eux aussi souvent qu'ils le souhaitent. En cas de score identique, les équipes jouent autant de prolongations de 5 min qu'il faut pour se départager.

Fais un concours de shoots

Accroche un panier de basket à 2 ou 3 m du sol.

- Installe ton équipe à 3 m derrière une ligne.
- Chaque joueur, à son tour, essaie de lancer le ballon dans le panier après un saut aérien.
- Celui qui réussit a le droit de continuer.
- Compte un point par panier

Le premier qui comptabilise 10 points a gagné !

Interdit de marcher !

Tu ne peux jouer qu'avec les mains... Mais ne garde pas trop longtemps le ballon dans les mains ! Tu as droit à 2 pas avant de t'en débarrasser (en passant, en dribblant ou en tirant au panier). Au troisième appui, tu seras sanctionné pour un « marcher ». Si tu fais rentrer la balle dans le panier, tu marques 2 points, ou même 3 si tu as lancé depuis l'extérieur de la ligne des 6,25 m (7,23 m en NBA). Si un adversaire commet une faute sur toi, tu auras le droit, en fonction de sa gravité, de faire 1, 2 ou 3 lancers francs, seul face à la cible. Chacun vaut 1 point.

Des hommes volants...

Le *streetball*

Né aux Etats-Unis, le basket de rue s'est installé en France. Ce jeu se déroule à l'extérieur, sur le bitume des *playgrounds*, des parkings ou des places en ville, avec souvent un fond sonore de rap. Les équipes sont composées de trois joueurs qui s'arbitrent eux-mêmes. Le jeu est très physique et les règles sont beaucoup plus souples. Objectif : faire un maximum de spectacle.

Dribbler, dunker...

Le basket est un art du déplacement en finesse. Tu ne pourras passer en force. Tu ne pourras pas non plus retenir celui qui a le ballon, ni le pousser... Ce sont des fautes personnelles et, à la 5e faute, tu es expulsé. En revanche, quand tu auras le ballon, tu pourras dribbler, c'est-à-dire progresser en faisant rebondir le ballon sur le sol, avec une seule main et sans interruption. Si tu es très grand et que tu sautes haut, tu peux déposer le ballon directement dans le panier : c'est le *dunk*.

Le handball

Si tu es lent à la détente, ce n'est même pas la peine d'essayer... Mais si tu as le cerveau aussi rapide que les jambes, pas d'erreur : le handball est fait pour toi !

À l'image de son pivot Bertrand Gille (n°6), qui marque ici en finale contre l'Islande (28-23), la France a survolé les JO de Pékin pour décrocher son premier titre olympique.

Le *haandbold*

Le handball est surtout populaire en Europe du Nord et dans l'ancienne Tchécoslovaquie. Depuis la fin du XIXe siècle, on y joue à la balle à la main. Les Tchèques appelaient alors leur sport *hazena*. Les Danois, quant à eux, pratiquaient le *haandbold*. Les premières règles du handball ont été édictées en Allemagne, en 1919. C'est pourquoi on prononce « ande-balle » et non « ande-bol » : ce n'est pas un sport d'origine anglaise.

Mime les actions

Il y a beaucoup de mots spécifiques au handball. Tu peux jouer aux devinettes... ou essayer de mimer les gestes devant tes copains avec le ballon. Le premier qui a trouvé a gagné !

La roucoulette : tu donnes un tel effet de rotation à ta balle qu'au rebond son changement de direction surprend le gardien.

Le lob : si le gardien s'est avancé pour fermer l'angle de tir, tu feintes pour le déséquilibrer, puis tu lances la balle au-dessus de lui.

Ligne des 6 mètres : il faut que tu sautes et que tu tires, aucun joueur de champ ne peut la franchir à pied.

Vive le mini hand !

Entre 7 et 10 ans, tu joueras au mini handball, sur un terrain deux fois plus petit et avec 5 joueurs au lieu de 7. L'avantage du handball, c'est que les règles sont simples. Tu apprendras facilement toutes les techniques et tu pourras te lancer à fond dans la compétition avec des matches de trois fois 10 minutes.

Le terrain de handball

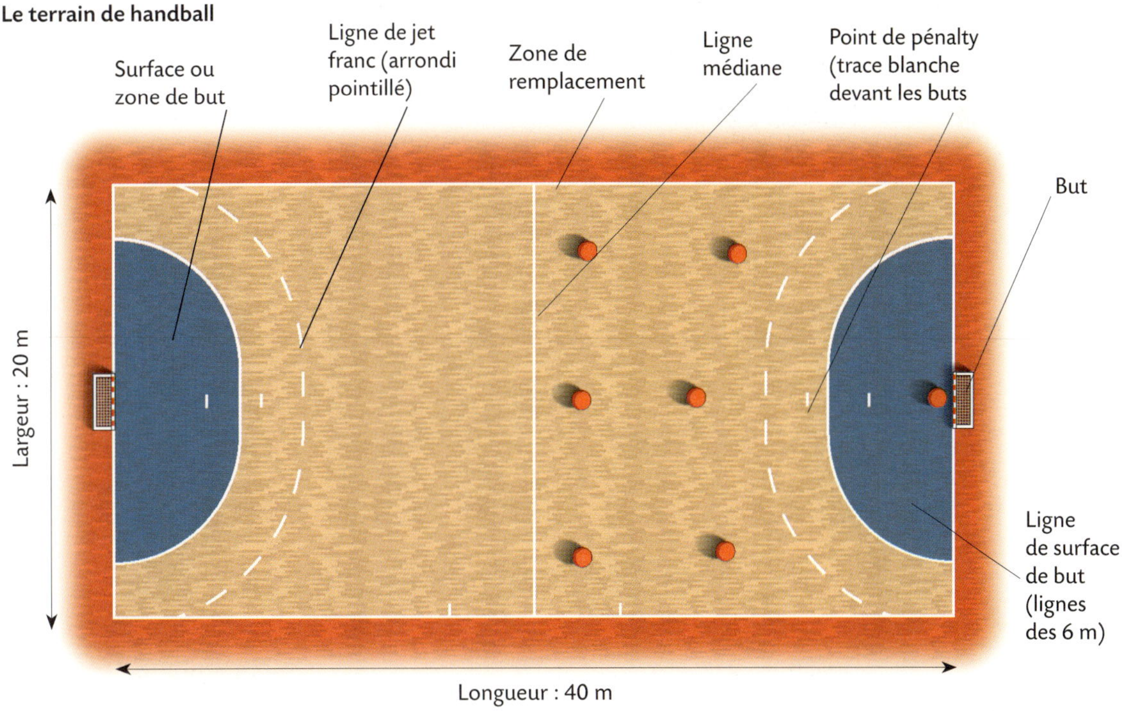

Le jeu

Le hand se joue à 7 contre 7 avec 5 remplaçants. Un match comporte 2 mi-temps de 30 minutes. Le gardien (le seul à pouvoir jouer dans la zone de but) est habillé d'une couleur différente de celles des deux équipes. Il a le droit de jouer au-delà de sa surface de but, mais il doit alors respecter les mêmes règles que les autres joueurs. Et en particulier ne pas utiliser ses pieds !

Pas pour les manchots

Les règles du hand tiennent du foot et du basket. Tu dribbles comme au basket et tu marques dans des buts qui ressemblent à ceux de foot, mais à la main. Pour marquer, il t'est interdit de pénétrer dans la surface de but... Sauf en sautant et en tirant avant de retomber au sol ! Pas évident ! Le gardien a le droit de se servir de tout son corps pour arrêter la balle.

Le volley-ball

Réceptionner un smash avec les avant-bras s'appelle une « manchette ».

Numéro 1 sur toutes les plages du monde, le volley est aussi un des sports les plus pratiqués en salle. Normal, il est tellement spectaculaire et les gestes ont l'air si faciles à faire... Ah oui ? Essaie !

Et le volley fut...

William Morgan, professeur d'éducation physique dans le Massachusetts, rêvait d'un sport sans contact physique, comme le tennis, mais avec un ballon... Rapidement, le volley-ball se répand dans le monde entier. Sport olympique depuis 1964, il compte à présent 260 millions de pratiquants...

Direction les smashs !

Deux équipes de 6 joueurs doivent essayer de faire tomber la balle dans le camp adverse. Chaque fois qu'une équipe prend le service, ses joueurs effectuent une rotation sur le terrain en se déplaçant d'un poste. Ainsi, tu seras amené à occuper tous les postes l'un après l'autre. Tu dois donc savoir à la fois servir, défendre et attaquer. Les matches se jouent en 3 sets gagnants de 25 points avec un écart de 2 points, sauf la dernière manche qui est jouée en 15 points.

Organise un match de beach-volley

À la plage avec tes copains, plante un filet et constitue 2 équipes de 2 joueurs.

Sur le sable, tu pourras faire encore plus d'acrobaties.

À deux, vous devez couvrir presque la même surface que 6 volleyeurs en salle !

La marque continue

Avant, pour gagner, il fallait avoir le service, mais maintenant c'est la marque continue. Chaque échange doit se terminer par un point. Cela dynamise le jeu. Lorsqu'une équipe en réception remporte l'échange, elle récupère le service. Le serveur frappe la balle de la main pour l'envoyer directement dans l'autre camp. Avant de la renvoyer, les joueurs adverses ont droit à trois passes entre eux. En revanche, il est interdit que le même joueur la touche deux fois de suite.

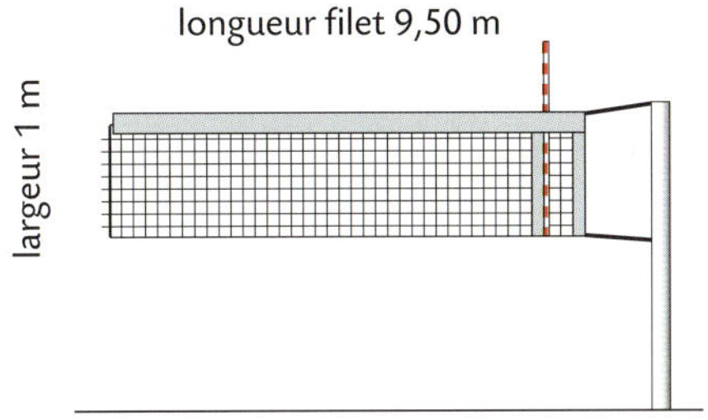

Hauteur du filet :
à 2,43 m pour les garçons
et à 2,24 m pour les filles.

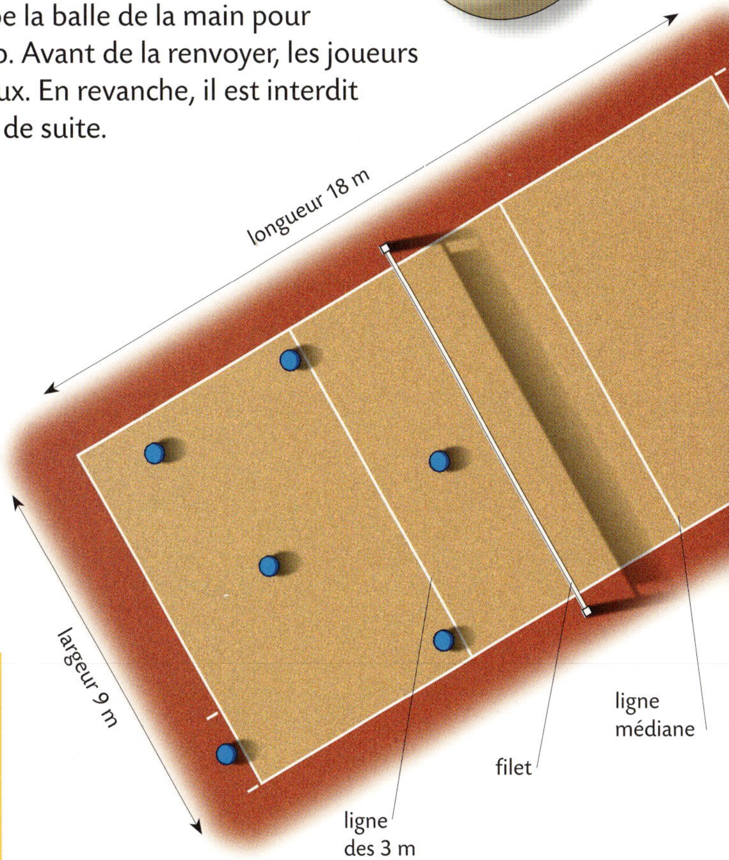

Un grand joueur

Gilberto Amaury de Godoy Filho dit « Giba » est considéré comme le meilleur joueur actuel. Ce Brésilien qui mesure 1,94 m a joué plus de 300 fois en sélection nationale et a été élu meilleur joueur au Mondial de volley au Japon en 2006. Il a remporté avec le Brésil les deux derniers Championnats du monde, en 2002 et en 2006, plus le titre olympique en 2004. Et pourtant, tout bébé, il a souffert d'une leucémie et a été blessé grièvement au bras.

Grands et moins grands

En France, le volley est surtout pratiqué par les étudiants. Mais tu peux commencer ce sport sans attendre. Il faut une bonne détente, de bons réflexes et un cœur solide pour réussir dans ce sport au rythme soutenu. Les joueurs de haut niveau sont de grande taille, souvent plus de 2 m pour les garçons et plus de 1,80 m pour les filles. Mais, bonne nouvelle, au beach-volley, les champions mesurent une quinzaine de cm de moins. Il faut surtout une bonne résistance pour supporter les courses effrénées dans le sable, sous la chaleur et le soleil.

Pour l'ogre Nadal, 2008 aura été l'année de tous les succès : de Roland-Garros à Pékin !

Du côté des

petites balles

Il y a de quoi faire avec une balle et pas seulement taper dessus. Tu peux lui donner de l'effet, la lifter, la brosser, l'amortir, la contrer, la croiser, la bloquer ou la couper... Il faut du souffle et un sacré touché.

Le tennis

Pratiqué par des millions de garçons et de fille dans le monde le tennis est une école extraordinaire : il apprend l'adresse et les réflexes, l'anticipation la résistance la force mais aussi le respect de l'autre la discipline et la concentration.

La Serbe Ana Ivanovic sur le court de Roland-Garros en juin 2008

Né au pays du gazon

Le tennis est un héritier du jeu de paume, très pratiqué en France jusqu'à la Révolution. En 1874, un officier de la reine d'Angleterre, Walter Clopton Wingfield, invente un jeu de raquette sur un terrain d'herbe plus étroit au niveau du filet que des lignes de fond. Baptisé « sphairistike », il devient le « lawn tennis » en 1877, et le terrain, appelé court, prend sa forme actuelle. La hauteur du filet est définitivement fixée en 1890, et le poids de la balle en 1902.

Un sport populaire ?

Le tennis était un sport réservé à ceux qui avaient de l'argent, puis il s'est démocratisé peu à peu. Les villes ont construit des courts et des associations se sont créées pour accueillir les enfants dès 6 ans. Tu peux jouer sans te ruiner et même sans adhérer à un club. Si on compte environ 1,5 million de licenciés, ce sont plus de 4 millions de jeunes et moins jeunes qui fréquentent les 15 000 terrains existant en ville, dans les campings ou dans les résidences. Car le tennis est autant un sport qu'un jeu.

Les Quatre Mousquetaires

Le tennis a été médiatisé dès les années 1920 par le biais de la radio et particulièrement en France grâce aux formidables victoires des « Quatre Mousquetaires », René Lacoste, Jean Borotra, Henri Cochet et Jacques Brugnon qui gagnèrent six fois la Coupe Davis entre 1927 et 1932.

Pas pour les touristes !

Pour jouer aussi bien que Lleyton Hewitt, Gaël Monfils, Xavier Malisse, David Nalbandian ou que Tatiana Golovin, Maria Sharapova, Kim Clijsters... tu dois d'abord être très solide physiquement. Mais bien sûr, cela ne sera pas suffisant, il faut aussi que tu aimes courir et que tu sois très adroit. Pour progresser, tu dois beaucoup jouer. Il n'y a pas de mystère : les champions s'entraînent 4 ou 5 heures par jour ! Même si tu ne vises pas Roland-Garros, faire des matches entre copains ne suffit pas, il faut travailler ta technique, de préférence avec un professeur.

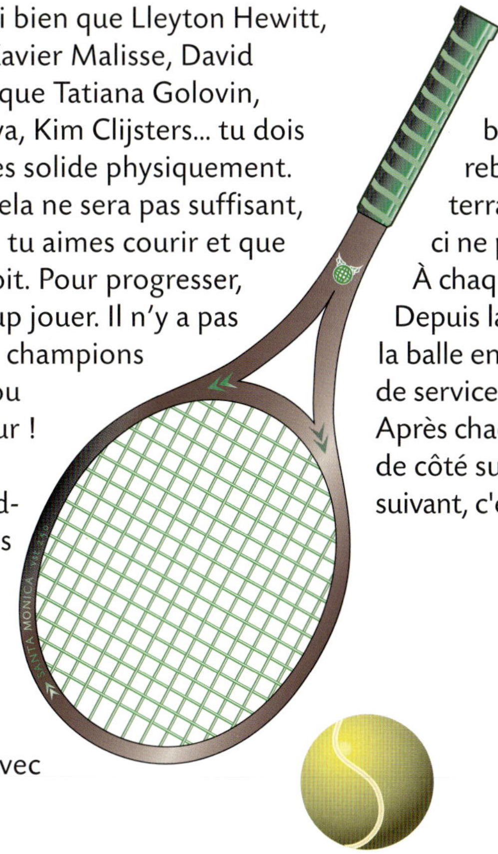

Un service soigné

Le tennis oppose deux joueurs (simple) ou quatre (double). Le but du jeu est de frapper la balle avec la raquette pour qu'elle rebondisse à l'intérieur du demi-terrain de l'adversaire mais que celui-ci ne puisse pas la remettre en jeu. À chaque jeu, un joueur est au service. Depuis la ligne de fond de court, il envoie la balle en diagonale à l'intérieur du carré de service adverse. Il a droit à 2 essais. Après chaque point, le serveur change de côté sur sa partie de terrain. Au jeu suivant, c'est l'autre joueur qui est au service.

La Coupe Davis

Le nom des vainqueurs de la Coupe Davis est gravé sur le socle du fameux saladier d'argent. Les vainqueurs gardent la coupe jusqu'à sa remise en jeu l'année suivante.

Compose ton album de stars

Cherche sur Internet avec tes copains, les photos des meilleurs joueurs et joueuses mondiaux en train d'accomplir ces gestes techniques :

Ace : point marqué au service sans que l'adversaire puisse toucher la balle.

Balle amortie : balle jouée doucement pour qu'elle retombe juste de l'autre côté du filet.

Balle lobée : balle très haute retombant dans le fond du court qui surprend un joueur monté au filet.

Passing-shot : balle jouée au ras du filet et sur le côté de façon à « passer » l'adversaire monté au filet.

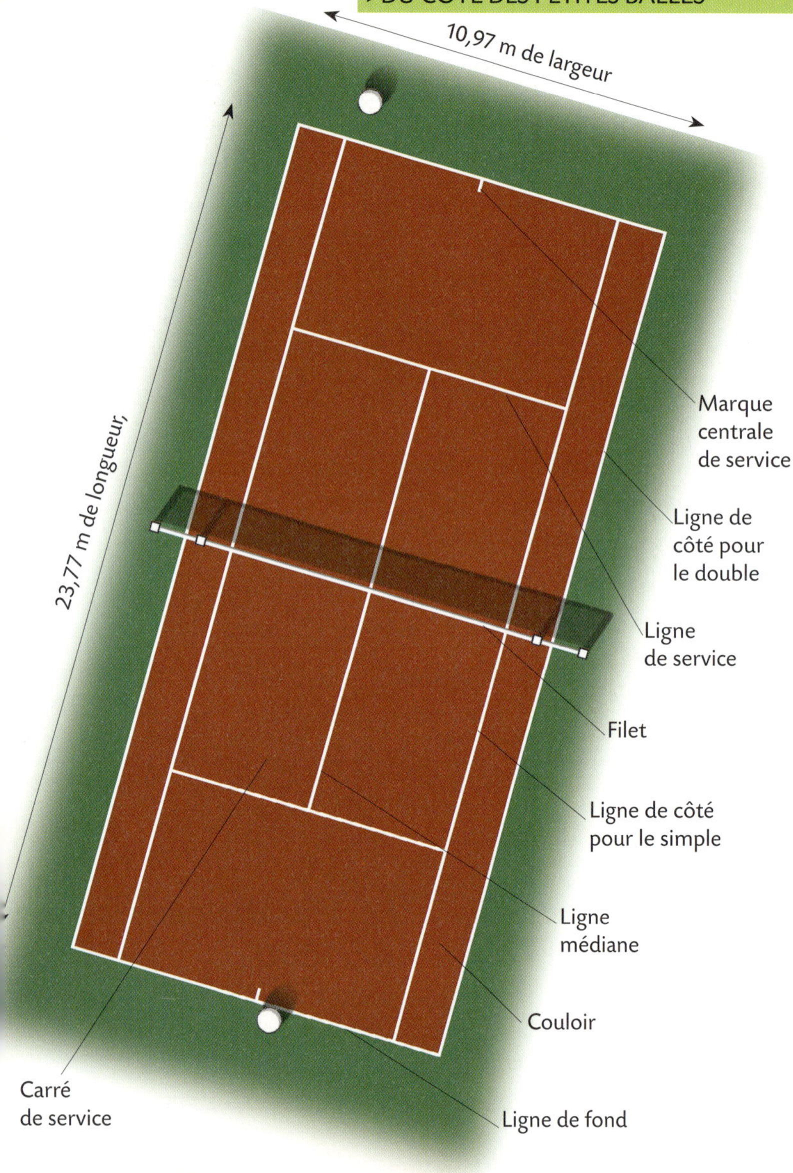

15, 30, 40...

Les matches se jouent en deux ou trois sets gagnants. C'est le premier joueur qui arrive à 6 jeux gagnants avec deux jeux d'écart sur son adversaire qui remporte le set. Le premier point marqué par chaque joueur est compté 15, le deuxième 30, le troisième 40, le quatrième et décisif pour le gain du jeu. En cas d'égalité (40/40), la balle est comptée « avantage » et il faudra un deuxième point d'écart pour remporter le jeu. Un set est gagné par celui qui remporte le premier 6 jeux, avec 2 jeux d'écart. Le match se joue en 2 ou 3 sets gagnants chez les hommes et en 2 chez les femmes.

Le bon choix

Choisir une bonne raquette est fondamental. Utilise toujours une raquette adaptée à ton âge : plus le manche est long, plus la pression sur ton bras est forte. Une raquette trop puissante te fera mal à l'épaule et au coude.

Le Français Gaël Monfils, 22 ans, a atteint en 2008 les demi-finales à Roland Garros, où il a perdu contre Roger Federer alors n°1 mondial.

Commencer le tennis dès 4/5 ans est un sérieux atout pour les futurs champions.

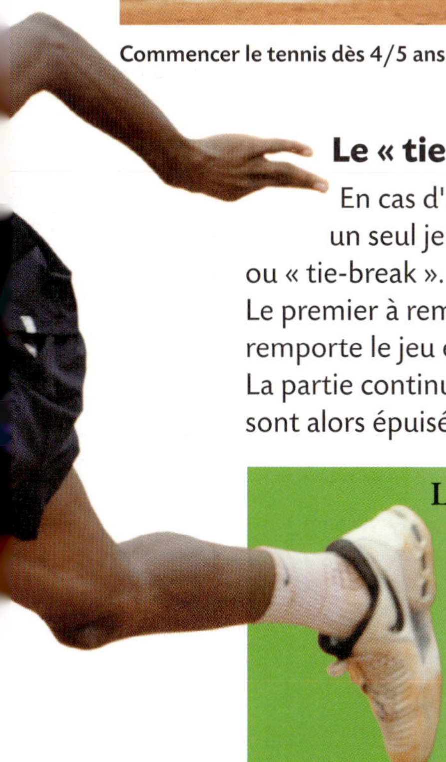

Le « tie-break »

En cas d'égalité, au-delà de 6 ou 8 jeux (cela dépend des tournois), un seul jeu d'écart suffit à remporter le set, on l'appelle le jeu décisif ou « tie-break ». Dans ce cas, les joueurs servent chacun deux fois de suite. Le premier à remporter 7 points ou plus, avec au moins 2 points d'écart, remporte le jeu et le set. Mais au dernier set, il n'y a pas de jeu décisif. La partie continue jusqu'aux 2 jeux d'écart fatidiques. Même les spectateurs sont alors épuisés nerveusement !

La progression

À chaque match que tu gagnes, tu marques des points en fonction du niveau de ton adversaire. Tes points s'accumulent et, à la fin de l'année, tu découvres ton classement, en même temps que tu reçois ta nouvelle licence. Le top niveau avant de passer professionnel, c'est d'être classé première série. Mais, pour commencer, dans les écoles de tennis tu passeras des balles de couleur : tu seras d'abord balle blanche, puis jaune, orange, verte et ainsi de suite jusqu'à balle rouge.

Jeu précoce

On peut apprendre le tennis dès que l'on sait courir. La Fédération de tennis a mis au point un programme d'initiation, le mini-tennis, avec des raquettes et des balles adaptées à la taille et à la force de chacun. Pour progresser, il faudra faire beaucoup de technique et t'entraîner très régulièrement.

Le Chinois Wang Hao et le Sud-Coréen Ryu Seung Min disputent la finale hommes lors des JO d'Athènes.

Le tennis de table

Sous son nom de ping-pong, le tennis de table fait penser à un jeu un peu bébête. En fait, c'est un jeu aussi physique que tactique. Si tu aimes la bagarre, pousse la porte d'un club...

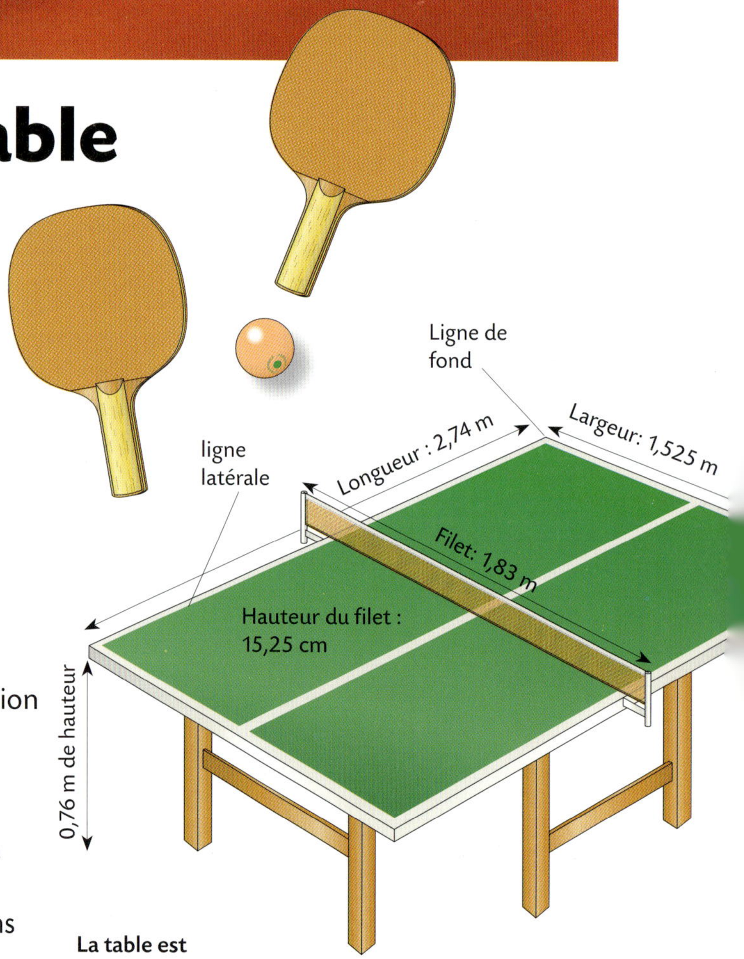

La table est toujours de couleur verte ou bleue

Marque déposée

« Ping-Pong » est un nom de marque commerciale déposé à la fin du siècle dernier par un fabriquant de jouets de Croydon, près de Londres. En 1921, des passionnés anglais forment une association afin d'établir un règlement national, mais ils doivent renoncer à l'appellation « Ping-Pong » pour éviter de payer des droits aux propriétaires du nom. Ce sera donc le « tennis de table ». Le jeu se répand dans le monde entier (30 millions de pratiquants rien qu'en Chine !), et devient sport olympique en 1988.

Découvre le jeu à quatre

Forme une équipe de quatre joueurs qui s'affronteront à deux contre deux.
1. Donne une seule raquette par équipe.
2. Chacun frappe la balle à son tour.
3. Il est interdit de frapper la balle deux fois de suite.

Libre échange

Le but du jeu de tennis de table est de renvoyer la balle à l'aide de la raquette sur la demi-table adverse, sans que l'adversaire parvienne à la rattraper ou à la renvoyer. Chaque joueur sert deux fois de suite, puis en alternance si les joueurs comptent chacun plus de 10 points. Le serveur lance la balle et la frappe de façon qu'elle rebondisse une fois dans son camp avant qu'elle franchisse le filet et touche le camp adverse. Celui qui gagne l'échange marque 1 point. Le premier qui marque un minimum de 11 points avec 2 unités d'avance gagne la manche (ou set). Une partie se joue en 2 ou 3 manches gagnantes.

En famille

Le tennis de table est autant apprécié par les jeunes que par les moins jeunes. En France, seulement 178 821 licenciés font partie d'un club, mais on considère que 3 millions de gens pratiquent le tennis de table comme loisir. Il y aurait une table de ping-pong dans une famille sur six. Tu n'as pas besoin d'une grande technique pour débuter... et y prendre goût. Tout est question de réflexes. Comme au tennis, il y a des compétitions en simple pour hommes et femmes, en double et en double mixte où les deux sexes peuvent s'affronter.

Des balles en bouchon

Selon la légende, les premières balles étaient... des bouchons de champagne. La petite balle jaune réglementaire est en celluloïd ou dans une autre matière plastique. Elle pèse 2,7 g et a un diamètre de 40 mm.

Thierry Lincou est le premier Français à avoir été champion du monde en 2004.

Le squash

Un terrain de squash, c'est un peu comme un aquarium. Un aquarium à sec dont on sort en nage !

La raquette mesure 68,6 cm de long et pèse 250 g. La balle en caoutchouc a un diamètre moyen de 4 cm et pèse 24 g.

Une histoire de vestiaire

Le squash est l'un des sports qui se sont les plus développés dans les années 1980. Ce sont les élèves de l'université de Harrow qui l'ont inventé en 1850, en lançant des balles contre les murs des vestiaires.
Il a été codifié pour la première fois aux États-Unis en 1907, où la première association a été créée. Bien qu'il soit le sport numéro un en Angleterre devant le foot et le golf, le squash a longtemps été une spécialité pakistanaise. En effet, les plus fameux joueurs de ce pays, Jahangir Khan et Jansher Khan, ont dominé la discipline pendant 20 ans. On estime aujourd'hui le nombre de pratiquants à plus de 20 millions dans le monde.

Le British Open

Le tournoi le plus prestigieux est annuel, il s'appelle le British Open. En 2004, pour la première fois, le vainqueur ne fut pas un ressortissant du Royaume-Uni ou d'une de ses anciennes colonies. Il s'agissait du Français Thierry Lincou. En 2007, Grégory Gaultier a réussi la même performance. Mais ils sont loin de Jahangir Khan, qui a remporté 10 victoires à la suite de 1982 à 1991 !

Tennis en chambre

Le jeu se pratique dans un local fermé, c'est donc un sport que l'on pratique par tous les temps. Les dimensions assez restreintes du terrain permettent d'installer facilement des salles en ville. Le squash peut se jouer dans des salles aux parois de verre, ainsi les spectateurs ne perdent rien du spectacle. Un match se joue en un contre un, en 3 jeux gagnants de 11 points pour les garçons et de 9 points pour les filles. L'objectif est d'envoyer la balle au-dessus de la tôle et en dessous de la ligne du haut du mur avant qu'elle ait rebondi deux fois sur le sol.

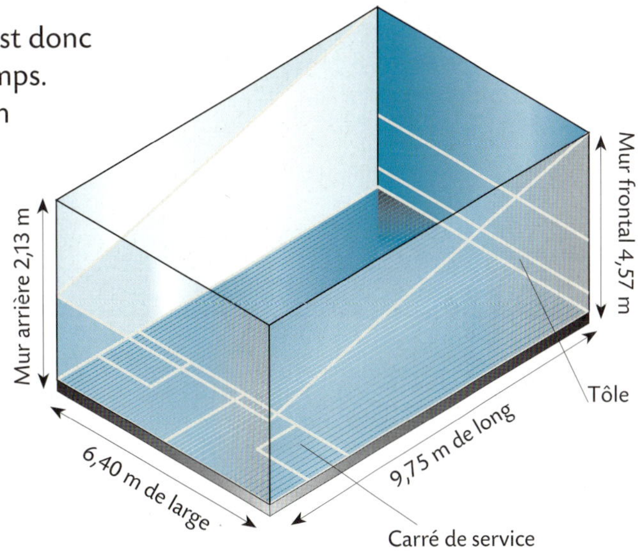

Le bas des murs est protégé jusqu'à 48 cm de hauteur par une tôle qui émet un bruit différent quand la balle la touche.

Un effort à mesurer

Attention ! Le squash demande plus d'efforts à ton cœur que le tennis ou le ping-pong.
En effet, il est impossible de te reposer en renvoyant la balle plus mollement pour récupérer. Elle vient souvent de derrière et a un rebond incroyable. Tu as non seulement un adversaire contre toi, mais aussi les quatre murs.

Toutes les balles

Les balles portent des points de couleur indiquant leur degré de rapidité. Deux points jaunes signifient une balle super lente au rebond très bas ; un point jaune, une balle très lente ; un point vert ou blanc, une balle lente au rebond moyen ; un point rouge, une balle moyenne au rebond haut ; enfin un point bleu, une balle rapide au rebond très élevé. Les débutants utilisent souvent des balles qui rebondissent beaucoup car elle sont plus aisées à renvoyer.

Ancienne joueuse de l'équipe nationale chinoise, Hongyan Pi joue désormais en équipe de France.

Le badminton

« Ils lâchent le volant à plus de 300 à l'heure ! Que fait la police ?» Pratiqué par des champions, le badminton est très spectaculaire. Tu commences sans filet avec des copains... mais tu ne sais pas jusqu'où ça te mènera ! Aux Jeux olympiques ?

Dans la bonne humeur !

La pratique des jeux de volant est très ancienne, mais le badminton actuel a été inventé en 1873, dans un salon de Badminton House, par des officiers anglais. Après un bon repas, ils firent une partie de « poona », qui se jouait en Inde avec une raquette et une balle en duvet. Pour remplacer la balle, ils utilisèrent un bouchon de champagne piqué de quelques plumes... Jamais ils n'auraient pensé que leur invention connaîtrait un tel succès... et deviendrait même un sport olympique en 1992 !

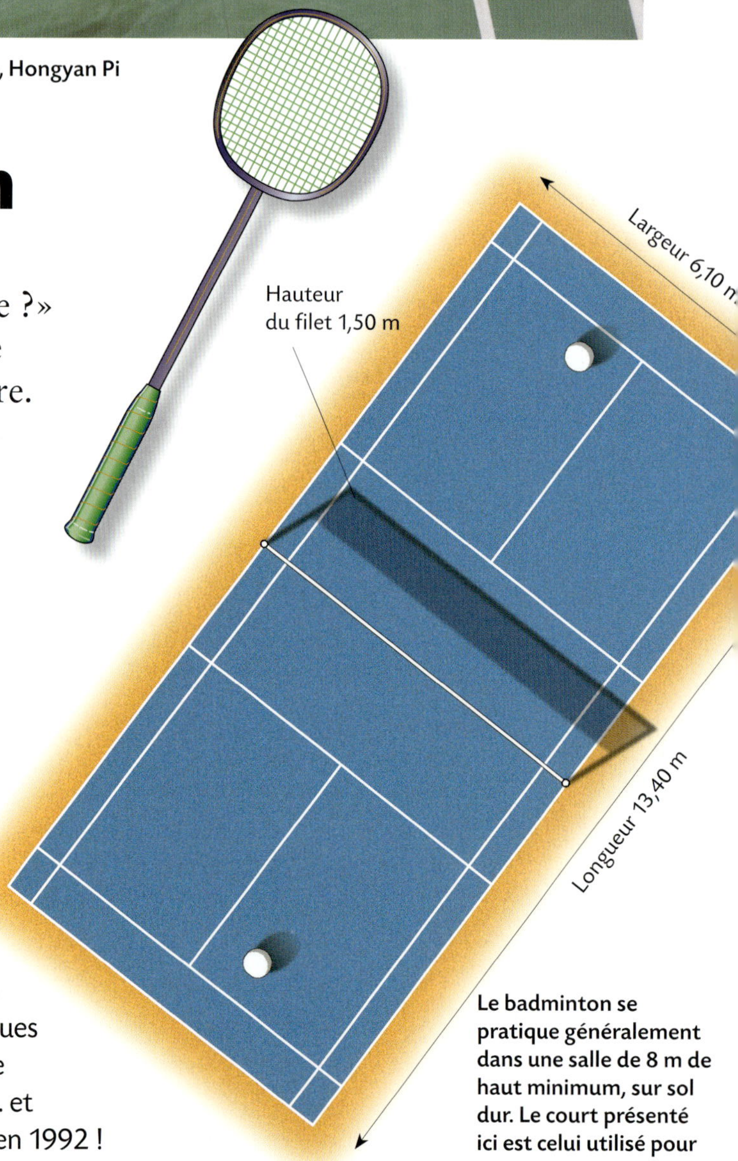

Le badminton se pratique généralement dans une salle de 8 m de haut minimum, sur sol dur. Le court présenté ici est celui utilisé pour le double.

De la détente !

Pratiqué en amateur, le badminton ne demande ni force ni efforts trop violents pour le cœur. Tu peux même y jouer avec ton grand-père ou ta grand-mère !
En revanche, il faut être adroit et avoir des réflexes. Pour l'immense majorité des gens, c'est plutôt un sport de détente, mais des compétitions existent, en simple ou en double, donnent lieu à des matches acharnés.

Adresse et rapidité

Contrairement aux apparences, le badminton est l'un des sports qui demandent le plus d'énergie en compétition : juste après le hockey sur glace et à égalité avec le squash. Plus encore que le smash, qui fuse à 300 km/h, le coup le plus redoutable du badminton est l'amorti, qui tombe juste derrière le filet.

Depuis 1948, Chinois, Malais et Indonésiens ont remporté tous les titres de la prestigieuse Thomas Cup. Aux JO 2008, Chinois et Coréens ont remportés toutes les médailles d'or.

Un sport d'intérieur

Le badminton se pratique toujours en salle car le volant est très sensible aux courants d'air. On y joue à un contre un (simple) ou à deux contre deux (double), sur un terrain dont le tracé rappelle celui du tennis. Il connaît un succès de plus en plus grand auprès du public car il requiert peu de matériel (un filet amovible, des raquettes et des volants) et peut facilement être pratiqué dans un gymnase omnisports du moment qu'il a un plafond suffisamment haut (8 m).

Fabrique tes volants

Lance un concours d'imagination avec tes copains. Fabriquez des volants de toutes sortes avec les matériaux à votre disposition : des plumes sur un bouchon de champagne ou des rubans accrochés à une boule en mousse… Puis comparez leurs mérites respectifs en jouant quelques échanges avec chaque volant.

Le baseball

Le baseball fait travailler tes bras, tes jambes… et ce que tu as sous la casquette ! Comme jeu de plein air, entre copains et copines, il t'amusera beaucoup. Mais le baseball peut aussi devenir ta passion…

Quelle frappe !

Les Américains ont été les premiers, au XIXe siècle, à établir les règles actuelles et à fonder des clubs...
Mais les jeux de balles et de bâtons étaient courants en Europe depuis beaucoup plus longtemps. Il y a plus de 40 siècles, les Égyptiens y jouaient déjà... Très populaire aux États-Unis ou au Canada, le baseball est aussi apprécié en Amérique du Sud et en Asie. Il vaut mieux se faire expliquer ses règles très complexes par un connaisseur.

Cano Robinson à l'œuvre lors d'une rencontre des Kansas City Royals contre les New York Yankees.

Adresse et précision sont nécessaires pour pratiquer le baseball.

Partir à temps et courir

Deux équipes de 9 joueurs s'affrontent tour à tour en attaque et en défense.
Le lanceur envoie la balle en direction du batteur. Celui-ci essaie de frapper la balle le plus loin possible dans le champ réglementaire. S'il la rate, un receveur tente de la saisir avec un gant de cuir. Le batteur a droit à 3 essais. S'il réussit à frapper la balle, il doit courir toucher les 3 bases et revenir à son point de départ avant que la balle n'ait été récupérée par les défenseurs et qu'elle n'ait fait le tour des bases.

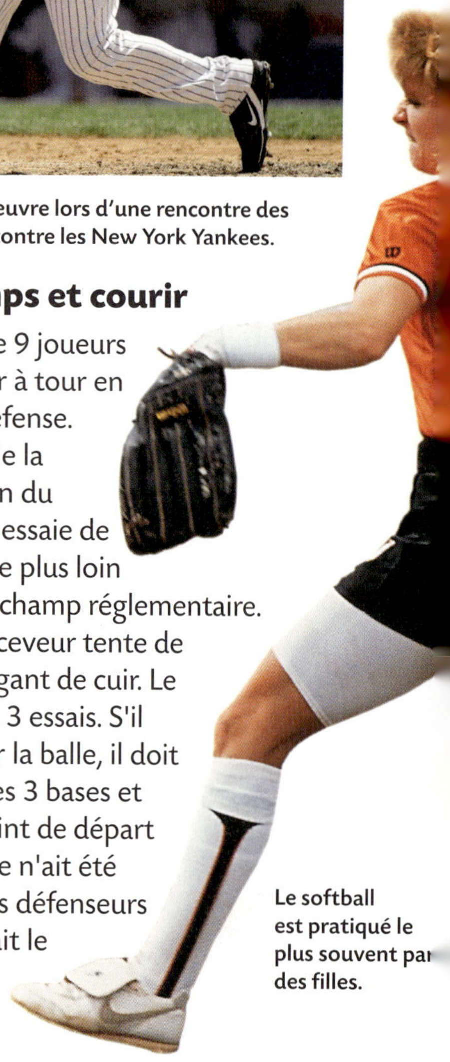

Le softball est pratiqué le plus souvent par des filles.

Rencontre Braves/Texas Rangers, sur le magnifique terrain d'Atlanta.

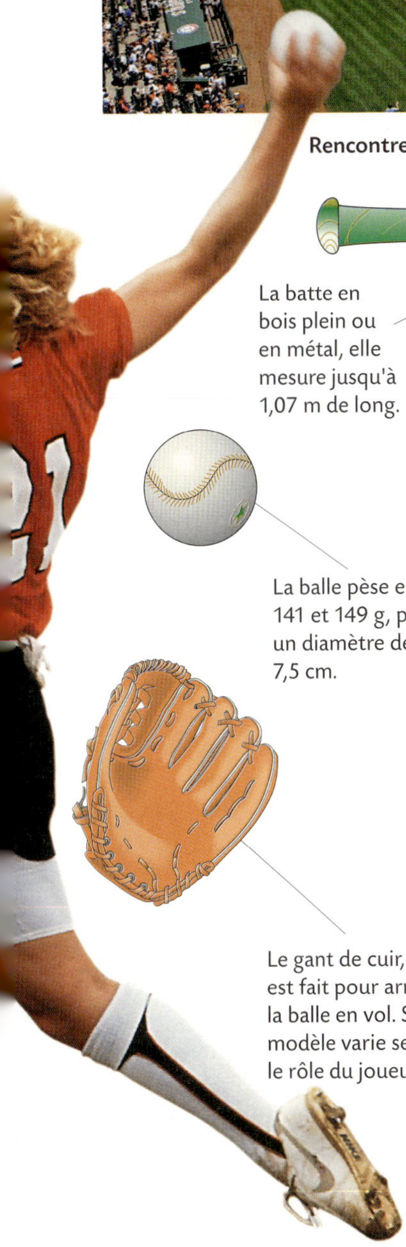

La batte en bois plein ou en métal, elle mesure jusqu'à 1,07 m de long.

La balle pèse entre 141 et 149 g, pour un diamètre de 7,5 cm.

Le gant de cuir, est fait pour arrêter la balle en vol. Son modèle varie selon le rôle du joueur.

Le softball

Le softball est directement inspiré du baseball. Il est indifféremment pratiqué par les filles et les garçons au niveau amateur, mais il n'est une discipline olympique que pour les filles. Cet avatar du baseball a été inventé afin de pratiquer en salle. Il se joue aujourd'hui aussi en extérieur, sur un terrain plus petit que celui de baseball et avec une balle plus grosse. Celle-ci doit toujours être lancée par en dessous, alors que celle de baseball peut l'être depuis n'importe quelle position.

Le cricket

Le cricket est le sport national des Anglais. Il présente certaines similitudes avec le baseball : il se joue avec une batte et ses règles sont très compliquées ! On joue au cricket sur une pelouse ovale au centre de laquelle les batteurs affrontent les balles de l'équipe adverse. Le batteur doit retourner les balles (qui dépassent les 200 km/h) tout en protégeant les 3 piquets de bois qui forment le « wickets ». Un match se joue en 2 manches sur 1 à 5 jours.

La pelote basque

Tu crois que la pelote basque est réservée aux habitants de Biarritz ou de Bayonne ? Détrompe-toi ! On y joue de plus en plus un peu partout dans le monde. C'est un sport très complet qui demande à la fois de l'adresse et pas mal de force.

La balle aux Basques

La pelote basque descend des jeux de paume du Moyen Âge. Mais c'est l'apparition du rebondissant latex, au XIXe siècle, qui permet aux Basques d'inventer un jeu de balle indirect, contre un fronton. Pour mieux renvoyer la balle, un gamin a l'idée d'utiliser un « txistera », un petit panier à fruits en osier : le chistera est né ! La pelote basque se joue bien sûr au Pays basque français et espagnol, mais elle s'est répandue dans toute la France, ainsi qu'en Italie, en Amérique et même aux Philippines.

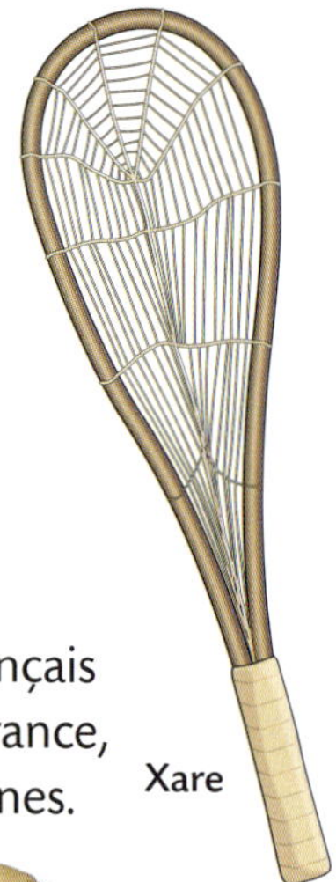

Xare

Paleta

Pelote

Chistera, xare, pala...

La pelote basque comprend plusieurs disciplines. L'espace de jeu s'appelle la « cancha ». Qu'elle se joue à main nue, avec un gant de cuir, avec un chistera, avec un « xare » ou avec l'une ou l'autre « pala » ou « paleta », il s'agit de renvoyer une balle contre un ou plusieurs murs, avec ou sans filet. Certains jeux se pratiquent en solo, d'autres par équipes... Dans tous les cas, il faut avoir un sacré coup d'œil et se déplacer avec la rapidité et la souplesse d'un félin !

Mène ton enquête!

Recherche sur Internet le nom et les photos des différents instruments permettant de frapper la balle à la pelote.

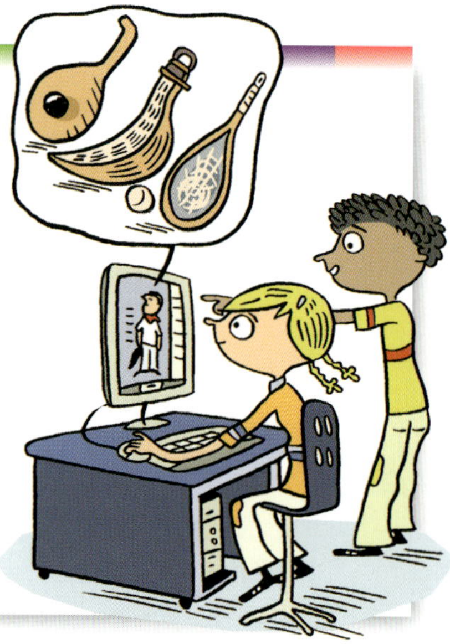

Un sport de pros

Ce sport est pratiqué de façon très élégante.
Les pelotaris sont toujours bien habillés, le plus souvent en blanc. Ils essayent d'être toujours très courtois et ne se lancent pas d'injures. C'est plutôt sympa comme ambiance ! Mais cette retenue ne les empêche pas de se battre comme des lions. Ces professionnels se déplacent dans le monde entier pour des démonstrations ou des compétitions. Le Championnat du monde se tient tous les 4 ans et réunit de plus en plus de nationalités.

Du Sud au Nord

Dans le Pays basque, mais aussi en Béarn, les fêtes de village et les animations lors des vacances font une large place aux démonstrations de pelote. Ne les manque pas, c'est un très beau spectacle. On y propose aussi très souvent des initiations pour les jeunes. Des villes du Nord possèdent aussi des frontons. Il existe d'ailleurs une Ligue de la pelote basque dans le département du Nord. Dans l'Essonne, en région parisienne, la ville de Massy possède un beau fronton.

Célèbres !

Les clubs français les plus renommés sont l'Aviron bayonnais et le Goïzeko Izarra de Saint-Jean-Pied-de-Port. Le Basque Joseph Apesteguy (1881-1950) est un des plus grands joueurs de l'histoire de la pelote basque. La légende raconte que pendant le Première Guerre mondiale, il se servait de son chistera pour jeter des grenades depuis sa tranchée sur l'ennemi. Son surnom était Chiquito de Cambo.

Si tu passes par le Pays basque, pendant tes vacances, n'hésite pas à assister à une partie de pelote. Ça vaut vraiment le coup d'œil ! À ton retour, renseigne-toi : il y a peut-être un fronton près de chez toi...

Ici, sur le gazon de l'Open d'Angleterre, le golf est presque une religion !

Le golf

Sélect, le golf ? Les bergers écossais y jouaient à la fin du Moyen Âge ! Certes, la petite balle blanche a longtemps été réservée aux grosses fortunes. Mais il y a de plus en plus de terrains et la pratique de ce sport se démocratise...

De l'histoire ancienne

Les origines du golf sont multiples et confuses. On trouve bien des variantes du jeu avec un bâton, de la Chine à l'Europe du Nord en passant par l'Amérique du Sud. Mais la spécificité du jeu écossais réside dans l'adjonction d'un trou comme but. Les premières règles du jeu furent fixées à Saint Andrews en Écosse en 1754 par le Royal and Ancient Golf Club. Le plus ancien tournoi de golf est l'Open de Grande-Bretagne, qui a été institué en 1860. Ensuite ont été créés l'US Open, l'US PGA (Championnat de l'Association des professionnels américains) et le Masters, qui constituent aujourd'hui encore les quatre tournois principaux du circuit dits du Grand Chelem.

Un sport tout en anglais

Le parcours comporte 18 trous. Entre le départ et le trou, le *fairway* (la piste) est vallonné et parsemé d'embûches (des plans d'eau ou des *bunkers*, des étendues de sable meuble). Le trou est signalé par un drapeau dans le *green*, qui est un espace où le gazon est tondu à ras. Les cannes de golf s'appellent des *clubs*. Quant à la balle, elle est posée sur un « *tee* » avant d'être frappée au départ d'un trou.

Un sport sur gazon

Le but du jeu de golf est de réussir à faire entrer une balle dans un trou plus ou moins éloigné à l'aide d'un club. Il faut accomplir le parcours codifié en jouant le moins de coups possible. Selon qu'on pense qu'il faut 3, 4 coups ou davantage pour atteindre un trou on parle d'un « par 3 » ou « par 4 »...
Le golf nécessite une bonne endurance, de la précision dans les gestes, une bonne technique et aussi une grande force mentale. Mais c'est aussi un sport de nature qui permet de marcher longuement au grand air.

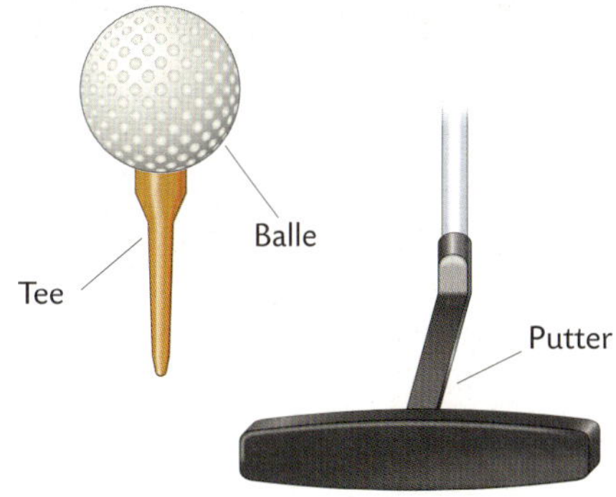

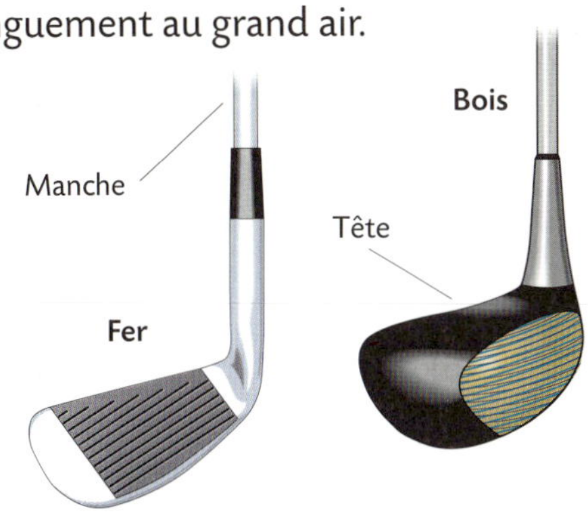

Un sport pour toute la vie

Tiger Woods a commencé le golf à 2 ans... et des personnes très âgées continuent à faire des parcours sans aucun problème. Chacun peut pratiquer à son rythme. Le golf, c'est avant tout de la marche au grand air... qui est excellente pour le cœur et la santé en général.

Snob ou populaire ?

Le golf est l'un des sports les plus pratiqués dans le monde. S'il coûte encore relativement cher en France, c'est au contraire un sport très populaire en Grande-Bretagne ou en Australie. Au Japon, une personne sur dix s'entraîne sur un practice. Il n'y avait que 15 000 licenciés en France en 1965, il y en a désormais plus de 380 000, et on compte 600 000 pratiquants.
C'est la septième fédération sportive française.

Du swing et du handicap

Ce qui fait le golfeur, c'est le *swing*, le mouvement de balancier de son corps qui est la base du golf. Avant de faire des parcours, il faut savoir bien taper la balle pour l'envoyer loin (80 m pour les filles, 130 m pour les garçons). Pour cela, tu commenceras par t'entraîner sur un *practice*. Ensuite, tu passeras un examen pour obtenir la carte verte qui te permettra d'aller sur tous les parcours de golf. Chaque joueur a un handicap représentatif de son niveau. Tu commenceras à 36... et tu atteindras le handicap 0 si tu es très, très bon !

Le hockey sur gazon

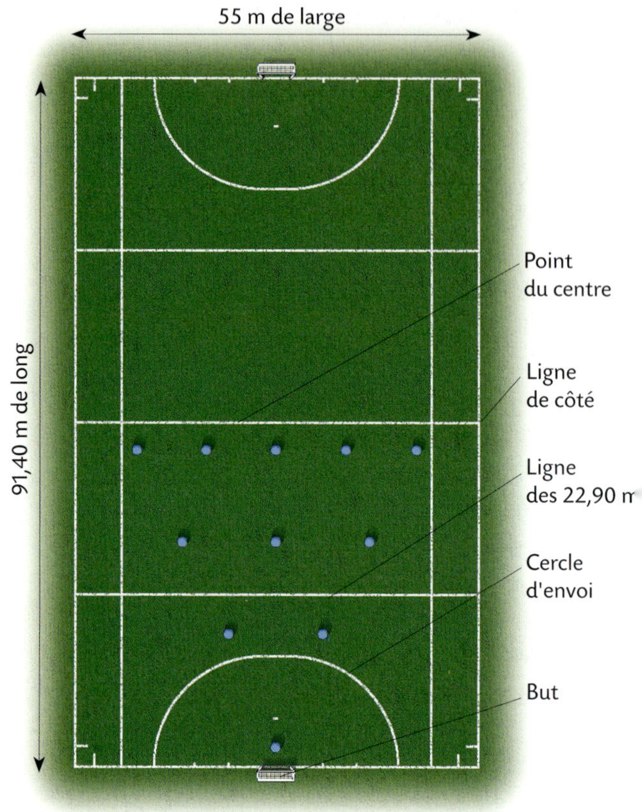

Tu aimes la course, l'engagement, l'esprit d'équipe... Imagine un jeu avec une balle, un bâton recourbé et dix copains ou copines aussi décidés que toi !

Jouer dans l'herbe

Pousser et frapper une balle avec un bâton ou une crosse n'est pas vraiment une idée neuve. La fresque la plus ancienne représentant ce type de jeu remonte à 4 000 ans et se trouve dans un tombeau égyptien. Grecs et Romains jouaient à des jeux très proches du hockey, mais ce sont les Britanniques qui en ont rédigé les règles au XIXe siècle. Le hockey sur gazon est devenu sport olympique en 1908. L'Inde a longtemps dominé cette discipline, remportant 6 titres olympiques, dont 4 consécutifs. Aujourd'hui, ce sport s'est diversifié, accueillant Sud-Américains, Asiatiques ou Scandinaves.

Le croquet

Le jeu de mail se pratiquait, il y a près de 1 000 ans en France. Les Écossais s'en inspirèrent pour perfectionner leur jeu de golf, les Irlandais, eux, pour inventer le croquet.
Le croquet peut se jouer à 2 joueurs au minimum, à 8 au maximum. Il consiste à faire passer, avec un maillet, des boules de bois sous des arceaux.
Si en poussant ta boule, tu en touches une autre, tu as « roqué ». Tu peux alors rejouer, en « croquant » : tu places la boule roquée contre la tienne et tu frappes les deux ensemble.

11 comme au foot !

Le hockey sur gazon se joue entre deux équipes de 11 joueurs. Chacun est muni d'une crosse. Le match se joue en deux mi-temps de 35 minutes, séparées par une pause de 10 minutes. Pour marquer 1 point, tu dois envoyer la balle entre les poteaux de but, uniquement à partir du cercle d'envoi. Tu ne peux toucher la balle qu'avec la partie plate de la crosse. Il est bien sûr interdit de se servir de la crosse pour faire trébucher un adversaire et encore plus de le frapper ! Seul le gardien peut attraper la balle avec sa crosse, ses mains ou son corps. Il se protège avec un casque, un masque, un plastron, des gants, des protège-coudes, des jambières...

Street-hockey dans les rues de la station suisse d'Oberwill.

La crosse, appelée aussi stick, est plate d'un côté et arrondie de l'autre. Elle a un poids compris entre 340 et 790 g.

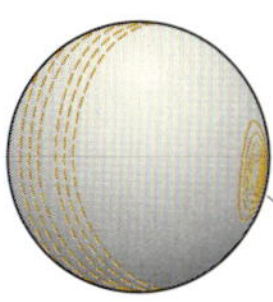

La balle de hockey pèse environ 160 g.

Christian Achtman au Warsteiner HockeyPark Stadium lors de la finale du Championnat d'Allemagne en juillet 2007.

Le hockey autrement

Le hockey en salle se joue dans un espace de la taille d'un terrain de handball (40 x 20 m) à 6 joueurs contre 6. Les périodes de jeu sont réduites à 20 minutes. Mais connais-tu le hockey sur roulettes ? Il était surtout pratiqué aux États-Unis, mais il profite aujourd'hui de la mode des rollers et des sports de rue. Des tournois de street-hockey sont organisés, en particulier près des plages et, hors saison, dans les stations de sports d'hiver.

Le hockey sur glace

À la suite des autres joueurs, tu pénètres sur la patinoire étincelante, casqué et cuirassé. Le gardien, lui, a revêtu son « armure »... L'équipe adverse est tout aussi impressionnante, mais pas question d'avoir froid dans le dos !

Les joueurs revêtent un casque, des coudières et des jambières. Le gardien porte un casque muni d'une grille, des épaulières, un plastron, d'énormes jambières en cuir, un gant d'attrape et un bouclier.

Jeux de glace

Des Indiens d'Amérique aux Écossais, les peuples vivant sur des terres souvent glacées ont inventé très tôt des jeux apparentés au hockey. La première vraie ligue de hockey a été créée en 1855 au Canada, dans la province de l'Ontario. En France, une équipe de hockey a été formée dès 1891. Ce sport est aujourd'hui très populaire, surtout aux États-Unis, au Canada et dans les pays d'Europe de l'Est.

Le palet de caoutchouc noir, pèse entre 156 et 170 g.

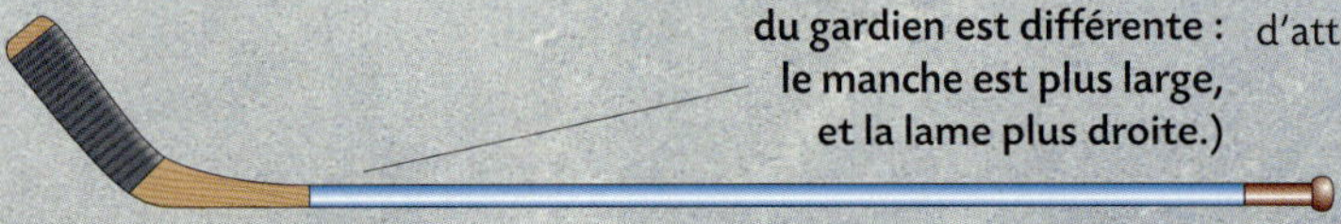

Crosse en bois (la crosse du gardien est différente : le manche est plus large, et la lame plus droite.)

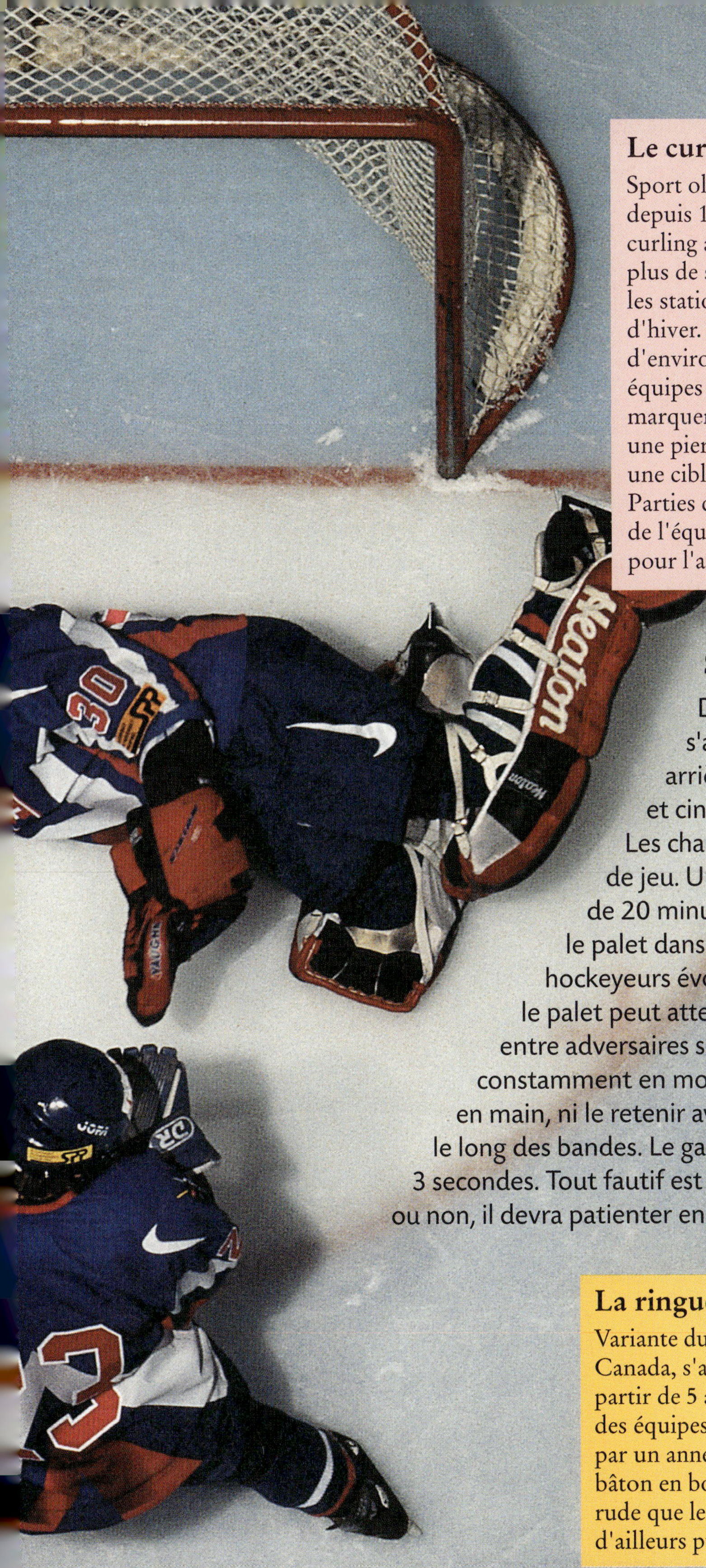

Le curling

Sport olympique depuis 1998, le curling a de plus en plus de succès dans les stations de sports d'hiver. Sur une piste de glace longue d'environ 45 m et large de 4,75 m, deux équipes de quatre joueurs s'affrontent pour marquer le plus de points. Il s'agit de lancer une pierre en granit de près de 20 kg vers une cible concentrique, appelée « maison ». Parties de rires garanties pour les membres de l'équipe qui balayent devant la pierre pour l'aider à glisser !

Spectaculaire !

Deux équipes de onze joueurs s'affrontent : un gardien, deux arrières et trois avants sur la glace, et cinq remplaçants sur la touche. Les changements ont lieu lors des arrêts de jeu. Un match se joue en trois périodes de 20 minutes. L'objectif est d'envoyer le palet dans le but adverse. Facile ? Les hockeyeurs évoluent parfois à près de 60 km/h, le palet peut atteindre 200 km/h et les charges entre adversaires sont permises ! Le palet doit être constamment en mouvement. On ne peut ni le prendre en main, ni le retenir avec la crosse, les patins ou le corps le long des bandes. Le gardien ne peut le conserver plus de 3 secondes. Tout fautif est exclu temporairement. Remplacé ou non, il devra patienter en « prison », sur le banc de touche.

La ringuette

Variante du hockey, la ringuette, originaire du Canada, s'adresse aux filles et aux garçons à partir de 5 ans. Pour l'instant, il existe surtout des équipes féminines. Le palet est remplacé par un anneau en caoutchouc ; la crosse par un bâton en bois ou en aluminium. Ce jeu est moins rude que le hockey : tout contact physique est d'ailleurs puni de 2 minutes de prison !

Un grand écart du spécialiste de karaté artistique Christophe Carrio.

Arts martiaux et sports

Les arts martiaux et les sports d'adresse sont pour la plupart très anciens. Ils demandent maîtrise et concentration. Il te faudra parfois de la force, mais le plus souvent tu devras être rapide, souple et très futé !

d'adresse

Médaillé de bronze à Pékin, le jeune champion du monde français Teddy Riner (19 ans) est promis à un bel avenir.

Le judo

« Le minimum d'efforts pour le maximum d'efficacité », disait Jigoro Kano, l'inventeur du judo. Question efficacité, le judo est redoutable ! Les efforts, eux, dépendent de la valeur de ton adversaire… Le judo est devenu un sport très athlétique.

Tadahiro Nomura est une légende vivante au Japon, il est le seul judoka à avoir décroché trois titres olympiques.

Un grand maître

À la fin du XIXe siècle, au Japon, Jigoro Kano, est un étudiant brillant, mais petit et chétif. Pour résister à ses camarades qui le malmènent, il apprend le ju-jitsu, l'art martial des samouraïs. Il devient maître dans cet art et l'adapte afin de retourner la puissance de ses adversaires contre eux-mêmes. Cet ensemble de techniques prend le nom de le ju-do, « la voie de la souplesse ». Grand pédagogue, Jigoro Kano parcourt le monde pour l'enseigner. Cet art martial remporte très rapidement un grand succès.

La « voie de la souplesse »

Le principe du judo est simple : tu dois déséquilibrer ton adversaire en utilisant sa force et le projeter au sol. Une fois au sol, tu disposes de différentes prises pour immobiliser ton adversaire. Les prises de judo sont regroupées par catégories : mouvements de jambe, de hanche, d'épaule... avec une gradation dans la difficulté qui te permettra d'en apprendre progressivement les grands principes. Tu commenceras au sol, puis tu passeras au judo debout. Attention, les projections peuvent être très violentes. C'est pourquoi tu apprendras d'abord comment tomber sans te faire mal.

Il est nécessaire de bien se concentrer pour suivre l'enseignement du maître...

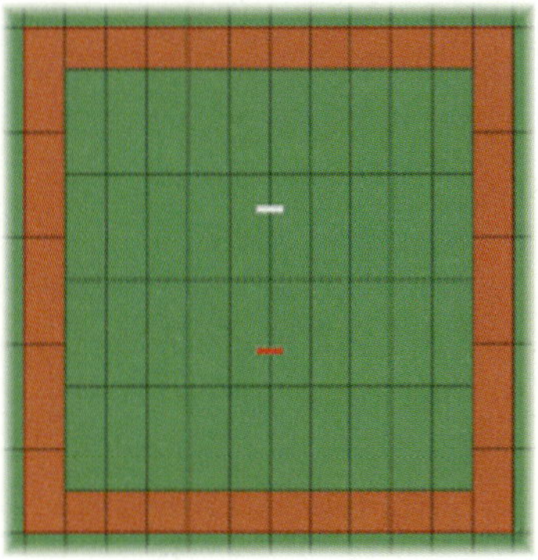

À l'origine en paille de riz, le tatami est maintenant un tapis en mousse recouvert de toile. La surface de combat occupe un rectangle de 9 x 10 m.

La tenue

On ne devrait jamais appeler la veste de judo « kimono ». Cela désigne un habit de cérémonie. Les judokas portent un « judogi ». Celui-ci se compose d'une veste, d'un pantalon en toile très solide et d'une ceinture, la « obi ». À l'entraînement, tout le monde porte une tenue blanche. Mais en compétition officielle, l'un des compétiteurs porte une tenue bleue afin qu'on puisse mieux distinguer les prises.

Dojo et tatami

Le « dojo », où se pratique le judo, n'est pas une salle de sport comme les autres. Tu devras en respecter les règles : marcher pieds nus, faire attention au tapis, etc.

Les séances commencent et se terminent par un salut collectif. Lors des combats, on salue l'arbitre et l'adversaire. Toutes ces politesses ont un sens : le respect de l'autre. Entraînements et compétitions se font sur un tapis, le « tatami », qui amortit les chutes. Les compétiteurs ne doivent jamais empiéter sur la zone délimitée en rouge : c'est une faute lourdement sanctionnée.

Difficile de sortir d'une immobilisation bien faite... Mieux vaut ne pas se faire prendre !

Randori

Le judo fonctionne beaucoup sur les « randori », des combats d'entraînement qui permettent de placer des techniques « pour de vrai ». Peu importe si tu tombes : le but est d'essayer tout ce que tu sais faire ! Le judo au sol est moins spectaculaire que debout, mais il est encore plus riche et assez difficile à pratiquer. Tu devras aussi apprendre le nom des prises en japonais...

Catégories de poids	Hommes	Femmes
Super-légers	– 60 kg	– 48 kg
Mi-légers	– 66 kg	– 52 kg
Légers	– 73 kg	– 57 kg
Mi-moyens	– 81 kg	– 63 kg
Moyens	– 90 kg	– 70 kg
Mi-lourds	– 100 kg	– 78 kg
Lourds	+ 100 kg	+ 78 kg

C'est un magnifique mouvement d'épaule. Il faut bien déséquilibrer son adversaire vers l'avant, fléchir les jambes sans se pencher et tourner la tête dans le sens de la projection

Le ju-jitsu, l'ancêtre du judo

Le ju-jitsu était un ensemble de techniques de combat à mains nues que pratiquaient les samouraïs. Le but est d'anéantir l'adversaire. Le ju-jitsu existe encore, mais ce n'est pas vraiment un sport, plutôt une technique d'autodéfense proche du « close-combat » (combat rapproché) des militaires.

Il faut parfois savoir sacrifier son propre équilibre en se jetant au sol pour projeter son adversaire. La prise « sutemi » (sacrifice, en japonais) en est un exemple.

Les grades

À chaque passage de ceinture, il faut faire une démonstration. La ceinture indique aussi le niveau du judoka. Au début, elle est blanche, puis blanche-jaune, jaune, jaune-orange, orange, orange-verte, verte, bleue, marron et, enfin une noire. Pour obtenir cette dernière, il te faudra passer un examen et marquer 100 points durant des compétitions officielles.

Ippon

La meilleure façon de gagner un combat est le « ippon ». Il vaut 10 points pour la ceinture noire. C'est soit la projection parfaite de l'adversaire, soit son immobilisation au sol pendant 25 secondes, soit son abandon à la suite d'une clé de bras ou d'un étranglement. Le « waza-ari » vaut 7 points, c'est une projection presque parfaite ou une immobilisation de 20 à 24 secondes. Deux waza-ari valent un ippon. Il y a aussi tout un système d'avantages et de pénalités qui oblige parfois les juges à des calculs compliqués.

Le karaté

Karaté veut dire « à mains nues ». En japonais, les deux idéogrammes (les « kanjis ») qui symbolisent ce mot veulent également dire « mains vides de mauvaises intentions ». Le karaté n'est pas un sport de brutes, mais une école de vie, un art martial qui est très populaire.

Un superbe « mawashi geri » ou coup de pied circulaire. Les attaques du pied sont plus puissantes que celles avec le poing, mais il y a toujours le risque d'être déséquilibré.

Une violence réglementée

Au XVIe siècle, les paysans de l'île d'Okinawa, au sud de l'archipel japonais, n'ont pas le droit de posséder des armes. Ils apprennent donc à maîtriser des techniques chinoises de combat à mains nues. L'Okinawa-Te, très violent, en est issu. Au début du XXe siècle, il se répand dans tout le Japon grâce à Gishin Funakoshi et à son fils, qui le transforment en un sport moins brutal mais plus spectaculaire. Les soldats américains qui occupent le Japon à l'issue de la Seconde Guerre mondiale sont impressionnés par l'efficacité du karaté. Ils l'apprennent et exportent cette technique de combat.

Le taekwondo, discipline olympique

Depuis les JO de Sydney en 2000, le taekwondo (le karaté coréen), a rejoint le judo comme sport olympique. En revanche, le karaté n'a « que » des Championnats. En effet, c'est un art martial et non un sport. La popularité du taekwondo, pratiqué par 30 millions de personnes, doit beaucoup à ses coups de pieds sautés très impressionnants et… aux tortues Ninja !

Corps à corps interdit

Pour pratiquer le karaté, le karatéka utilises les armes naturelles de son corps : poings, tranchant de la main, coudes, pieds... pour atteindre les points sensibles de son adversaire. Mais il ne doit jamais toucher son partenaire de combat. Il faut savoir arrêter son geste juste avant. Sinon, ce serait très dangereux ! Pour améliorer leur technique, les karatékas pratiquent le « kata », qui est un combat imaginaire fait d'une série de mouvements enchaînés. Plus tu avanceras dans la pratique du karaté, plus tu travailleras les katas.

« Tsuki-wasa », ou attaque de bras : ces « coups de poing » font partie des premières techniques que tu apprendras à maîtriser.

Comment débuter ?

Tu peux commencer le karaté à 6 ou 7 ans. Tu porteras alors un « karatégi », composé d'une veste, d'un pantalon et d'une ceinture. Le tissu est plus léger que celui du judogi. Comme au judo, la couleur de ta ceinture dépendra de ton niveau. Pour bien exécuter un mouvement, I te faudra le répéter des milliers de fois, seul, ou avec un partenaire.

Le cri qui tue !

Le mot « kiaï », qu'on a bizarrement traduit par « cri qui tue », veut dire « rassemblement de l'énergie ». C'est le cri qu'on pousse pour se libérer pendant une frappe, un peu comme le « han ! » du bûcheron. Poussé par certains maîtres, il aurait la faculté de paralyser l'adversaire... Mais il y a tant de légendes autour des arts martiaux !

Le kata

Le kata est un combat imaginaire fait d'une série de mouvements enchaînés. Plus tu avanceras dans ta pratique du karaté et plus tu travailleras les katas.

L'aïkido et autres arts martiaux

Il y a beaucoup d'arts de combat à mains nues ou avec des armes comme le bâton. L'aïkido est l'un des plus connus et des plus efficaces. Selon tes goûts et les possibilités dans ta ville ou dans ton quartier, tu pourras découvrir un art martial qui te convienne. À toi d'essayer !

L'art des samouraïs

L'aïkido a été inventé par Morihei Ueshiba à partir de différents arts martiaux. Il s'est inspiré de l'art des samouraïs de combattre à mains nues un adversaire armé d'un sabre ou d'une lance. L'aïkido est uniquement une technique de défense, utilisant l'agressivité de l'adversaire. Il exclut toute possibilité de compétition puisqu'il n'y a pas de combat.

Au centre de la sphère

L'aïkido peut se pratiquer très jeune et pendant très longtemps, car l'entraînement et le travail sur soi-même sont plus importants que la force pure. Tu es au centre d'une sphère autour de laquelle ton adversaire tourne sans pouvoir t'atteindre... jusqu'à ce que tu réussisses à le projeter ou que tu l'immobilises par une prise de bras ou de poignet très douloureuse. Les chutes sont très spectaculaires. Ton premier apprentissage sera donc de maîtriser ta chute.

Autres arts martiaux

Le kendo (la voie du sabre), est l'art martial des samouraïs, pratiqué aujourd'hui encore par 7 millions de Japonais.
Le nunchaku était, à l'origine, un fléau pour battre le riz... C'est devenu un des innombrables « ko-budo » (petits arts martiaux), avec le saï, le naginata, le bo, le chigiriki, le yari, le tonfa, le kusarigama...

Art martial ou technique de combat ?

Tous les sports de combat peuvent être considérés comme des « arts martiaux », mais on regroupe surtout sous cette appellation les techniques japonaises et chinoises de combat à mains nues et à l'arme blanche : judo, karaté, aïkido, taekwondo, kung-fu, kendo... Certains arts martiaux se fondent sur une véritable philosophie qui associe le corps et l'esprit, mais d'autres restent des techniques de combat et se résument à de brutales empoignades.

Le hakama noir est porté à partir du garde de ceinture noir. Le hakama blanc est réservé aux grands maîtres. Les débutants revêtent une tenue de karatéka

Sans armes

Le full-contact est une forme de karaté où l'on porte les coups. C'est pourquoi les combattants sont protégés par des casques. Un degré de plus dans la violence : le kick-boxing, inspiré de la boxe thaï, du karaté et de la savate. Tous les coups sont permis, jusqu'au K.O.

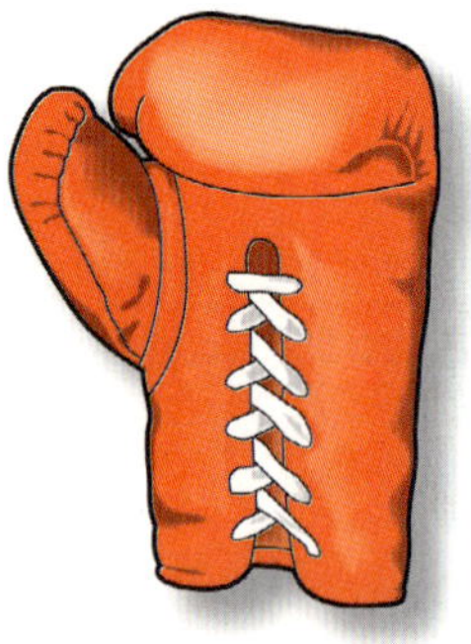

La boxe anglaise

Tous les amoureux de la boxe te le diront : elle est l'art de l'esquive, avant d'être celui de frapper comme un marteau-pilon ! C'est pourquoi l'entraînement dans les clubs de boxe n'a rien à voir avec la bagarre de rue.

Choc et chic

Le pugilat était une des disciplines pratiquées aux jeux d'Olympie. La boxe apparaît vers 1700, en Angleterre. C'est une attraction foraine, un combat à poings nus extrêmement violent. Mais au XIXe siècle, la boxe est codifiée. Elle remporte un grand succès dans la bonne société anglaise. En 1865, le marquis de Queensberry édicte un règlement. La boxe est donc un sport de gentlemen que les Britanniques appellent « le noble art »...

Au terme de ce combat le Français Daouda Sow décroche la médaille d'argent en poids légers aux JO de Pékin.

Les principaux coups

Le crochet est frappé bras fléchi.

L'uppercut est asséné de bas en haut.

Le direct est un coup long réalisé bras tendu.

Un argument de poids

Les catégories de boxeurs sont définies en fonction de leur poids, ce qui permet des combats relativement équilibrés. Elles diffèrent chez les amateurs (qui participent aux JO) et chez les professionnels qui font des matches où il y a beaucoup d'argent en jeu. La plus petite est la catégorie « paille » pour les moins de 47,128 kg, puis les « mouches », les « coqs », ... jusqu'aux « super-lourds » non reconnus chez les professionnels.

L'Américain George Foreman (1,93 m et 120 kg) a été champion olympique des lourds en 1968 et champion du monde en 1973. Il est redevenu champion du monde en 1994, à 45 ans...

K.O.

Les combats sont divisés en plusieurs reprises ou rounds (de 3 à 12), de 2 à 3 min chacun selon les catégories. Seuls sont autorisés les coups de poing au-dessus de la ceinture, sur le devant et le côté du visage et du corps. Les bons boxeurs se déplacent beaucoup (on dit qu'ils ont un bon « jeu de jambes »). Ils commencent leurs attaques à distance, avec des directs pour ouvrir la garde de leur adversaire. Ils peuvent alors placer des crochets ou des uppercuts. Celui qui gagne est celui qui a le plus souvent touché l'autre... ou qui l'a mis K.-O. (knock-out) avant la fin du combat.

Du souffle

La boxe est un bon moyen de se défouler... si l'on en respecte toutes les règles. Il faut être très résistant, aussi le jogging et la corde à sauter feront-ils partie de ton entraînement. Les techniques d'attaque et d'esquive sont nombreuses et doivent être longuement répétées pour être maîtrisées. Il faudra que tu apprennes à te servir de tes deux bras aussi bien pour te protéger que pour attaquer. Tu ne pourras pas pratiquer la compétition avant d'avoir 13 ans.

La boxe française

Jeux de mains, jeux de vilains ! Et les jeux de pieds ? La mode du karaté, venue du Japon, a failli faire oublier que la France possédait un art martial tout aussi efficace…

Il te faudra beaucoup de séances d'assouplissement à la barre, avant de réussir un fouetté efficace !

Quelle frappe !

« Chausson » dans le sud de la France, « savate » dans le Nord, les ancêtres de la boxe française ne se pratiquaient qu'avec les pieds. En 1830, Charles Lecour, grand spécialiste de la savate, part étudier la boxe anglaise. À son retour, il crée la boxe française, qui utilise les 2 techniques. Après une période d'oubli, elle est aujourd'hui pratiquée mondialement, en raison de la beauté des techniques utilisées et de leur efficacité.

Attention au tireur !

En boxe française, on appelle le combattant « tireur » (et tireuse pour une fille) et non boxeur. Ce n'est pas un sport violent. Pendant les assauts, l'objectif n'est pas de frapper l'adversaire mais de marquer des touches. On peut viser tout le corps, sauf les endroits trop sensibles, comme la nuque, le bas-ventre ou la poitrine pour les filles. À la différence du karaté, on peut mettre une main au sol pour garder son équilibre quand on donne un coup de pied.

Combat au début du siècle dernier ; le coup porté est interdit.

En souplesse

La boxe française est un sport de souplesse qui améliorera ton sens de l'équilibre. Les exercices d'assouplissement représenteront une grande partie de ton entraînement. Plus tu commenceras jeune, plus ce sera facile ! Ensuite, tu apprendras des techniques et des enchaînements.
Il existe différents niveaux de compétition : de la simple démonstration jusqu'au combat sans casque, ni jambières.

Bienvenue chez les Kangourous !

La Fédération de boxe française propose « la progression Kangourou » pour les enfants. Il existe trois niveaux. Après ton 3e Kangourou, tu pourras porter des gants de couleur. Ils seront d'abord bleus, puis verts, rouges, blancs, jaunes et argent.

Joue à la savate du chat

Dans ce jeu, comme à la boxe française, tu vas surtout te servir de tes pieds.

1. Constitue deux équipes de copains. Chacune porte une marque distinctive.

2. Tout le monde est chat et souris à la fois. Chaque chat essaye de toucher avec son pied les fesses d'une souris de l'équipe adverse. Lorsqu'une souris est touchée, elle ne peut plus bouger, ni donner de coups de pied.

3. Pour être délivrée, il faut qu'un chat de son équipe lui donne une tape sur l'épaule. La première équipe qui n'a plus de chat a perdu.

Le 13 Août 2008, Steeve Guénot a offert à la France sa première médaille d'or aux JO de Pékin.

La lutte

Le corps à corps, il n'y a rien de tel ! La preuve ? Il est pratiqué dans toutes les cours de récré depuis toujours. C'est aussi un très beau sport sous le nom de lutte.

Les adversaires se sont soigneusement enduits le corps d'huile pour rendre les prises plus difficiles.

À travers le monde

Il existe des techniques de lutte dans toutes les régions du monde et depuis fort longtemps. On en trouve des représentations sur des gravures de l'Égypte ancienne. La lutte faisait partie des disciplines des Jeux antiques... À la fin du XIXe siècle, la lutte était un spectacle très populaire. En 1896, les premiers Jeux olympiques modernes lui ont rendu le prestige qu'elle avait dans l'Antiquité en faisant de la lutte gréco-romaine l'élément central de la compétition.

Le sambo

Le sambo est l'abréviation de « défense personnelle sans armes ». Cette forme de lutte inventée en Russie comprend 5 000 prises ! Car ce sport de combat utilise des techniques de projection, mais aussi des clés de bras et de jambes et des immobilisations. Le sambo ressemble tant au judo que certains judokas russes n'étaient en fait que des samboïstes déguisés.

Super extra lourds

Les sumotori ou « rikishi » pèsent souvent plus de 150 kg et mesurent près de 2 m. Il n'y a pas de catégories de poids. Leurs combats se déroulent sur une estrade carrée. On délimite un cercle sacré recouvert de sable, le « dohyô », par une corde de paille. L'objectif est de pousser son adversaire en dehors du cercle ou de lui faire toucher le sol. Au Japon, les sumotoris sont des stars.

Gréco-romaine ...

La lutte gréco-romaine est un affrontement au corps à corps. On ne donne jamais de coups. Les étranglements et les prises sous la ceinture, comme les croche-pieds, sont aussi interdits. La lutte demande de la force, en particulier dans les cuisses et dans les reins, mais aussi beaucoup de rapidité et de souplesse.

... Ou libre ?

La lutte libre ressemble à la gréco-romaine mais les prises de jambes sont aussi permises. Contrairement à ce que son nom laisse croire, c'est celle qui se rapproche le plus de la lutte que les Grecs et les Romains pratiquaient dans l'Antiquité.

Le « tombé »

Les combats durent entre 2 et 5 min selon l'âge. On peut gagner par supériorité technique ou par « tombé ». Pour tomber ton adversaire, tu dois lui faire toucher le sol des deux épaules. Mais pour t'en empêcher, il essaiera de faire le pont en prenant appui sur sa tête pour décoller une épaule.

En lutte, l'adversaire le plus costaud s'envole comme une plume, si la technique est au point...

En souplesse et en force

Il existe quasiment autant de styles de lutte que de pays. La lutte celtique comprend ainsi la lutte bretonne, le « gouren » (lutte traditionnelle française) et la lutte écossaise, le «back-hold ». Lors des Championnats d'Europe, les lutteurs combattent dans les deux styles. En Turquie, la lutte comprend aussi deux styles : la lutte « sèche » et celle où les lutteurs s'enduisent le corps et la culotte d'une huile qui rend la prise plus difficile.

L'escrime

Même si la mort n'est plus au bout de l'épée, l'escrime reste un sport exigeant qui demande concentration, esprit de décision et fermeté de caractère. Place aux nouveaux mousquetaires !

Double championne du monde de sabre Anne-Lise Touya n'a pas eu la même réussite aux Jeux de Pékin.

Du sang sur les lames

Depuis l'Antiquité, l'escrime a connu toutes les formes : glaive, cimeterre, sabre de samouraï, lourde épée à deux mains du Moyen Âge, rapière et dague... Au début du xxe siècle, des rivalités amoureuses se réglaient encore dans le sang. Mais, l'escrime est devenue un sport à part entière. Du temps des duels, on n'a heureusement retenu que l'esprit de courtoisie.

Le fil de la compétition

Pour gagner, il faut marquer davantage de touches qu'on en reçoit. Le premier qui marque 5 touches, avec 2 touches d'écart, a gagné. Pour déterminer qui a fait une touche, les escrimeurs sont reliés au tableau d'affichage par un fil électrique. Au fleuret, le contact de la pointe de l'arme sur la cuirasse métallique déclenche l'appareil. À l'épée, un bouton-poussoir s'enclenche à l'extrémité de l'arme.

Petit mousquetaire

Tu peux débuter l'escrime à 7 ans. C'est un sport difficile qui demande beaucoup de rigueur, mais tu gagneras en précision, en vitesse de réaction et en coordination. Tu apprendras, sous forme de jeux, les différentes combinaisons de l'escrime. Le fleuret sera ta première arme. Sa pointe n'est pas effilée pour éviter les blessures, on dit qu'elle est « mouchetée ».
Puis, à partir de 15 ans, selon tes goûts et tes qualités, tu pourras choisir l'épée (l'adresse), le sabre (la vitesse)... ou te spécialiser dans le fleuret (la finesse) !

Sacrés champions olympiques à Pékin, les épéistes français Ulrich Robeiri, Fabrice Jeannet et Jérôme Jeannet ont conservé le titre acquis quatre ans plus tôt à Athènes.

L'épée...

L'épée est une arme « d'estoc », comme le fleuret. C'est-à-dire que la touche se fait uniquement avec la pointe de la lame. Tu peux viser tout le corps, même le masque et les chaussures. Comme au fleuret, dès que tu attaques, tu as la priorité, ton adversaire est obligé de parer avant d'attaquer à son tour. Au contraire du fleuret, les coups doubles (quand les deux adversaires se touchent en même temps) valent une touche pour chacun.

... ou le sabre ?

Le sabre est l'arme la plus spectaculaire. En effet, c'est à la fois une arme d'estoc, mais aussi de taille et de contre-taille. Cela veut dire qu'avec un sabre, tu peux toucher ton adversaire avec la pointe, le tranchant ou le dos de la lame. Il évoque tout à fait les duels de l'époque de d'Artagnan ! Mais que tu choisisses le fleuret, le sabre ou l'épée, tu devras toujours te déplacer sur la piste en ligne droite.

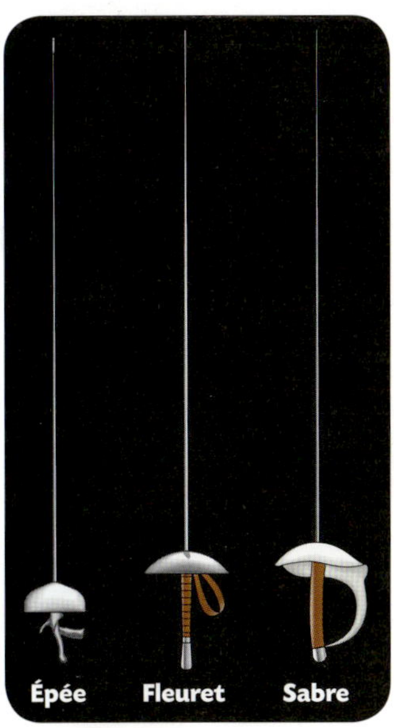

Apprends à saluer

Avant chaque assaut, les adversaires se saluent. Apprends toi aussi à saluer. Chacun à son tour présente la garde.

1. Pieds joints, présente ton arme devant ton visage, pointe vers le haut.

2. Déplie le bras en inclinant ton arme pointe vers le bas.

3. Mets-toi en garde, le bras gauche (si tu es droitier) levé derrière la tête.

Le tir à l'arc

Comme tous les enfants, tu as déjà joué aux Indiens ou à Robin des Bois… Mais le tir à l'arc peut faire de toi le héros d'une formidable aventure en te conduisant sur le chemin de la perfection…

La main d'arc est la main qui tient l'arc. La main de corde est la main qui tire la corde. Logique !

Une arme fatale

Une silhouette humaine armée d'un objet qui lance des traits… Les peintures préhistoriques en témoignent, cela fait plus de 10 000 ans que les hommes l'utilisent pour chasser ou combattre leurs ennemis. Au Moyen Âge, les archers étaient de toutes les guerres. La fameuse bataille d'Azincourt, en 1415, fut une cruelle défaite française due à la puissance des archers anglais. Après l'invention des armes à feu au XVIe siècle, le tir à l'arc a perdu sa vocation guerrière.

Un des agréments du tir à l'arc : sa pratique en plein air.

Le cœur de la cible

Inscrit au programme des JO de 1900 à 1920, le tir à l'arc sportif a ensuite disparu durant près de 50 ans pour redevenir un sport olympique en 1972. Il existe aussi sous d'autres formes : tir fédéral, tir en salle, tir en campagne, tir nature, beursault, archerie-golf ou ski-arc-biathlon... Le principe reste toujours le même, atteindre le plus souvent possible, avec un nombre de flèches limité, le cœur de la cible. Pour y arriver, tu devras maîtriser les techniques de base : tenir ton arc et correctement l'armer, bien viser la cible et contrôler l'échappement de ta flèche.

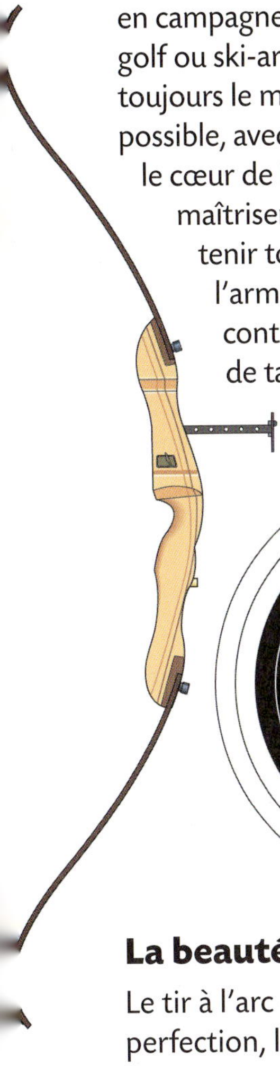

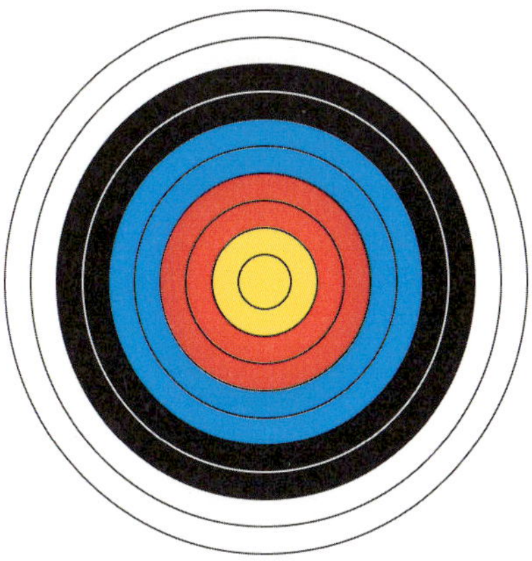

Rigueur et maîtrise sont les maîtres mots de ce sport.

La beauté du geste

Le tir à l'arc évoque la perfection, la précision et la sérénité. Tu peux commencer le tir à l'arc à 6 ans. La meilleure façon de débuter est de faire un stage ou de t'inscrire dans un club pour quelques séances d'essai, on te prêtera le matériel. Chacun, fille ou garçon, utilise un arc qui correspond à son anatomie et à sa force. La pratique du tir à l'arc te fera gagner en adresse, en rigueur, en maîtrise et en volonté.

Ouvre l'œil... et le bon !

Connais-tu ton œil directeur ?

1. Tends un doigt vers un point situé au loin.

2. Ferme alternativement un œil puis l'autre.

3. Pour un œil, ton doigt te semblera complètement décalé, pour l'autre, l'image correspondra à ce que tu voyais avec tes deux yeux : c'est ton œil directeur.

Les adeptes du boomerang aiment le silence... pour écouter le bruit génial de leur engin qui fend l'air.

Le boomerang

Toi aussi, tu rêves de le dominer, ce drôle de bâton qui revient tout seul dans les bras de son maître ! Mais pour révéler toute sa magie (et éviter les désastres !), le boomerang a besoin de beaucoup d'espace...

« Reviens ! »

Des boomerangs, il en existe de toutes les formes et de toutes les couleurs ! Ils volent en tournoyant... puis ils reviennent dans les mains de ceux qui les ont lancés. Cet engin si amusant a d'abord été une arme de chasse redoutable... et très répandue. On en a retrouvé dans les tombes des pharaons, en Europe, chez les Esquimaux... Les aborigènes d'Australie l'utilisaient bien avant l'arrivée des Européens !

Un vrai sport de compétition

Le boomerang est un sport récent : les premières démonstrations datent de la fin des années 1960. Les épreuves se déroulent souvent sous forme de tournois. En Australie, la patrie du boomerang, a lieu chaque année un Championnat national. Les spécialistes se mesurent sur la plus grande distance parcourue avant le retour (les meilleurs dépassent les 100 m), la plus grande durée de vol (parfois plus de 1 minute), la précision du retour ou le nombre de rattrapages.

Un jeu ou une arme ?

Si le boomerang est un sport, il fait aussi l'objet de jeux d'adresse, dont certains s'inspirent de pratiques aborigènes traditionnelles. Il existe des compétitions dont le but est de couper un fil avec un boomerang. Le boomerang est aussi une véritable arme de combat.

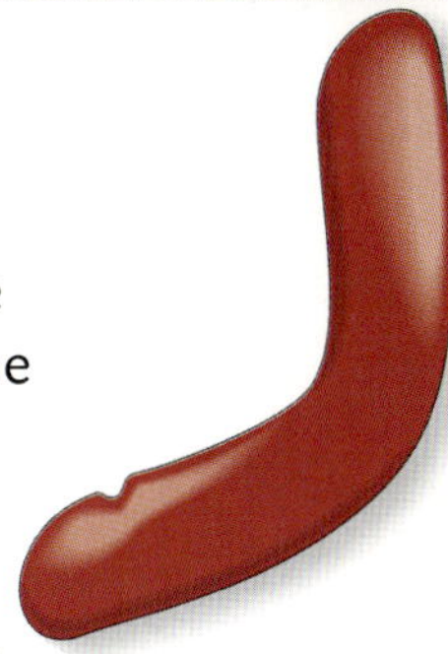

Lancer et rattraper

Pour lancer le boomerang, plusieurs prises existent qui suivent toutes le même principe : tenir le côté plat contre la paume de la main. La manière la plus courante de rattraper un boomerang est la prise en sandwich. Bras tendus, tu attends le boomerang, et tu refermes les mains d'un coup sec sur lui. Prévois des gants pour ne pas te blesser. Et surtout, esquive-le si tu ne te sens pas prêt à le recevoir !

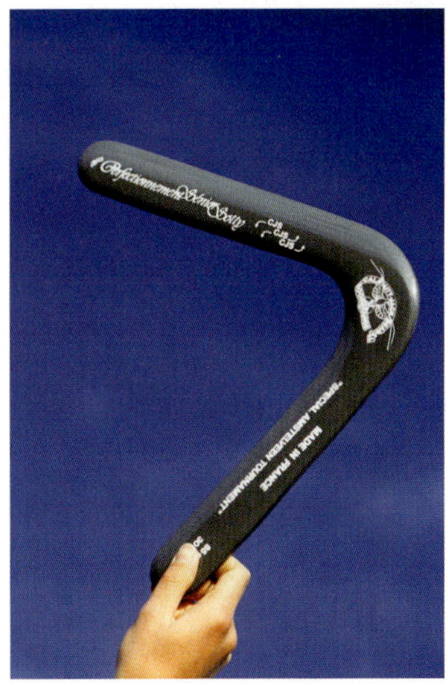

En bois ou en plastique, à 2 ou 3 pales bombées d'un côté et plates de l'autre, comme une aile d'avion. Sa forme angulaire ou coudée lui permet de voler.

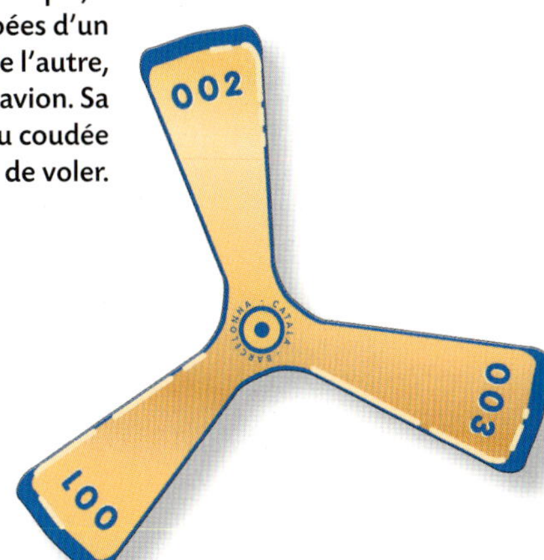

Le vent

Le vent peut être ton allié ou ton adversaire : sois attentif à sa direction et à sa force, pour mieux en jouer. Le boomerang peut être dangereux, surtout si tu joues avec d'autres. Prévois beaucoup d'espace libre autour de toi, et jouez chacun à votre tour.

Pratiquée en compétition, la pétanque nécessite des nerfs d'acier et une sacrée concentration.

Jeux de boules

Billes, balles, boules… Les hommes jouent avec des petites sphères depuis toujours. Mais la pétanque, le bowling et le billard sont aussi des sports de « pros » !

Pétanque et variantes

Les jeux de boules consistent à lancer des sphères le plus près possible du cochonnet. Il y a 2 gestes majeurs : pointer (lancer pour rapprocher sa boule du cochonnet) et tirer (sur une boule adverse pour la déloger). Des compétitions ont lieu en individuel ou par équipes (doublette ou triplette). Certains concours sont mixtes. À la pétanque, il faut garder les pieds à l'intérieur d'un cercle. Dans le jeu provençal, le joueur doit faire 1 pas pour pointer et 3 pas pour tirer. À la lyonnaise, le tireur prend 6 pas d'élan.

Terrains de jeux

La pétanque et le jeu provençal se pratiquent sur n'importe quel terrain de 3 x 12 m. Celui de la lyonnaise est composé de 2 espaces de 7,5 m de long, séparés par un rectangle de 12,50 m de long.Les joueurs, qui se tiennent dans la première zone, doivent lancer cochonnet et boules dans la zone opposée.

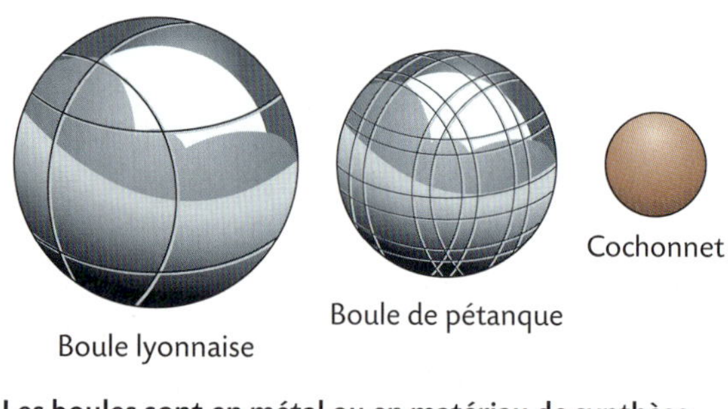

Les boules sont en métal ou en matériau de synthèse. Leur poids et leur diamètre varient selon le type de jeu. Le cochonnet, d'un diamètre de 35 mm environ, est en bois.

Le rêve d'un joueur de bowling : 12 *strikes* consécutifs pour un total de 300 points, la partie idéale !

Le bowling : tout renverser !

Au siècle dernier, des immigrés européens introduisent leurs jeux de quilles en Amérique. Depuis les années 1950, le bowling connaît un vrai succès. Pour bien jouer, il ne faut pas viser les quilles mais les repères tracés sur les pistes. Le joueur prend son élan et fait rouler sa boule sur la piste pour faire tomber le plus de quilles possible. Chaque quille renversée donne 1 point. Si le joueur fait tomber toutes les quilles avec sa première boule, il réalise un strike.

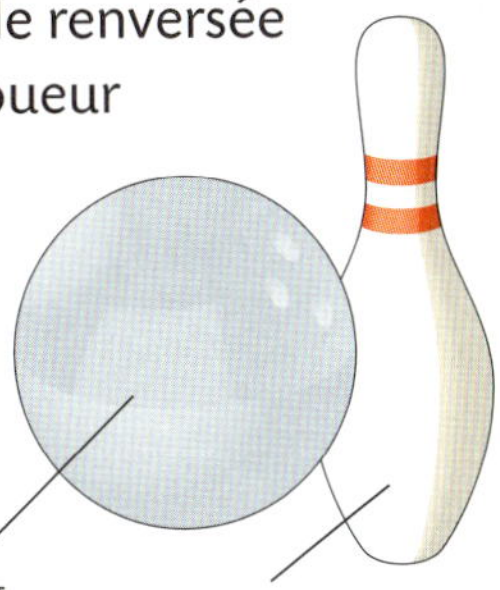

Les boules pèsent entre 2,7 et 7,26 kg.

Les quilles mesurent 38 cm de haut.

Le billard : viser juste

Le billard français se pratique avec 3 billes. Le joueur doit effectuer un maximum de carambolages, c'est-à-dire toucher, avec sa bille, les 2 autres. Le billard américain et le billard britannique (ou snooker) se jouent sur des tables équipées de 6 trous (blouses) dans lesquels il faut faire entrer (blouser) les billes. Au billard américain, il y a 15 billesde couleurs différentes et une blanche. Au snooker, qui se pratique sur une table beaucoup plus grande, on utilise 15 billes rouges, 6 d'autres couleurs et une blanche.

Tu as sans doute déjà vu des joueurs de billard au cinéma. Mais ce sport se pratique aussi en famille ou dans d'étonnantes compétitions.

La queue de billard est protégée à la base par le « talon ». Au bout de la flèche est fixée une rondelle de cuir appelée « procédé ».

Autrefois en ivoire, les billes sont désormais fabriquées en résine.

Histoire de table

En France, les premières tables de billard sont construites dès la fin du xve siècle. Au XVIIe siècle, le cardinal de Richelieu crée une académie du billard pour former les nobles. Plus tard, le billard se démocratisew et devient un sport à part entière.

En gymnastique rythmique, l'athlète (ici, Alina Kabaeva) marie danse, acrobatie et technique.

Des sports

d'artistes

La perfection, ça te tente ? Certaines disciplines tiennent autant de l'art que du sport. Le public ne s'y trompe pas : au-delà des performances techniques, c'est la beauté de la figure du gymnaste, de la nageuse ou des patineurs, qu'il applaudit.

La gymnastique sportive

Adresse, souplesse, sens esthétique… En fonction de tes goûts et de tes qualités, choisis une discipline très acrobatique ou plus artistique.

Le temps des acrobates

« Gymnastique » vient du mot grec *gumnos*, qui veut dire « nu ». Dans l'Antiquité, en effet, les athlètes grecs s'entraînaient nus et la gymnastique n'était pour eux qu'une mise en condition pour aborder la lutte ou le pugilat. Au Moyen Âge, l'acrobatie était réservée aux saltimbanques. Aujourd'hui encore, certains artistes de cirque réalisent à la perfection des numéros qui ressemblent à des figures de gymnastique.

Force, souplesse…

Aux JO de Montréal en 1976, la Roumaine Nadia Comaneci a fait rêver des millions de spectateurs en obtenant la note maximale de 10… 7 fois !

… coordination, dynamisme…

Protège tes mains !

Le « steak », c'est la belle grosse ampoule dans la main après le travail aux barres. Pour l'éviter, porte des maniques. Ce sont des morceaux de cuir qui protègent la paume de la main pendant les exercices. Et pour une meilleure prise de barre, utilise de la magnésie, une poudre blanche qui permet de limiter la transpiration.

Agrès ou sol ?

En Europe, il faut attendre le début du XIXe siècle pour que la gymnastique revienne à la mode. Des gymnases sont créés. Le premier, en France, est construit à Grenelle, à la périphérie de Paris, en 1820. À la gymnastique au sol s'ajoute l'utilisation de différents supports, que l'on appelle « agrès ». Depuis les Jeux olympiques de 1952, les disciplines sont au nombre de 6 pour les hommes (saut, cheval d'arçons, anneaux, barre fixe, barres parallèles et sol) et de 4 pour les femmes (saut, poutre, barres asymétriques et sol).

Ouvert à tous

La compétition n'est pas réservée aux petits prodiges. Chacun peut s'y essayer dans des catégories qui tiennent compte de l'âge et du niveau. Depuis 2006, le système de notation a changé. Les gymnastes reçoivent désormais 2 notes, technique et artistique, dont l'addition constitue leur note finale. En championnat, le concours 1, par équipes, permet de sélectionner les gymnastes par des séries d'exercices libres. Le concours 2, dit général, est la finale des athlètes les plus complets, qui brillent sur tous les agrès. Le concours 3, dit par appareil, regroupe les super-spécialistes avec une finale pour chaque épreuve.

Esprit d'entraide

La gymnastique n'est pas un sport dangereux, mais elle comporte des risques. Il ne faut jamais s'entraîner tout seul (sauf pour l'échauffement et la souplesse). La parade est l'art d'aider un autre gymnaste dans la répétition des exercices et de veiller à sa sécurité. Un coup de main au bon moment, un appui, une intervention en cas de chute… Sans l'esprit d'entraide qui règne dans les clubs, la gym ne serait pas la gym !

... sens de l'équilibre, courage...

... volonté, créativité, sens esthétique : des qualités essentielles en gymnastique !

Un sport pour les petits !

Si tu es un garçon dynamique, solide et pas trop grand, la gymnastique est faite pour toi. Surtout si tu as le sens de l'équilibre ! Même chose si tu es une fille souple, courageuse, légère et plutôt petite. Mais, attention, si tu rêves des Jeux olympiques, il vaut mieux commencer avant 10 ans (5 ou 6 ans pour les filles)... et ne pas avoir peur de travailler : les champions s'entraînent au moins 5 heures par jour pour arriver au top niveau !

La gymnastique rythmique

Tu es souple, tu aimes la danse et tu possèdes le sens du rythme ? Alors n'hésite pas à retrouver les milliers de passionnées de la gymnastique rythmique.

Entre sport et danse

Discipline olympique depuis 1984, la gymnastique rythmique (que l'on appelait avant gymnastique rythmique et sportive ou GRS) est pratiquée seulement par les filles, individuellement ou en équipe. Même si le sens artistique est important, tu devras être une athlète accomplie, très souple et particulièrement adroite. Tu utiliseras un engin qui deviendra un partenaire, un prolongement de ton corps, toujours en mouvement. C'est aussi un sport pour les « créatives » : tu pourras rapidement construire tes propres enchaînements. Les épreuves se font toujours en musique.

Faire rouler le ballon sur ton corps, jouer de ses rebonds, le garder en mouvement, parfaitement coordonné à tes gestes... Avec sa forme ronde, le ballon est difficile à contrôler !

Les massues ne pèsent que 150 g chacune. Elles ne sont donc pas dangereuses. Travailler avec, c'est savoir jongler... en dansant ! Grâce aux exercices, tu développeras ton adresse et ta coordination.

Un cercle de 80 à 90 cm en mouvement, c'est tout un univers de surfaces et de volumes qui se créent et s'évanouissent. Le cerceau est très spectaculaire. À force de manipuler cet engin, ta main va devenir de plus en plus agile.

En gymnastique rythmique, la corde à sauter permet d'ajouter plus de figures et de fantaisie. Elle fait travailler tes deux mains et t'aide à contrôler l'énergie de ton corps.

Attaché au bout d'une baguette, le ruban dessine des spirales, des « huit », des serpentins... Mais attention, il doit toujours rester en mouvement, en coordination parfaite avec ton corps ! Sa longueur dépend de l'âge et de la taille de la gymnaste, il peut atteindre 7 m.

À toi la compétition !

Tu peux faire des compétitions quel que soit ton âge. En fonction de ton niveau, les juges te noteront sur des mouvements imposés, semi-libres ou libres. En compétition de haut niveau, les programmes durent de 1 à 1 min 30 en individuel contre 2 à 2 min 30 par équipe. Il existe un titre par engin, mais il faut, de toute façon, savoir les utiliser tous les 5.

Le travail en équipe est passionnant car tu dois coopérer avec tes partenaires pour arriver à une « formation » : une figure obtenue par le placement parfait des gymnastes.

La gymnastique artistique

Tourner, glisser, voler, à l'endroit ou à l'envers… Peu à peu, la gymnastique s'est libérée de règles trop étroites : vive l'acrobatie et le spectacle !

Au sol

Pendant une minute environ, le gymnaste occupe toute la surface d'un « praticable » de 12 x 12 m, enchaînant différents mouvements qui témoignent de son équilibre, de sa souplesse et de sa force. Double ou triple salto avant ou même arrière, grand écart, maintien en force… La gymnaste, elle, réalise ses figures en musique. Grâce, rythme et virtuosité sont au rendez-vous avec de multiples séries acrobatiques.

Le saut périlleux, appelé « salto » par les gymnastes, est une figure impressionnante et traditionnelle de la gymnastique.

Pas d'excès !

La gymnastique est excellente pour se bâtir un corps puissant et souple. Mais tu dois faire attention à ne pas prendre trop de muscles, ni faire trop d'exercices de force. C'est mauvais pour la croissance. Il ne faut pas aller trop loin dans l'entraînement, ni chercher à perdre du poids.

Le praticable est constitué d'un plancher dynamique, composé de 2 plaques de bois séparées par des cubes de mousse.

Le saut

Le gymnaste prend son élan, rebondit sur un tremplin et pose une main ou les deux sur la table de saut pour prendre son envol. Il en profite pour effectuer d'incroyables figures dans l'air… et retombe impeccablement de l'autre côté. Chez les filles, la table de saut est un peu moins haute. Il existe des figures classiques comme la « lune-vrille » mais, lors des programmes libres, certains gymnastes présentent des figures beaucoup plus compliquées qui deviennent elles-mêmes des classiques (« Tsukahara » par exemple, du nom du gymnaste japonais qui l'a inventée).

La table de saut a remplacé le cheval de saut il y a quelques années, pour plus de sécurité. Elle est à 1,35 m du sol pour les hommes et à 1,25 m pour les femmes.

Cheval d'arçons

Le cheval d'arçons n'est pas le plus spectaculaire des appareils. Mais il demande des poignets d'acier et de sacrés abdominaux ! Il est pratiqué uniquement par les hommes. Seules les mains peuvent toucher ce « cheval » long de 1,60 m, et il faut enchaîner les figures (cercles de jambes, ciseaux...) sans rupture de rythme. Les bras soutiennent le poids du corps, les jambes n'arrêtent jamais de bouger et... la tête coordonne tout ça !

Au cheval d'arçons, le gymnaste doit enchaîner des mouvements sans interruption en utilisant le centre de l'engin ainsi que ses 2 extrémités.

Le cheval d'arçons est un bloc de bois ou d'acier rembourré, recouvert de cuir ou d'une matière synthétique, sur lequel sont fixés 2 arçons en bois ou en plastique.

Deux anneaux, en bois creusé ou en plastique, sont suspendus à 2,75 m du sol grâce à des courroies de cuir accrochées à un portique.

Les anneaux

C'est l'agrès qui exige le plus de force musculaire. Le gymnaste enchaîne les figures en se tenant aux anneaux attachés au bout de 2 cordes. La plus connue, c'est la croix. Il « suffit » de se maintenir 2 s, les bras à l'horizontale des épaules. La perfection ? Faire en sorte que les cordes ne tremblent pas. Ne te fie pas à la facilité apparente de l'exercice... Essaie, et tu comprendras que les anneaux ne sont vraiment pas une discipline évidente !

Seigneur des anneaux... et des gymnastes !

On a longtemps cru que le Soviétique Nikolaï Andrianov – 15 médailles olympiques – resterait le gymnaste le plus complet de tous les temps. Mais aux JO de 1992, le Biélorusse Vitaly Scherbo (photo) a remporté 6 médailles d'or : anneaux, saut de cheval, cheval d'arçons, barres parallèles, concours général et compétition par équipes ! Il a aussi été 11 fois champion du monde et 9 fois champion d'Europe...

Barre fixe

Sans doute l'appareil le plus spectaculaire ! Les spécialistes sont capables de « voler » autour de la barre fixe, située à 2,80 m du sol. On leur impose de lâcher au moins une fois la barre en cours d'exercice, mais ils n'hésitent pas à le faire 3 ou 4 fois. Cet agrès de haute voltige demande beaucoup d'entraînement... et de culot. Et comme si c'était trop simple, les gymnastes de cette discipline (uniquement des hommes) travaillent de plus en plus à une seule main !

Le Chinois Zou Kai a remporté l'or aux JO en 2008.

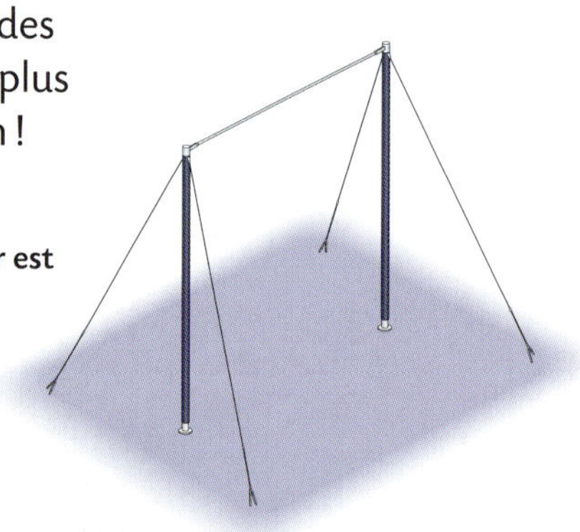

Une barre unique en acier est fixée sur des montants, également en acier.

Positionnées à 2 m de hauteur, les barres, en bois et en fibre de verre, sont fixées sur des montants en acier.

Barres parallèles

À l'école, c'est la terreur de ceux qui n'ont pas de force dans les bras ! Pourtant cela semble si facile de rester en équilibre, bras tendus, ou de se propulser en l'air en lâchant les 2 mains... sans parler des amusantes pirouettes de sortie ! Une simplicité apparente... quand c'est un grand champion qui l'exécute. En compétition, c'est une discipline pratiquée uniquement par les hommes.

Aux barres parallèles, les figures demandent une précision extrême. Ici, Dimitri Karbanenko, membre de l'équipe de France.

Barres asymétriques

Les 2 barres sont positionnées à des hauteurs différentes : 1,65 m et 2,45 m. Les gymnastes doivent passer de l'une à l'autre en un minimum de 10 mouvements. Lâchers de barre, grands tours... À la manière dont les championnes d'aujourd'hui les pratiquent, les barres asymétriques n'ont plus rien à envier à la barre fixe des hommes. Cette discipline est devenue de plus en plus acrobatique !

Grâce et technique pour des envolées acrobatiques !

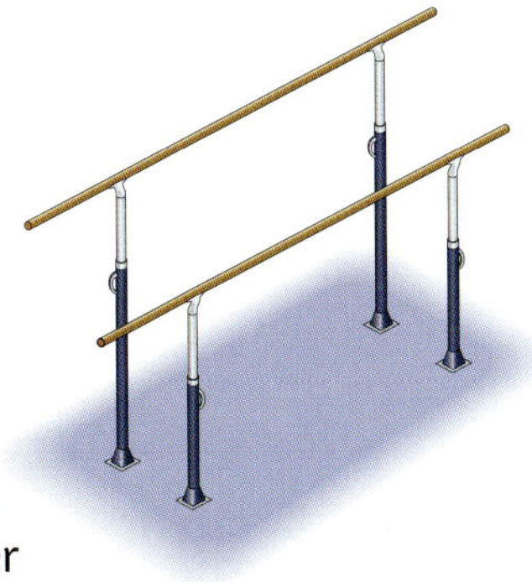

L'espace entre les barres asymétriques peut aller jusqu'à 1,80 m.

En équilibre sur la poutre

Dix cm, ce n'est pas très large... pour marcher. En plus, ici, il n'est question que de sauter, de se renverser en arrière, de rester en équilibre sur un pied, une main... Et pour redescendre, le moins que tu puisses faire, c'est un saut périlleux ! La poutre exige une grande force de caractère en même temps que beaucoup de souplesse et de grâce.

La poutre est recouverte d'un matériau non glissant.

La poutre est un appareil très difficile qui demande beaucoup de courage !

Apprends l'ATR

Dans ton club, tu pratiqueras l'appui tendu renversé (ATR) pour tous les agrès ! Tu peux t'exercer contre un mur.

1. Départ en fente : plie la jambe avant, tends la jambe arrière et lève les bras en gardant ton dos bien droit.

2. Lance la jambe arrière et penche-toi en avant.

3. Essaie de tenir bien droit sans bouger.

Toujours plus d'acrobaties

Tu es fan des cabrioles, des pirouettes et des sauts de toutes sortes ? Pour les acrobates dans l'âme, les disciplines ne manquent pas.

Sur ressorts : le trampoline

Des trapézistes dans les cirques ont eu un jour l'idée de se servir du filet de protection pour réaliser des figures acrobatiques. Dans les années 1930, George Nissen et Larry Griswold vont mettre au point le trampoline actuel. Sport reconnu dès 1948 aux États-Unis, il ne débarque en Europe qu'une dizaine d'années plus tard. Il est pratiqué en compétition par les hommes et les femmes. Il existe des épreuves individuelles, à 2, par équipes de 4 ou en simultané où les 2 athlètes doivent réaliser les mêmes figures en même temps.

Le trampoline est un accessoire constitué d'une toile de saut tressée, tendue à 1,15 m du sol sur des ressorts d'acier.

Sécurité absolue

Sais-tu que les meilleurs athlètes peuvent rebondir jusqu'à 8 m de haut ? Les normes pour un trampoline sont très précises car ce sport peut être dangereux. C'est la raison pour laquelle, en compétition, il faut plusieurs personnes autour du trampoline, les « pareurs », pour protéger l'athlète en cas de chute. Dans ton club, il doit impérativement y avoir des tapis de chute disposés autour.

Pour l'épreuve de trampoline, le gymnaste est noté sur la précision de ses figures.

Il faut avoir une sacrée santé et le sens du spectacle pour le tumbling !

En ligne : le tumbling

En anglais *To tumble* veut dire « faire des culbutes ». Le terme vient d'Amérique, mais Russes et Chinois sont les grands spécialistes de la cabriole sur ressorts. Il s'agit d'enchaîner à toute allure 8 figures acrobatiques sur une piste « élastique » de 25 m de long. Recouverte de fibre de verre, elle est montée sur une mousse très dense qui a remplacé les ressorts. Très spectaculaire, le tumbling n'a pas encore beaucoup d'adeptes en France. Pourtant, ce sport devrait plaire à tous les acrobates en herbe.

En musique : le twirling bâton

Sport venu des États-Unis, le twirling bâton se développe en France depuis 1965. Cette activité pratiquée en musique peut ressembler au maniement du bâton effectué par les majorettes, mais il s'agit d'une discipline artistique et sportive. Comme en gymnastique rythmique, les champions évoluent sur un tapis, devant des juges qui les notent selon le degré de difficulté des enchaînements et le style de la réalisation. Le twirling se pratique en individuel et en couple. Tu peux commencer très jeune. Il y a des compétitions pour les Benjamins, les Minimes et les Juniors.

Lancer de bâton

To twirl, en anglais, veut dire « faire tournoyer ». Lorsque tu lances ton bâton, tu dois effectuer une figure qui se rapproche de la gymnastique ou de la danse. Le twirling apprend à parfaitement contrôler son corps. Ce sport demande une grande habileté, beaucoup de souplesse, le sens de la danse…

La performance des nageuses est évaluée sur la beauté des figures réalisées et leur difficulté technique.

Natation synchronisée et plongeon

Danser dans l'eau ou utiliser la piscine comme « piste » d'acrobaties, des idées farfelues ? Pas pour les adeptes de la natation synchronisée et du plongeon !

Piste de danse sous-marine

Demande à ton grand-père le plus âgé : il se souviendra sans doute d'Esther Williams. Dans les années 1940 et 1950, elle était la vedette de comédies musicales où les numéros de danse se passaient sur et sous l'eau, des ballets de dizaines de nageuses formant d'invraisemblables bouquets. C'était l'apothéose d'un sport encore peu connu... Cette discipline, créée en Australie au début du XXe siècle, ne s'est développée en Europe qu'après la Seconde Guerre mondiale.

Exclusivement féminin ?

En natation synchronisée, les compétitions sont récentes. Les Championnats sont ouverts à tous, mais les filles sont très majoritaires. Elles s'affrontent en figures libres ou imposées parmi les 200 figures de la liste internationale, en solo, en duo ou en équipes de 8. Elles sont notées par des juges, comme pour le patinage artistique. La natation synchronisée est présente aux JO depuis 1984. Deux épreuves, uniquement féminines, étaient au programme à Pékin en 2008, le duo et le ballet par équipes.

Imite les nageuses hors pair

Seules les professionnelles peuvent réussir parfaitement de telles figures. Mais tu peux tenter de les réaliser à la piscine avec tes copains et tes copines pour t'amuser.

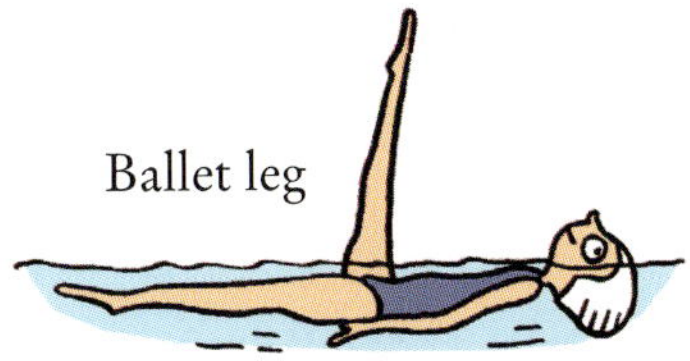

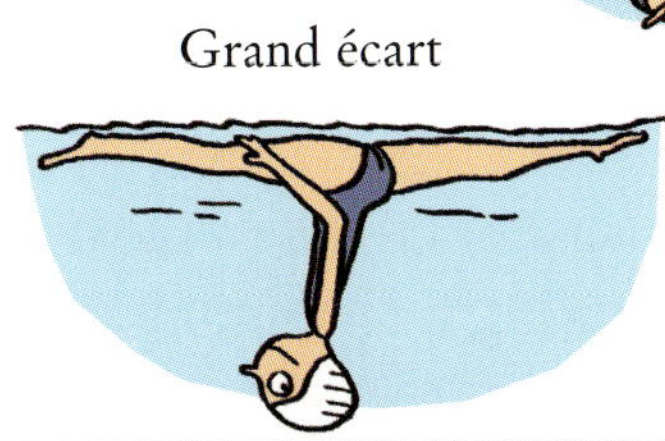

Le plongeon synchronisé en duo consiste à effectuer le même plongeon... exactement en même temps.

Plongeurs fous

En 1936, Harry Arias Froboess a plongé de 110 m dans le lac de Constance, depuis le dirigeable *Hindenburg*. Tu as bien lu : 110 m ! C'est comme s'il avait plongé d'une tour de plus de 40 étages ! Au Mexique, à Acapulco, des professionnels plongent de 27 m de haut pour le plaisir des touristes... et la profondeur de l'eau n'est que de 3,65 m !

100 !

C'est le nombre de plongeons différents. Pour certains, il faut prendre son élan en marchant sur les mains...

Attention au plat !

Est-ce de la natation ou de la gymnastique de haut vol ? En tout cas, si le plongeon te tente, tu dois être particulièrement doué pour l'acrobatie... et ne pas avoir le vertige. Le départ peut s'effectuer d'un tremplin de 1 ou 3 m, ou d'une plate-forme de haut vol de 3, 5, 7,50 ou 10 m. Hommes et femmes plongent des mêmes hauteurs. Ce sport demande beaucoup de concentration, car il y a toujours le risque de rater sa réception et de se faire très mal à l'arrivée. Tu as déjà fait un « plat »... alors, imagine le choc depuis cette hauteur !

Un plongeon parfait ne fait pratiquement aucune éclaboussure... Et si tu essayais ?

Le patinage artistique

Au royaume de la glace, tout paraît facile. Au rythme de la musique, filles et garçons tournoient, sautent et pirouettent avec grâce… sur une lame de métal !

Glisser en beauté

Le patinage artistique demande, en plus d'une excellente maîtrise de la technique de glisse, la même force et la même souplesse que les gymnastes, ainsi que de la grâce et le sens du rythme. En compétition, tu évolueras sur une patinoire rectangulaire, d'une longueur comprise entre 56 et 60 m, et d'une largeur de 26 à 30 m. Ce sont les champions eux-mêmes qui ont fait évoluer la discipline, en inventant sans cesse de nouvelles figures. La tendance actuelle : toujours plus acrobatique et athlétique !

La Japonaise Shizuka Arakawa, championne du monde en 2004, a remporté l'or aux Jeux olympiques de Turin en 2006.

Sous l'œil des juges

Douze juges évaluent la qualité technique et artistique de chaque compétiteur. Après une série de scandales, un système de notation très complexe a été mis en place depuis 2005 pour éviter les manipulations. Les juges sont assistés par un spécialiste technique et un ordinateur. On ajoute les notes techniques et artistiques pour obtenir la note totale. En 2007, Brian Joubert est devenu champion du monde avec un total de 240,85 points.

FOOTBALL

KACHKAR - RLD, C'EST FINI

Robert Louis-Dreyfus a refusé, hier, d'accorder un nouveau délai de paiement à Jack Kachkar (notre photo) et mis un terme aux négociations sur la reprise de l'OM par l'homme d'affaires canadien. (Page 6)

NATATION

DEDIEU, UN TRIPLÉ EN GUISE D'ADIEU

(Page 13)

www.lequipe.fr

0,85 €

L'ÉQUIPE

LE QUOTIDIEN DU SPORT ET DE L'AUTOMOBILE

JOUBERT, UN TYPE EN OR

Quarante-deux ans après Alain Calmat, Brian Joubert est devenu champion du monde de patinage artistique, hier à Tokyo. Ce titre consacre un athlète de vingt-deux ans pétri de qualités, à qui ne manque plus que l'or olympique. (Pages 2 à 4, et notre éditorial)

Brian Joubert, champion du monde de patinage artistique à 22 ans !

En solitaire

Garçons et filles concourent dans des compétitions séparées. Le patineur ou la patineuse doit d'abord réaliser, sur la musique de son choix, un programme court de 2 min 50 s maximum comprenant des sauts et des pirouettes imposés. Suit un programme libre de 4 min 30 s maximum, au cours duquel il peut donner libre cours à sa personnalité, et créer parfois de nouvelles figures.

Pas de panique !

En patinage, les chutes sont fréquentes. Si tu sens que tu perds l'équilibre, ne te raidis surtout pas, mais essaie de rester souple. Tu réussiras peut-être à te rétablir et, en tout cas, tu te feras moins mal. Quand tu tombes, fléchis les genoux, et courbe-toi vers l'avant, ta chute sera moins grave. Et n'attends pas de très bien patiner en avant pour commencer à patiner en arrière.

Tatania Navka et Roman Kostomarov, un couple de champions sur glace !

En couple

Un garçon et une fille présentent ensemble un programme court et un programme libre. Plus encore que leur maîtrise technique, c'est l'harmonie de leur couple et la perfection de leurs mouvements d'ensemble qui comptent. La danse sur glace, réservée aux couples, n'a été admise aux JO qu'en 1976. Cette discipline comprend une épreuve imposée où les participants doivent exécuter une danse tirée au sort (valse, fox-trot, rumba, paso doble, tango...), une danse de création, puis un programme libre.

Le vélo : un loisir à la portée de tous, mais aussi un sport pour ceux qui ont l'esprit de compétition !

Sur

roues

On ne saura sans doute jamais qui a inventé la roue.
Dommage ! Comment remercier ce bienfaiteur
de l'humanité en général et des sportifs en particulier ?
Ta vie serait bien terne sans skate, sans rollers ou sans vélo !

Le cyclisme sur route

Entre plaine et montagne, macadam et pavés, pluie et soleil, les routes du monde sont un terrain d'une variété infinie. Et les compétitions cyclistes aussi !

Des compétitions pour tous les goûts

Certaines courses sont locales, d'autres constituent des événements sportifs internationaux, comme le Tour de France, le Tour d'Italie (appelé « giro ») ou certaines « classiques » d'un jour, comme Paris-Roubaix. Les professionnels courent dans des équipes de marques, sauf pendant les Championnats, où les équipes sont nationales. Celles d'amateurs portent des noms de club ou de région. Il existe quelques courses « open », pour amateurs et professionnels, comme le Tour de l'Avenir réservé aux moins de 23 ans.

Les ancêtres

En 1817, le baron prussien Karl Drais von Sauerbronn invente le premier « vélo ». La « draisienne » est propulsée par la poussée des jambes sur le sol. Les inventions vont ensuite se succéder : pédales, rayons, chaîne, pneumatiques, dérailleur… Arrière-grand-père de la bicyclette, le grand bi (photo), était une version dangereuse : pour aller plus vite, certains avaient une roue de 1,50 m de diamètre…

De nombreux titres mondiaux et olympiques, 38 records du monde, championne de France pour la 55e fois à 49 ans en 2008 : Jeannie Longo est une légende !

Célèbres maillots

Le Maillot Jaune, distinguant le coureur qui mène le Tour de France, date de 1919. Il existe aussi un maillot vert (classement par points) et un maillot blanc à pois rouges (pour le premier grimpeur). Le meilleur jeune (moins de 25 ans) endosse le maillot blanc.

Chaque année, le Tour de France attire les meilleurs cyclistes du monde entier. Mais, depuis trop longtemps, il est touché par les « affaires » de dopage.

Le vélo, c'est écolo !

Rapide, économique et non polluante, la « petite reine » est idéale pour circuler en toute tranquillité. Plusieurs villes ont mis en place des systèmes de location de vélos peu coûteux. Renseigne-toi et encourage ta famille et tes amis à se déplacer à vélo !

La Grande Boucle

Créé en 1903, le Tour de France se déroule par étapes de plus de 150 km pendant environ 3 semaines. Pour le remporter, il faut être un excellent rouleur lors des étapes de plat, gravir des côtes très raides en montagne et être capable d'exploits solitaires : les « contre-la-montre » sont de véritables « sprints » sur 10 à 80 km. Des coureurs sont entrés dans la légende : Lance Armstrong, seul vainqueur de 7 Tours de France ; Jacques Anquetil, Eddy Merckx, Bernard Hinault et Miguel Indurain, 5 victoires chacun.

Pour se faire plaisir

Seuls ou en pelotons plus ou moins nombreux, les cyclotouristes prennent, eux aussi, possession de la route. Bandes de copains ou clubs organisés, les cyclotouristes se préparent des randonnées parfois assez « sportives ». De la simple balade touristique aux répliques de parcours des professionnels, chronomètre à la main, tout est possible ! L'important, c'est de s'amuser...

Gants, casque, chaussures rigides et cuissard (le short du cycliste) sont fortement conseillés !

Le cyclisme sur piste

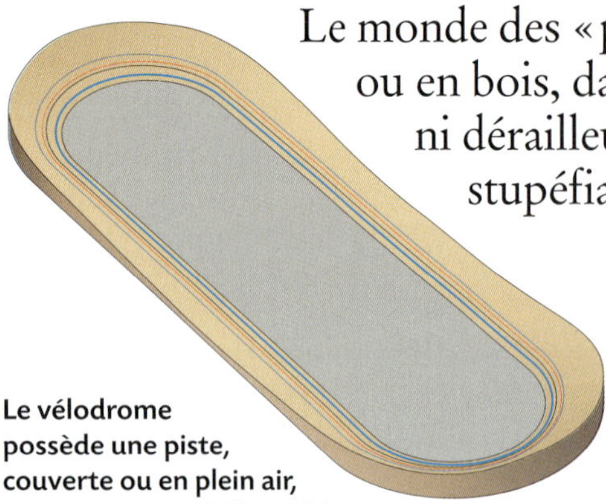

Le vélodrome possède une piste, couverte ou en plein air, mesurant entre 150 et 500 m de long, pour une largeur minimale de 7 m, avec des virages relevés.

Le monde des « pistards », c'est une boucle ovale en ciment ou en bois, dans une salle ou un stade. Sans freins ni dérailleur, les coureurs atteignent des vitesses stupéfiantes. Sens de l'équilibre indispensable !

Toujours plus vite

Le record de l'heure est le plus connu des records de vitesse. La marque établie par Eddy Merckx (49,431 km), en 1972, a longtemps semblé imbattable. Mais Francesco Moser, sur un vélo révolutionnaire, a fini par en venir à bout en 1984 (50,808 km). Pour arrêter la course technologique, l'Union cycliste internationale a imposé d'utiliser un vélo traditionnel. En 2005, le Tchèque Ondrej Sosenka a porté le nouveau record officiel à 49,700 km.

À l'abri de la pluie... et des côtes

Assister à une compétition sur piste, ce n'est pas comme se serrer sur la route du Tour de France : assis dans les tribunes, tu peux regarder les épreuves d'un bout à l'autre, et tu as tout le temps d'admirer les champions. Professionnels ou amateurs, les coureurs peuvent s'entraîner, hiver comme été, dans des conditions idéales. C'est aussi sur piste que se battent les records de vitesse : de 35 km en 1893, le record de l'heure est passé à près de 50 km !

La vitesse est l'épreuve reine du cyclisme sur piste. Mickaël Bourgain a obtenu la médaille de bronze à Pékin en 2008.

LE ZOOM DE L'ÉQUIPE — Une spécialité française

De Paul Masson en 1896 à Athènes, à Félicia Ballanger à Sydney en 2000, en passant notamment par Daniel Morelon, Pierre Trentin ou Florian Rousseau, les cyclistes sur piste français ont effectué une belle moisson de médailles d'or olympiques. À la fin du XIXe siècle, c'est en France qu'est née la compétition cycliste. Les vélodromes étaient nombreux, les compétitions fréquentes. Cette tradition ne s'est jamais perdue.

La course aux points se gagne lors des nombreux sprints intermédiaires.

Vitesse et keirin

Lors des grands rendez-vous du cyclisme sur piste, les champions s'affrontent dans de nombreuses disciplines.
La course de vitesse se dispute à 2, en 2 manches gagnantes et sur environ 1 km. L'objectif est de gagner le sprint des 200 derniers mètres. Aussi, chacun s'efforce de se protéger derrière l'adversaire pour se fatiguer le moins possible et le doubler au dernier moment. Très spectaculaire, le keirin se court en groupe derrière une moto qui s'écarte dans les 600 derniers mètres. Cela donne des vitesses incroyables.

Autres courses

La poursuite se déroule sur 4 km pour les hommes et 3 km pour les femmes. Les 2 coureurs sont placés à un demi-tour de distance. Le but est de rejoindre l'autre ou de s'en rapprocher le plus possible.
La poursuite se court aussi en équipe. Il y a également le kilomètre : tout se joue sur 1 000 mètres, départ arrêté. La course à l'américaine se dispute par équipes de 2, en relais : chaque coureur effectue plusieurs tours à fond et cède la place à son partenaire en lui touchant le dos ou la main.

Six jours

Les courses de Six Jours sont des épreuves qui se courent en relais de 2. Le but de chaque équipe est de parcourir le plus grand nombre de tours complets sur un temps donné. Le plus souvent, les épreuves durent 3 ou 4 heures, en soirée, durant 6 jours consécutifs.

Le keirin se dispute derrière une moto, qui s'écarte avant le sprint final.

Très léger, avec un guidon plat, de gros pneus crantés et jusqu'à 24 vitesses, le VTT t'invite à sortir des sentiers battus.

Vélos des villes, vélos des champs

Tout-terrain, tout-chemin, tout-plaisir… entre vélo-cross et VTT, à toi les émotions sur 2 roues !

Le cyclo-cross

Avant l'invention du VTT, les cyclistes connaissaient déjà le cyclo-cross. Cette discipline se pratique avec des vélos traditionnels sur des chemins de terre et dans des forêts. Lorsque la piste devient trop impraticable, tu portes ton engin sur l'épaule. Sans doute ce qu'on peut faire de plus dur avec un vélo !

Le bicross

Bicross ou BMX, cette discipline vient des États-Unis, où elle a été inventée, dans les années 1970, par des pilotes de motocross. Il s'agit en effet d'un petit vélo à une seule vitesse qui te permet de faire du motocross sans moteur. Tu peux te lancer dans la course sur des pistes sinueuses et couvertes de bosses (longues de 350 m environ) ou devenir le roi de l'acrobatie, du freestyle, en salle ou en ville… mais pas au milieu de la circulation !

Aux JO de Pékin en 2008, la Française Anne-Caroline Chausson devient la première championne olympique de BMX. Elle a déjà été 12 fois championne du monde de descente en VTT !

Parles-tu BMX ?

Les adeptes du BMX (« pilotes », « riders », « bicrosseurs » ou « bmxeurs ») utilisent un vocabulaire spécifique pour désigner leurs figures ou leurs techniques :

- *wheeling* : l'art de rouler sur une seule roue;
- *speedjump* : une façon de passer les bosses le plus rapidement possible;
- *bunnyhop* : un saut de lapin pour franchir des obstacles;
- *aerial* : l'art de s'envoler au sommet du tremplin… sans se casser la figure à l'arrivée !

Le VTT est un sport, mais aussi le moyen idéal de découvrir la nature... à condition de la respecter !

Naissance du VTT

Dans les années 1970, les hippies californiens bricolent leurs vélos pour pouvoir dévaler les collines.
La première course, en 1976, est le début d'une véritable révolution : les constructeurs inventent et perfectionnent des vélos spéciaux, appelés d'abord mountain bikes, « vélos de montagne ». Le VTT (vélo tout-terrain) prend son apparence actuelle dès 1983, mais il ne devient un véritable phénomène de société que vers 1990.

Urban Freeride

Comme les skaters, les Urban Freeriders font du BMX ou du vélo trial en ville. Les bancs, les marches, les murs ou les pontons au bord de l'eau remplacent les rochers et les sentiers. Tout est utile pour rouler, sauter et faire des figures étonnantes ! Cette pratique est une façon originale de s'approprier la ville.

City bike ou country bike ?

Le city bike, le VTT de ville, est très utile pour échapper aux embouteillages. Avec son éclairage et ses garde-boue, il est très pratique. Pour la randonnée longue distance sur des chemins pas trop défoncés, choisis le country bike. C'est un VTT avec des roues plus grandes et plus fines, ce qui permet d'aller plus vite.

Le VTT de compétition

C'est un sport encore très jeune. Mais le VTT est entrée aux Jeux olympiques à Atlanta, dès 1996.

Le Trophée de France des jeunes vététistes

Ouverte aux 11-16 ans, la compétition se déroule par équipes (4 garçons et 2 filles). L'équipe gagnante est celle qui marque le plus de points dans les 5 épreuves (cross-country, descente, orientation, trial et relais). Il y a 3 catégories d'équipes : Benjamins, Minimes et Cadets. Ce sont les comités régionaux qui sélectionnent les coureurs. Au moins deux équipes étrangères sont invitées.

Le trial consiste à effectuer plusieurs parcours avec beaucoup d'obstacles naturels ou artificiels. Si tu mets un pied par terre, tu as une pénalité. Le gagnant est celui qui a achevé le parcours avec le moins de pénalités. Difficile ! Le trial est la discipline préférée des équilibristes du VTT.

Les épreuves de cross-country se pratiquent sur de longues distances en terrain difficile, avec des dénivelés importants. Épuisant ! Pas étonnant que ce soit un sport olympique ! Quatre fois champion du monde, Julien Absalon a été médaillé d'or aux JO en 2004 et 2008.

Le rallye comporte des spéciales (slaloms, descentes, courses d'orientation...) qui sont chronométrées et des parcours de liaison non chronométrés. La distance minimum est de 25 km par spéciale.

L'Hexagonal, Tour de France VTT

La version VTT de la Grande Boucle a été lancée en 2001. Les concurrents doivent parcourir plusieurs étapes de plus de 50 km et effectuer des contre-la-montre de 5 km environ. C'est le Tour de France… par les petits chemins !

La descente est la discipline la plus spectaculaire du VTT : il faut descendre le plus vite possible des pentes naturelles. Une course dure moins de 10 minutes en moyenne. Dangereux ! Les athlètes portent des casques intégraux, comme les motards, et des protections dorsales.

Les raids en VTT sont des courses sur de très longues distances... de véritables aventures ! Les « bikers » évoluent souvent dans des décors sublimes, parfois sur des milliers de kilomètres.

Le skateboard

Pas de doute : le skate est un sport. Et un sport qui demande de sacrées aptitudes physiques ! Mais c'est aussi une mode, un état d'esprit, une culture, presque une forme d'art…

Culture skate

Le skate a été inventé en Californie, vers 1950, par des surfeurs qui voulaient avoir les mêmes sensations sur terre que sur l'eau. On parlait alors de roll-surf. Le premier Championnat de France a eu lieu en 1965. Les skaters forment une tribu dont les membres se reconnaissent par des codes, surtout vestimentaires, par leur façon de marcher ou de parler, et bien sûr par leur agilité sur la planche. C'est un sport hypertechnique et en même temps très spectaculaire... parfois trop : les accidents peuvent être graves.

100,66 km/h !

C'est la vitesse record atteinte en skateboard (sans assistance) par l'Américain Gary Hardwick en 1998.

Citadin

Le skateboard te permet toutes les acrobaties... avec le plaisir de la vitesse en prime ! Tu habites en ville ? Cette fois, c'est un avantage : à toi les parkings, les trottoirs, les terre-pleins... S'il existe des *skateparks*, la plupart des amateurs préfèrent pratiquer le *street* (« la rue » en anglais). Mais attention, le skate demande beaucoup d'agilité, et les chutes ne sont amorties ni par la neige ni par la mer... Tu peux faire des compétitions, les *contests*, ou glisser tranquille dans ton quartier.

Même pour les « pros », le casque, les genouillères et les protections pour coudes sont indispensables !

Avant de pouvoir réaliser cette figure, les skaters de haut niveau doivent suivre un solide entraînement.

La planche, en bois lamellé (avec plusieurs plis de bois) recouvert d'une matière antidérapante, est montée sur 4 roues équipées de roulements à billes.

Figures époustouflantes

On peut aller très vite en skate, mais le plus intéressant, ce sont les figures qu'il permet. En *street*, tout obstacle – escalier, trottoir, banc public, rampe d'accès... – est l'occasion d'effectuer un saut. Le « vertical » ou « rampe » est un mur dont le bas est arrondi et qui sert de tremplin pour les acrobaties les plus folles.

Parles-tu skate ?

- *Stunt* : planche courte, plus maniable pour les acrobaties.
- *Cruiser* : planche « de croisière » adaptée à toutes les circonstances de la rue.
- *Half-pipe* : piste en forme de U géant où les skaters effectuent des figures, passant d'un mur vertical à l'autre.
- *Regular foot* : le pied gauche à l'avant de la planche.
- *Goofy foot* : le pied droit à l'avant de la planche.

Réalise ton skate-album

Tes copains font des albums de photos ? Toi, tu peux réaliser ton album de skater !

- **ciseaux**
- **colle**
- **1 cahier grand format**

1. Cherche sur internet les sites qui parlent de skate-board ou emprunte des livres à la bibliothèque.

2. Imprime ou photocopie les images illustrant des figures, des techniques et des champions de skate.

3. Dispose les différents éléments en reproduisant les mouvements effectués par les pros par exemple.

4. Colle les images. Pour les finitions, inspire-toi des motifs des planches.

Patin à roulettes et roller

On le croyait oublié... mais le patin à roulettes revient sur le devant de la scène. Et la pratique du roller, son « cousin », explose !

Un sport mais aussi un loisir à pratiquer seul, avec tes copains ou en famille, dans des parcs ou sur des aires aménagées. Des rando-rollers sont souvent organisées dans les grandes villes.

Taïg Khris : cet athlète français est une véritable star, même aux États-Unis ! Il a remporté les célèbres X-Games et 2 titres de champion du monde.

Compétitions à roulettes

Les Championnats de patin à roulettes existent dans les disciplines du patinage artistique, pour les garçons, les filles et en couple. Le patinage de vitesse demande les mêmes qualités que sur glace. Il s'effectue sur une piste de 200 à 400 m ou sur un circuit de 300 m à 20 km. Plusieurs équipes de patineurs ont également effectué des raids en patins à roulettes. Certains clubs organisent des initiations au raid roller, ouvertes à tous, dès 10 ans.

Des petites roues...

Comme le skateboard, le patin à roulettes fait maintenant partie de la très en vogue famille des sports de glisse. Pourtant, ce n'est pas une invention récente. Le Belge Joseph Merlin en avait déjà eu l'idée, il y a 250 ans. Sans cesse amélioré, il est devenu un sport dès le début du XXe siècle. Course, patinage artistique, hockey... Des Championnats du monde ont été créés en 1947. Et la mode soudaine du roller (ou patin en ligne) en fait l'un des sports les plus pratiqués par les jeunes.

Entraîne-toi aux virages

Voici quelques exercices pour mieux maîtriser les virages.

- **1 casque**
- **protections pour genoux, coudes, poignets**
- **rollers**

1. Enfile ta tenue. Commence par le virage « en A ». Répartis le poids de ton corps sur tes 2 pieds bien écartés, et fléchis tes genoux en te penchant légèrement sur le côté.

2. Effectue le virage parallèle. Place tes pieds en ciseaux en gardant tes patins bien parallèles. Penche ton buste dans le virage. Fais porter ton poids sur le roller avant qui dirige le mouvement.

3. Réalise le virage croisé seulement si tu es vraiment à l'aise sur tes rollers. Il permet de conserver ta vitesse. Dans le virage, croise les pieds pour tourner.

Rivalités

Les « riders » ont maintenant envahi tous les « territoires » des skaters. Ils ont commencé par la rue, où ils se sont mis à sauter au-dessus de tous les obstacles. Puis ils se sont emparés des installations réservées aux skateboarders, rivalisant d'audace et d'agilité sur les « rampes ». Au début, ils se contentaient d'imiter, mais à présent, ils ont mis au point leurs propres figures.

Si tu es à l'aise sur tes rollers, lance-toi dans le *street hockey* : du hockey sur bitume !

Ne les néglige pas !

Tes rollers sont des engins de précision qui coûtent cher. Quand ils sont sales (sable, poussière…), les roulements s'abîment rapidement. Nettoie-les régulièrement. Les roues les plus grandes permettent plus de vitesse, les plus petites sont faites pour des figures plus techniques. Permute souvent l'ordre de tes roues : elles s'useront moins vite.

Circuit du Grand Prix d'Espagne à Barcelone.

L'automobile... sur circuit

Les voitures font rêver les hommes depuis leur invention ! Sur circuit, la puissance des engins sur quatre roues et les qualités des pilotes se mesurent dans les compétitions de vitesse ou d'endurance.

Les ancêtres

La première voiture automobile fut sans doute le « fardier à vapeur », construit à Paris par Joseph Cugnot en 1769. Il atteignait... 3,6 km/h ! La première course officielle, le Paris-Bordeaux-Paris, s'est courue en 1895. En 1924, un Français d'origine italienne, Ettore Bugatti, construit la Bugatti type 35, un bolide qui atteint les 180 km/h ! La passion pour la course ne s'éteindra plus...

Le circuit de Formule 1

Il doit répondre à des règles de sécurité très strictes, vérifiées par des inspecteurs de la Fédération internationale automobile. Le tracé de la piste est différent selon les circuits. Sa longueur varie de 3 à 7 km.

Le célèbre pilote argentin Juan Manuel Fangio remporta 5 fois le Championnat du monde de F1 (1951, 1954, 1955, 1956, 1957).

Vite, vite !

La compétition de vitesse la plus célèbre est le Championnat du monde de Formule 1 (F1) qui compte une vingtaine de Grands Prix. Chaque course se dispute sur au moins 305 km, en moins de 2 heures. Il y a 2 titres en jeu, celui des pilotes et celui des constructeurs. Chaque Grand Prix donne des points aux 8 premiers. Le premier champion du monde fut l'Italien Giuseppe Farina en 1950. L'Allemand Michael Schumacher détient le record du nombre de titres (7) et de victoires en Grand Prix (91) devant Alain Prost (51).

LES BLEUS TERMINENT EN BEAUTÉ

LYON TOUJOURS INVAINCU

L'EQUIPE

LE MONDE EST A EUX

En 2005, le pilote espagnol Fernando Alonso obtient, à 24 ans, sa première couronne mondiale. C'est le plus jeune champion du monde de l'histoire de la F1.

Dangereux ?

La vitesse des F1 donne des frissons. Pourtant, malgré les accidents dramatiques d'Ayrton Senna et de Roland Ratzenberger sur le circuit d'Imola en 1994, il y a, en fait, très peu de morts en F1 depuis les années 1980. Les solides protections installées sur les voitures, la multiplication des chicanes sur les pistes et les règles limitant la vitesse des bolides ont amélioré la sécurité des pilotes.

Longtemps, longtemps...

Les courses d'endurance se déroulent le plus souvent sur 24 heures. Les voitures ont un habitacle fermé, des phares et des essuie-glaces, contrairement aux bolides de F1 ! Les 24 Heures du Mans sont l'une des compétitions les plus connues au monde. Chaque équipe est composée de 3 pilotes qui se relaient. Certains sont jeunes, d'autres courent encore après 40 ans. C'est le Danois Tom Kristensen qui détient le record des victoires (8). Il existe d'autres compétitions d'endurance comme les 500 Miles d'Indianapolis aux États-Unis.

À toi le karting !

Pour connaître les sensations de la F1, prends le volant d'un kart. Ces étonnantes machines n'ont ni carrosserie, ni embrayage, ni boîte de vitesses, ni suspension ! Tu peux pratiquer le karting de temps en temps, en location, ou t'inscrire dans un club. Les 7-10 ans courent en minikarts qui peuvent rouler à 25 km/h. Les Minimes (10-12 ans) pilotent des karts de 80 cm^3 qui atteignent 80 à 90 km/h ; les Cadets (13-14 ans) dépassent les 100 km/h sur des karts de 100 cm^3.

Gants, casque intégral, combinaison de cuir... Un look de pilote de F1 !

L'automobile... sur terrain réel

Les rallyes et les raids se déroulent sur terrain réel. Vitesse, mécanique, nature : tout est réuni pour des courses d'aventuriers !

Sébastien Loeb, un ancien gymnaste de haut niveau, détient le record absolu de victoires en Championnat du monde des rallyes. Avec Citroën, il a déjà remporté 4 titres mondiaux depuis 2004.

Tout-terrain

Les rallyes se font sur des routes qui peuvent être ouvertes à la circulation, les raids peuvent se pratiquer partout. Les voitures utilisées ressemblent à celle de tes parents, et portent parfois le même nom... Mais elles sont tout de même très améliorées : le moteur est plus puissant, la carrosserie plus solide et les freins plus efficaces.

Les femmes aussi

Louise Delongette est une des premières aventurières de l'automobile : elle a traversé seule le Sahara en 1925. En F1, seules 2 femmes ont piloté en Grand Prix, sans grand succès. En rallye, la Française Michèle Mouton a remporté 4 épreuves et fut vice-championne du monde. Les femmes (ici, Jutta Kleinschmidt) sont surtout de plus en plus nombreuses dans les raids. Il existe des épreuves qui leur sont réservées, comme le rallye « Aïcha des gazelles ».

L'épopée des raids

Au début du XXe siècle, il y a déjà des raids entre la Chine et la France ou entre New York et Paris. À l'époque, ce sont de véritables aventures qui durent des mois. Les pilotes rencontrent des peuples qui n'ont jamais vu de voitures, ni même d'« étrangers ». Ils doivent réparer leur automobile eux-mêmes. Plus tard, c'est l'époque des « Croisières », dans des Citroën équipées de chenilles. Les raids étaient filmés, et chacun pouvait suivre ces épopées au cinéma. Le plus célèbre fut la Croisière jaune, entre Beyrouth (Liban) et Pékin en 1931-1932.

En route pour l'aventure !

Les rallyes sont des compétitions « en duo » : le pilote est aidé par un copilote qui étudie le parcours et le prévient des obstacles et des virages. Le Championnat du monde des rallyes (WRC) se déroule sur plusieurs épreuves. Les pilotes doivent savoir conduire sur tous types de routes : montagne, neige, glace, désert, terre... Les 8 premiers de chaque épreuve marquent des points. Un rallye se court sur trois jours et compte une vingtaine de « spéciales », des parcours chronométrés de 5 à 30 km environ chacun, séparés par des parcours de liaison.

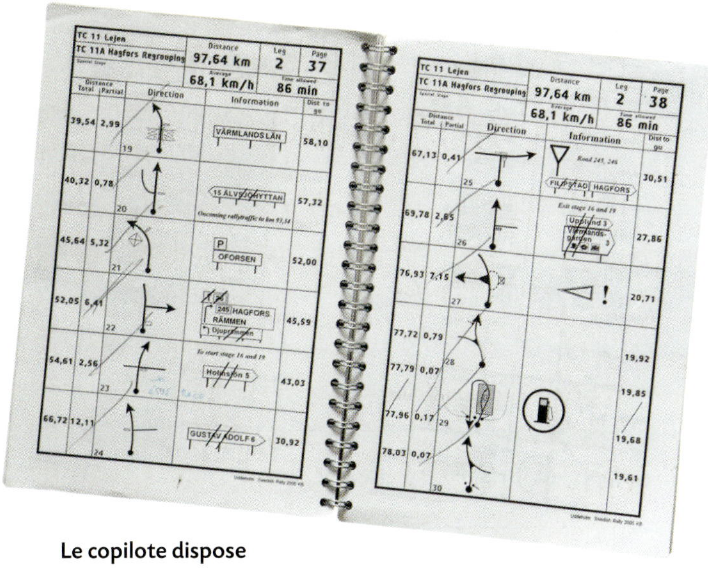

Le copilote dispose d'un road-book, un « livre de route », où chaque mètre du parcours est détaillé.

Champions

Deux des trois plus grands pilotes de rallye de tous les temps sont finlandais : Juha Kankkunen et Tommi Mäkinen, qui ont obtenu chacun 4 couronnes mondiales. Ils ont été rejoints en 2007 par Sébastien Loeb. Seul le Français a pu dépasser le record de 26 victoires en Championnat du fabuleux pilote espagnol Carlos Sainz.

Le « Dakar »

En 1978, le rallye Paris-Dakar est créé. Plus de 150 voitures, motos et camions traversent l'Afrique le plus vite possible. Les pilotes atteignent des vitesses stupéfiantes sur de simples pistes et à travers les dunes du Sahara. L'épreuve a été très critiquée, surtout à cause des accidents qui ont tué plusieurs enfants africains. Après l'annulation du rallye en 2008 à cause de menaces terroristes, il a été décidé d'organiser l'édition 2009 en Amérique du Sud...

La moto

Ta première moto, tu en rêves déjà ? La vitesse, la liberté, la « frime »… Mais attention : c'est sur circuit que les records se battent, pas sur les routes !

Les belles anglaises

En 1885, la première moto avait un cadre en bois et atteignait la vitesse impressionnante de... 19 km/h. Pour le Paris-Dieppe de 1897, les engins « fonçaient » déjà à 30 km/h. Les anciennes motos ne roulaient pas très vite, mais elles avaient une allure folle ! Les anglaises et les italiennes ont longtemps remporté tous les prix, mais, peu à peu, ce sont les japonaises qui se sont imposées sur les circuits.

Danger maximum

La moto est un sport très dangereux. Beaucoup de motards meurent chaque année à cause d'une seconde d'inattention... Les hôpitaux sont remplis de jeunes, amputés de leurs jambes ou paralysés à vie. Sur les circuits, malgré les vitesses ahurissantes, les accidents mortels sont plus rares qu'en ville ou sur route ! C'est que les champions s'entraînent énormément. Ce sont d'excellents pilotes, mais aussi de vrais athlètes et de bons mécaniciens.

564 km/h !

C'est la vitesse atteinte par l'Américain Chris Carr, sur une moto spécialement préparée.

Entre 1997 et 2005, Valentino Rossi a remporté 7 fois le Championnat du monde : en 125 cm^3, 250 cm^3, 500 cm^3 et 4 fois dans la catégorie la plus prestigieuse, le MotoGP.

Des bonds spectaculaires

Il y a souvent des cascades de moto dans les films, avec des sauts incroyables. Les plus grands spécialistes – ou les plus fous ? – arrivent à franchir plus de 100 m d'un bond, grâce à un tremplin. En course, les spécialistes du motocross décollent parfois sur plus de 50 m !

Pistes pour minimotos

La Fédération française de motocyclisme te propose des pistes d'initiation à la conduite. Si tu as entre 6 et 12 ans, tu peux venir conduire des minimotos de 50 cm^3 sur des parcours spéciaux. On te prêtera des gants et un casque, et des moniteurs te donneront des conseils de conduite. Ensuite, tu pourras aller sur la piste et apprendre le freinage et l'accélération.

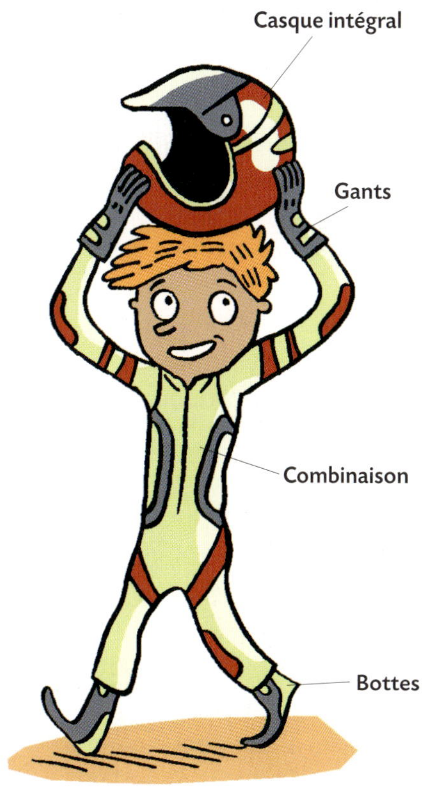

Même si la vitesse d'une minimoto n'atteint pas celle d'un bolide de course, il faut se protéger. Pas de moto en vêtements de tous les jours et casque obligatoire !

Avec des motos de 800 cm^3, la puissance est au rendez-vous des Grands Prix !

En forme sur le bolide

Les compétitions de moto sont très nombreuses, comme pour l'automobile. Il existe d'ailleurs quelques épreuves communes, lors des raids, en particulier. Il y a peu de pilotes âgés. Pour être un bon pilote de moto, il faut avoir le sens de l'équilibre, une excellente vue, beaucoup de résistance, de bons réflexes et de l'audace. Les motards doivent muscler leurs abdominaux et leur dos car leur colonne vertébrale supporte beaucoup de chocs. Dès 12 ans, tu peux débuter sur une 80 cm^3.

L'as des as

Le roi incontesté de la moto est l'Italien Giacomo Agostini : de 1963 à 1976, il s'est emparé de 15 titres de champion du monde en courant souvent dans deux catégories à la fois (350 et 500 cm^3). Il a aussi collectionné 122 victoires en Grands Prix !

De la vitesse...

Tout au long de l'année ont lieu les Grands Prix comptant pour le Championnat du monde des pilotes et celui des constructeurs. Les 15 premiers de chaque Grand Prix marquent des points. Il existe différentes catégories : la MotoGP, avec des bolides de 800 cm^3 est la plus prestigieuse. Mais les courses de 250 cm^3 et de 125 cm^3 sont aussi très populaires. Autres catégories spectaculaires de la compétition moto : le Superbike, qui se dispute avec des versions améliorées des motos en vente dans le commerce, et le side-car.

Le side-car : les mêmes sensations que la moto... en duo !

De l'endurance...

Les motards courent les 24 Heures du Mans et le Bol d'Or à Magny-Cours. Trois équipiers se relaient pour faire le plus de kilomètres possible en 24 heures. Au Mans, le record est de 3 469,400 km, soit 830 tours de circuit à la moyenne de 144,475 km/h ! Des chiffres impressionnants !

Le supercross se court uniquement dans une enceinte, sur un circuit avec des obstacles artificiels appelés « whoops » ou « camel jump ».

Tout-terrain

Changement de décor ! Adieu les circuits goudronnés, bonjour la terre, les bosses, les ornières... Le circuit de cross est une boucle de 1 000 à 2 000 m avec de nombreuses variations de pente. Souvent, les pistes sont boueuses et de plus en plus défoncées, au fur et à mesure des tours. Les courses de motocross se disputent avec des engins radicalement différents de ceux qui courent sur circuit, même s'ils sont aussi puissants. Le trial est davantage un sport d'adresse : les pilotes sont pénalisés chaque fois qu'ils mettent le pied à terre.

Avec des figures incroyables, le motocyclisme devient un sport extrême !

Le Grand Steeple-Chase de Paris est une course spectaculaire.

À cheval !

Les disciplines équestres sont les rares sports où ton « coéquipier » est un animal ! Balades dans la campagne, initiation au saut d'obstacles, dressage, polo... Tout est possible, à condition que le cheval devienne ton complice.

L'équitation : une longue histoire...

Depuis 5 000 ans, le cheval occupe une place grandissante dans la vie des humains jusqu'à devenir « la plus noble conquête de l'homme »...

« L'invention » de l'équitation

Les hommes préhistoriques ont peint leur gibier dans de nombreuses grottes : on y reconnaît déjà des chevaux sauvages ! Domestiqué il y a 5 000 ans environ, le cheval est d'abord utilisé pour sa viande et le lait de ses juments. Il sert ensuite à tirer des chars. Puis, il y a 3 500 ans, les hommes commencent à le monter. Qui, le premier, eut l'audace de grimper sur son dos ? Probablement un nomade des steppes d'Asie...

La randonnée équestre permet de magnifiques balades en pleine nature.

Au travail et à la guerre

Un cavalier est plus rapide qu'un homme à pied ! C'est cette constatation qui fait adopter le cheval comme moyen de locomotion. L'homme devient plus efficace pour chasser, surveiller ses troupeaux et surtout... faire la guerre. D'Alexandre le Grand à Napoléon, des conquérants arabes aux Mongols, des chevaliers du Moyen Âge aux Indiens... beaucoup de guerriers ont fait du cheval l'outil de leur victoire.

Chacun doit apprivoiser l'autre...

À l'école

Les joutes et les tournois des chevaliers qui s'affrontent à cheval sont les premiers sports équestres. Mais ce sont les Italiens qui créent les premières écoles d'équitation au XVIe siècle. On y apprend les belles manières... de monter à cheval. L'équitation est désormais un art, qui nécessite un apprentissage exigeant. Des grandes écoles comme le Cadre Noir de Saumur et l'École de Vienne poussent très loin l'art du dressage des chevaux...

Dresser pour impressionner

Créée en 1814 par Louis XVIII, l'école du Cadre Noir de Saumur est réputée pour son niveau de dressage. Depuis 1972, le Cadre Noir n'est plus une institution militaire, et il s'est ouvert aux femmes à partir de 1984. Mais ni l'habit traditionnel, ni la coiffure « lampion » des écuyers n'ont changé depuis... 1825.

Tous en selle

Au siècle dernier, l'équitation devient une activité sportive. La tradition de la chasse à courre, où les participants foncent à travers bois et rivières, est à l'origine du *jumping* ou saut d'obstacles. Les compétitions se multiplient après 1 800. Un siècle plus tard, le dressage puis d'autres disciplines équestres deviennent des épreuves officielles aux Jeux olympiques. Aujourd'hui, les plaisirs très variés de l'équitation séduisent petits et grands...

Le cheval doit avoir suffisamment confiance en son cavalier pour exécuter les consignes les plus périlleuses.

Le cheval et toi

L'animal que tu montes n'est pas comme un vélo… Tu devras apprendre à connaître cet être vivant et à bien t'en occuper pour en faire ton partenaire.

Le cavalier transmet les consignes au cheval notamment grâce aux rênes reliées au mors.

Tes débuts

Certains poney-clubs acceptent les enfants à partir de 4 ou 5 ans. Plus tôt tu apprends à monter, meilleure sera ton « assiette » : ta manière de te tenir sur ton cheval. Tu commenceras par travailler ton équilibre en selle, avant de t'initier aux allures : pas, trot et galop. Le poney est une excellente monture pour débuter. D'une taille adaptée à la tienne (1,47 m au garrot maximum), mais très robuste, le poney est moins impressionnant qu'un cheval, sur le dos duquel tu ne domines pas toujours la situation…

Un caractère de cheval

L'équitation, c'est une école de patience… et de respect ! Ton cheval est un animal puissant, qui aime la compagnie, mais parfois craintif. Tu vas devoir gagner sa confiance. Sois toujours calme et doux avec lui. En le soignant et en lui donnant à manger (ce qui est aussi important que d'apprendre à monter), tu vas découvrir son caractère, et en faire ton ami.

C'est aussi en prenant soin de ton cheval que tu apprends à le connaître…

Les chevaux demandent beaucoup d'attention : tu dois les nourrir convenablement, les brosser et leur parler.

Faire le bon choix

Bien choisir son poney-club ou son centre équestre, c'est important ! N'hésite pas à en visiter plusieurs. Si tu t'intéresses à une discipline équestre en particulier (balade, voltige, dressage...), renseigne-toi pour savoir si elle y est pratiquée. Un bon manège se reconnaît à ses chevaux heureux : bien nourris, bien entretenus et qui ne travaillent pas trop. Le bon moniteur, lui, est très patient. Il aime les chevaux et ne les maltraite pas.

Au galop !

Tu peux vérifier ton niveau en passant les examens de la Fédération française d'équitation. Les diplômes obtenus sont appelés « galops ». Il en existe 9. À partir du 7e galop, tu te spécialises : saut d'obstacles, dressage, voltige...

50 cm !

C'est la taille du Falabella, le plus petit cheval du monde « obtenu » à force de croisements. Il pèse seulement 20 kg mais il est très résistant !

Un nom pour chaque âge

Un tout jeune cheval est appelé *foal* jusqu'au 1er janvier de l'année qui suit sa naissance. Après le sevrage, vers 6 mois, le foal prend pour nom *weanling*. Du 1er janvier au 31 décembre de sa 2e année de vie, le cheval devient un *yearling* (c'est l'âge minimum pour participer aux courses). On parle de poulain ou de pouliche pour le cheval ou la jument jusqu'au 31 décembre de sa 2e année.

Des champions toutes catégories

Pour être un bon cavalier, il est important de bien connaître le cheval. C'est un camarade de jeu, un compagnon de promenade, un coéquipier de course…

Les pur-sang sont parfaits pour la course : ce sont les chevaux les plus rapides du monde. Ils ont tous pour ancêtre l'un de ces 3 étalons arabes : Byerley Turk, Darley Arabian ou Godolphin Arabian.

Presque 200 races !

Il existe 3 types de chevaux. Les « sang froid » regroupent les chevaux lourds qui travaillaient autrefois dans les champs. Les « sang chaud » sont des chevaux vifs et légers. Ce sont notamment ceux que tu montes. Les poneys sont plus petits. Dans les centres équestres, on les confie souvent aux enfants mais il faut les monter comme des chevaux.

Les cow-boys existent encore ! Si tu veux toi aussi affronter un cheval sauvage et apprendre l'art du rodéo, il te faudra sacrément t'entraîner, devenir très costaud et ne pas avoir froid aux yeux. On ne pratique pas ce type d'épreuve avant d'avoir 18 ans mais l'équitation Western offre des sensations semblables.

Le cheval est un animal intelligent et très adroit. Les grands dresseurs de cirque (ici, Bartatas) lui apprennent à réaliser des choses incroyables. Mais il faut toujours respecter la bête. Dans ce travail, la complicité entre l'homme et le cheval est essentielle.

Les raids à cheval consistent à parcourir des centaines de kilomètres avec sa monture. Le cavalier et l'animal doivent être très bien entraînés et ne jamais dépasser leurs limites de résistance. Ici, Philippe Frey, qui a traversé l'Amérique à cheval.

LE ZOOM DE L'ÉQUIPE

Le poney en compétition

Dès l'âge de 4 ans et jusqu'à 18 ans, les jeunes cavaliers peuvent disputer des concours sportifs réservés aux poneys. En 2008, près de la moitié des 244 000 licenciés poney montent en compétition. La plus grande épreuve est organisée chaque année à Lamotte-Beuvron, en Sologne. 8 000 poneys y ont participé en 2008.

Le poney est un « vrai » cheval qui permet de faire de longues balades mais aussi d'apprendre le dressage et même de pratiquer la course. Dès 2 ans, il est possible de monter un mini-poney.

Le concours complet est la seule compétition où hommes et femmes font équipe. Ici, la cavalière américaine Beezie Madden.

Des athlètes aux JO

Les chevaux sont les seuls animaux qui participent à ces rencontres sportives mondiales ! Trois disciplines de l'équitation sont représentées : le dressage, le saut d'obstacles et le concours complet.

Le saut d'obstacles

Le cavalier doit franchir une série d'obstacles à barres mobiles dans un ordre précis. Refus du cheval devant l'obstacle, renversement d'un obstacle, chute du cheval ou du cavalier entraînent des pénalités ou même l'élimination. Le gagnant est celui qui perd le minimum de points en réussissant le parcours le plus rapidement. Les cavaliers en compétition découvrent le parcours juste avant le début du concours. Un bon repérage les aide à choisir le meilleur rythme et la meilleure allure pour leur cheval.

Et la compétition pour toi ?

Les compétitions officielles sont ouvertes aux enfants à partir de 12 ans. Il faut être titulaire du 7e galop, que l'on ne peut obtenir avant cet âge. Le cheval doit avoir un certificat prouvant son origine. Mais tu peux participer à des courses amateurs moins réglementées. Pour gagner, la relation entre le cavalier et sa monture est essentielle : les deux doivent être en pleine forme… et en parfaite harmonie !

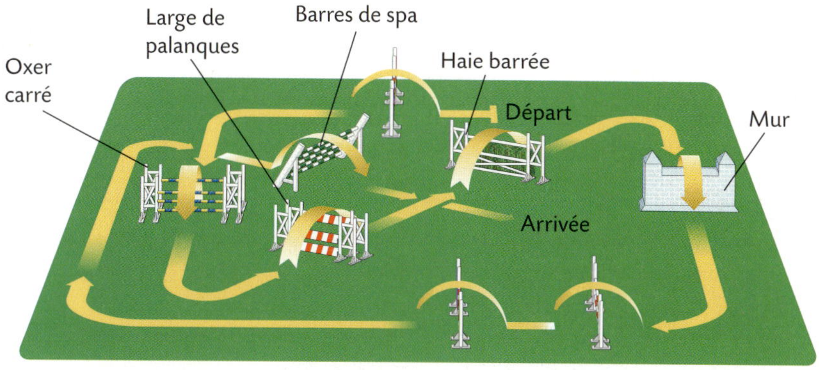

La piste du concours de saut d'obstacles, en terre souple, est de longueur variable : de 70 m de long sur 30 m de large en salle, jusqu'à plus de 200 m en plein air.

Le dressage

Le cavalier doit montrer sa maîtrise de l'allure de son cheval et sa capacité à lui faire enchaîner, de mémoire, différentes figures appelées « reprises ». L'épreuve de dressage a lieu sur un terrain plat de 60 m de long sur 20 m de large. La précision de la démonstration, la qualité des figures, la décontraction du cavalier et le calme de sa monture sont déterminants dans les notes des juges. Ceux-ci évaluent également la bonne entente du couple et son élégance.

La cavalière Nicole Uphoff en épreuve de dressage, qui met l'accent sur l'exactitude des mouvements.

Le concours complet

Cette triple épreuve, de haut niveau, se déroule en 3 jours. Le gagnant est celui qui se place le mieux dans les différentes disciplines. Le 1er jour, le cavalier montre ses capacités de dressage du cheval. Le 2e jour, il parcourt un terrain jalonné d'obstacles naturels, à différentes allures. Vitesse, équilibre, endurance... Le cavalier doit faire appel à toutes ses qualités. Le 3e jour est consacré au concours de jumping. Ne remportent le concours complet que des cavaliers (et des chevaux !) réguliers et résistants.

L'épreuve de cross du concours complet est très éprouvante. Ici, la cavalière Ingrid Klimke.

Dans les hippodromes, tout le monde participe à la course : les cavaliers, les chevaux et les spectateurs qui ont souvent parié sur leur favori ou sur le vainqueur potentiel !

Les courses... à toute allure !

Certains parient gros sur les courses en hippodrome, parfois considérées comme un simple « jeu ». Mais les jockeys sont de véritables sportifs, et les chevaux de course des animaux extraordinaires.

Au trot

Les courses classiques de trot se déroulent entre des chevaux sélectionnés pour leur rapidité et leur aptitude à courir en groupe. Le départ s'effectue sur une même ligne. Les jockeys et leur monture réalisent un parcours au trot variant de 2 250 à 2 800 m. Ces courses sont souvent organisées avec un système de « handicap » : les chevaux ayant remporté le plus de courses prennent le départ derrière ceux qui sont moins forts. Ainsi le suspense est maintenu : il est difficile de savoir qui va gagner !

Nées en Angleterre

Les courses en hippodrome remontent à plus de 400 ans. Créées à la fin du XVIe siècle en Angleterre par Jacques Ier, elles sont réglementées dès 1660 par son petit-fils Charles II, qui précise les conditions d'âge et le calendrier des épreuves. En 1788 a lieu en France la première course officielle, le prix du Plateau du Roi. À partir de 1891, les paris sont réglementés, et l'État vérifie les comptes des sociétés qui organisent les courses publiques.

Au galop

Les courses de plat se déroulent au galop. Les chevaux au départ sont soit dans des stalles qui s'ouvrent toutes ensemble, soit derrière des élastiques. Les jockeys sur leur monture doivent parcourir le plus vite possible une distance donnée. Certaines courses sont réservées à des chevaux du même âge. Si la course met en compétition des animaux d'âges différents, on ajoute des poids sur les plus âgés.

Et hop !

Il existe plusieurs types de courses d'obstacles. Pour les courses de haies, il faut effectuer un parcours jalonné de haies placées à 50 cm du sol. Parfois, après la haie, le cheval doit franchir une rivière longue de 4,50 m. Le *steeple-chase* est une course de chevaux qui comprend, sur 3 000 m, au moins 8 obstacles, dont 4 différents : mur de pierre ou de terre, rivière, barrière ou double barrière, douve...

En course d'obstacles, le cavalier doit parfaitement mesurer les distances et toujours rassurer sa monture. Car le cheval peut prendre peur et refuser de sauter l'obstacle. Pire encore, s'il rate l'obstacle, l'animal ou l'homme risquent d'être blessés.

En voiture !

Les courses d'attelage sont moins courantes, mais elles proviennent d'une longue tradition. L'attelage a longtemps été un moyen de transport, et il l'est encore dans certains pays. Dans la tradition américaine, il pouvait y avoir des courses entre les diligences avec parfois plus de 10 chevaux ! Aujourd'hui, en course, un meneur d'attelage dirige un ou plusieurs chevaux attelés à une voiture. Les concours comportent différentes épreuves : présentation, dressage, parcours en extérieur, maniabilité...

Pendant une course d'attelage, le jockey veille à ce que les chevaux ne paniquent pas.

Organise une course de chevaux

À la fin d'une reprise ou d'un stage, demande aux moniteurs s'ils sont d'accord pour organiser une course dans une clairière ou sur une plage.

1. Repère bien le terrain pour éviter les mauvaises surprises.

2. Dessine une ligne de départ et désigne une personne pour donner le « top » départ.

3. À la fin du parcours, dessine une ligne à franchir. Prévoie 2 juges pour vérifier l'ordre d'arrivée.

4. Pour pimenter la course, propose aux parents et aux spectateurs présents de parier… des bonbons par exemple !

Polo et horse-ball

Si tu aimes les chevaux et les sports d'équipe, alors ces deux disciplines sont faites pour toi. Le polo et le horse-ball sont très spectaculaires. À éviter si tu n'aimes pas les sensations fortes…

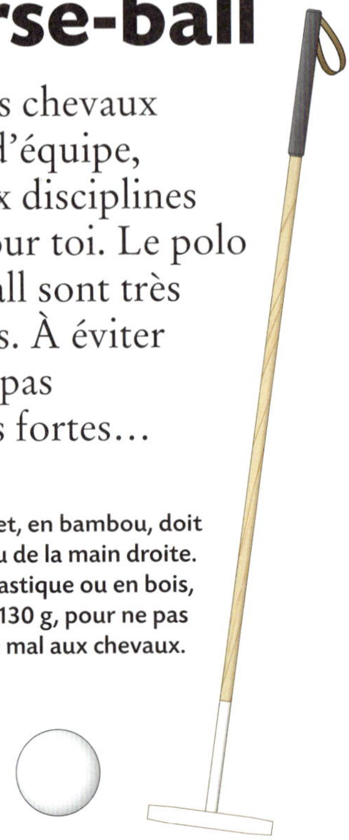

Le maillet, en bambou, doit être tenu de la main droite. La balle, en plastique ou en bois, ne pèse que 130 g, pour ne pas risquer de faire mal aux chevaux.

Au polo, les joueurs portent un casque, des gants et des genouillères ; les chevaux ont les pattes protégées et des fers antidérapants.

Sport de rois

Cela fait au moins 3 000 ans que le polo est pratiqué dans le monde ! Sport roi des princes orientaux, le polo arrive en Occident au siècle passé. Les Anglais, qui occupent alors l'Inde, l'importent en Europe. Le polo devient également populaire en Argentine et aux États-Unis, pays où la tradition équestre est très importante et où il y a de grands espaces pour s'entraîner. Aujourd'hui, les Championnats du monde de polo restent dominés par les Américains et les Argentins.

But, balle, cheval…

Au polo, 2 équipes de 4 cavaliers s'affrontent sur une pelouse pour marquer des buts. Monté sur ton cheval, tu dois, à l'aide d'un maillet, amener la balle entre les poteaux adverses. Les périodes de jeu durent au maximum 7 min 30 s (s'il n'y a pas de but marqué), et tu dois changer de monture après chaque période. La totalité du match ne dépasse pas 1 heure. Tu ne pourras bien sûr jouer au polo que quand tu seras aussi à l'aise sur ton cheval qu'à pied !

Le polo peut être pratiqué de bien d'autres manières : à pied, à bicyclette, en kayak, sur la neige…

En horse-ball, des étriers spéciaux permettent de se pencher en diminuant les risques de chute.

À cheval vers le panier

Le horse-ball tient à la fois du basket, du rugby et de la voltige ! Deux équipes de 4 cavaliers cherchent à marquer le plus de points en envoyant le ballon dans le panier du camp adverse. Le ballon est entouré de 6 anses de cuir qui permettent de le « cueillir » plus facilement quand il est par terre ou de l'arracher aux mains d'un adversaire. Le match se passe en 2 périodes de 10 min, entrecoupées d'une mi-temps de 3 min. Chaque panier réussi compte pour 1 point.

Pas loin du cirque !

Si tu n'as pas une remarquable « assiette » ainsi qu'un goût prononcé pour la voltige, le horse-ball n'est pas pour toi. Imagine : tu dois te pencher presque jusqu'au sol pour ramasser le ballon, lâcher les rênes pour le prendre à un adversaire, et te soulever bien haut sur ta selle pour le lancer dans le panier. Des exercices dignes des exploits des Indiens ou des Cosaques !

Le panier de 1 m de diamètre est perché à 3,50 m.

Toujours à cheval !

Les sports équestres ne se limitent pas aux courses : il existe des disciplines plus originales, pour explorer la nature ou partir à l'aventure !

À la mode américaine

Le cheval fait partie de l'histoire des États-Unis. Les démonstrations de dressage y sont encore très populaires. De ce pays nous vient l'équitation américaine (ou équitation Western), où tu dois être aussi à l'aise sur ton cheval qu'un cow-boy. Il s'agit autant de sport que de spectacle. Quant au *ride and run*, il met en compétition des équipes qui se composent chacune de 2 athlètes et d'un cheval. Ils doivent parcourir le plus vite possible une distance de 50 à 80 km. L'un des équipiers chevauche le cheval tandis que l'autre court !

Explorer la nature

Raids d'endurance et TREC (techniques de randonnée équestre de compétition) testent les chevaux et leurs cavaliers sur de longues distances en montagne, à la campagne ou en bord de mer. L'entraînement et une bonne préparation sont essentiels. Mais tu peux aussi goûter au plaisir plus simple de la randonnée à cheval en groupe, sur une journée, une semaine ou plus... Pas besoin d'être un cavalier hors pair, il faut juste être à l'aise aux trois allures et aimer la nature.

Si tu adores les chevaux et les rollers, voici l'activité rêvée : le *roller joering* !

Le raid à cheval, c'est vraiment du sport mais aussi une belle façon de découvrir de sublimes paysages.

La voltige : quel cirque !

Les voltigeurs et voltigeuses effectuent, en musique, des figures libres et imposées, en solo, en couple ou par équipe. La voltige te demandera à la fois perfection dans le dressage, souplesse et sens artistique… et à ton cheval, docilité, solidité et endurance !

Le rodéo : pour les pros !

Le rodéo se pratiquait dans le Far West pour dresser les chevaux. Il fallait rester sur la monture le plus longtemps possible pour la fatiguer et lui faire comprendre « qui était le maître ». Ensuite, le cheval acceptait de porter un homme et de suivre ses ordres. C'était essentiel pour aider à garder les troupeaux de vaches. Le rodéo est aujourd'hui un sport spectaculaire composé de plusieurs disciplines où le cow-boy doit tenir le plus longtemps possible sur le dos d'un cheval sauvage !

Réalise un reportage équestre

Depuis toujours, les hommes dessinent, peignent, étudient et photographient les chevaux. Et si tu devenais reporter équestre le temps d'une journée ?

1. Choisis un évènement équestre : ton stage d'équitation, une course de chevaux, une compétition d'équitation Western…

2. Collecte un maximum d'informations avant le jour-J dans la presse, sur Internet, sur des brochures…

3. Emporte un appareil photo. Photographie ce qui te semble important en restant discret.

4. Prends des notes. Par exemple, réalise les fiches techniques des chevaux en inscrivant le nom, l'âge et le pedigree de l'animal. Tu peux aussi raconter ce que tu as fait comme balade ou comme exercice avec le cheval.

5. Réalise un album en organisant toutes ces informations ou rédige un article pour les participants au stage ou pour le journal de ton école par exemple !

Le plaisir de la glisse sur une déferlante... L'océan est un terrain de jeu extraordinaire pour de nombreux sports.

Passion

glisse

L'été, la mer et la rivière sont idéales pour glisser au soleil. Et l'hiver, direction la montagne ! C'est le paradis de la glisse : ses sommets de rêve, son blanc manteau qui amortit si bien tes chutes à skis ou en luge...

Après une opération du genou, Antoine Dénériaz a réussi à remporter l'or olympique en descente à Turin en 2006.

Le ski alpin

Très tôt, les hommes ont eu l'idée de se déplacer en glissant sur la neige. Chausse tes skis et en piste !

Prudence...

Ne fais jamais de hors-piste ! Emprunte les pistes adaptées à ton niveau : vertes pour les très faciles, bleues pour les faciles, rouges pour les assez difficiles, noires pour les difficiles. Contrôle ta vitesse et freine avant de franchir un croisement de pistes. Quand tu t'arrêtes, fais-le toujours sur le bord de la piste.

Indispensable !

- Crème solaire pour le visage et pommade pour les lèvres.
- Lunettes de soleil (ou masque) incassables, avec un haut pouvoir filtrant.
- Combinaison de ski, ou anorak et pantalon de ski.
- Gants souples, montants et étanches.
- Chaussures de ski de bonne qualité.
- Skis adaptés à toutes les neiges (et bâtons).

Ourson, Flocon et Étoiles

L'enseignement du ski est très rigoureux. Les enfants apprennent le ski avec des moniteurs qui appliquent les méthodes de l'École du ski français. En fonction de tes progrès, tu devras réussir différentes épreuves, qui te permettront de remporter des « grades ».
Le premier niveau s'appelle l'Ourson. Pour le réussir, il faut, par exemple, que tu saches faire le chasse-neige. Ensuite, tu passeras le Flocon et les 3 Étoiles.
Après, il y aura l'Étoile de bronze, l'Étoile d'or, les Chamois, les Flèches...

Pentes et zigzags

La descente est la discipline la plus ancienne et la plus spectaculaire. La piste comporte des lignes droites et des virages, délimités par des « portes » constituées de 2 piquets. Le slalom a lieu sur des pentes beaucoup moins fortes mais le skieur zigzague entre une soixantaine de piquets ! Le slalom géant se déroule sur des pistes deux fois plus raides. Mi-slalom géant, mi-descente, le super-G est une épreuve plus récente. Le super-combiné réunit dans la même journée une descente et un slalom.

Compétitions

Chaque année, la Coupe du monde récompense les skieurs les plus réguliers de l'hiver en additionnant les résultats obtenus sur l'ensemble des courses de la saison. Les Championnats du monde (une seule course par catégorie, comme aux Jeux olympiques d'hiver) sont organisés tous les 2 ans. La Fédération française de ski organise des compétitions pour les très jeunes. Par exemple, le Skiopen Coq d'or (photo) est réservé aux Poussins (10-11 ans) et Benjamins (12-13 ans).

Toujours plus vite

Le ski de vitesse s'appelle aussi « kilomètre lancé » car les skieurs – des professionnels ! – se lancent sur une piste de 1 km, mais ne sont chronométrés que sur 20 m. Tout est fait pour la vitesse pure : piste plane, pente très raide, position du coureur, équipement spécial qui fait penser à la science-fiction... Et le but est atteint : en 2006, aux Arcs, un Italien, Simone Origone, a porté le record de vitesse à 251 km/h ! Chez les femmes, la Suédoise Sanna Tidstrand est allée à 242 km/h.

Déjà champion du monde du slalom et du combiné, l'Autrichien Benjamin Raich a remporté l'or en slalom et slalom géant aux JO d'hiver 2006.

Le ski de fond

Ne crois pas que le ski de fond est un sport « pépère » : courir sur la neige, chaussé de skis, c'est très physique ! Et cela demande une forme… olympique !

Jogging sur neige

Le ski de fond existe depuis au moins 1 000 ans. Né dans des contrées froides, il est toujours très pratiqué dans les pays nordiques. En Finlande, le ski de fond est une matière obligatoire à l'école, et chaque habitant parcourt au moins 50 km par an sur les pistes ! C'est au XXe siècle que le ski de fond est devenu un sport, qu'on appelle aussi « ski nordique ». Filles et garçons peuvent participer à des compétitions de ski de fond et de biathlon. Le combiné nordique est pratiqué seulement par les garçons.

Les bâtons sont plus longs qu'en ski alpin afin de mieux pousser sur les bras. Les chaussures ne sont tenues par des fixations qu'à l'avant.

Organise une balade en raquettes

Comme les Indiens d'Amérique et les trappeurs, explore la montagne en raquettes !

Invite quelques copains et demande à un adulte (et même à un guide spécialisé) de vous accompagner. Emportez chacun un petit sac à dos avec de l'eau et de quoi manger pour la pause pique-nique. Munis de raquettes, de bâtons, de bonnes chaussures de randonnée imperméables et de guêtres, en route pour une randonnée inoubliable ! Inutile de marcher en canard, tu trouveras très vite un pas naturel, sans t'emmêler les pieds.

Fondus de fond

Le ski de fond se pratique à une altitude moyenne, et les pistes sont tracées sur des pentes à faible dénivelé. Mais c'est loin d'être une activité de tout repos ! Elle exige des qualités physiques proches de celles des marathoniens ou des cyclistes : tu dois être très résistant, avoir un cœur lent et solide, et de sacrées jambes. Tu dois aussi aimer les efforts qui durent longtemps et avoir beaucoup de volonté. Pour garder la forme, les « fondeurs » font énormément de course à pied et de VTT en été.

Aux JO de Turin en 2006, la Suède a remporté l'or en sprint par équipes, chez les hommes et chez les femmes.

Les épreuves

Les courses de fond se déroulent sur des distances de 5 à 20 km pour les filles et de 10 à 50 km pour les garçons. Pour les courses de relais, des équipes de 4 s'affrontent sur des distances de 4 x 10 km (hommes) ou de 4 x 5 km (femmes). Héritier de l'entraînement militaire, le biathlon consiste à skier sur de longues distances, tout en s'arrêtant régulièrement pour tirer à la carabine. Le combiné nordique comprend le ski de fond et le saut.

Entraîne-toi aux pas du fondeur

En ski de fond, il y a plusieurs façons d'avancer. À toi de choisir le pas qui te convient en fonction de ton endurance, de la piste et… de ta forme !

1. Le **pas alternatif** est le plus utilisé. Corps légèrement penché en avant, alterne une poussée avec tes bâtons et une poussée avec l'une puis l'autre jambe.

2. Le **pas du patineur** (ou skating) est plus rapide mais plus fatigant, et il abîme les pistes. Lance une jambe en avant en poussant sur l'autre, mise de travers pour avoir un meilleur appui.

3. Le **stakning**, utilisé sur les faibles pentes, est une technique qui permet d'avancer rien qu'en poussant sur les bras, les talons bien plaqués aux skis.

Le ski artistique acrobatique

Ce sport mêle le ski et l'acrobatie. Tu vas pouvoir t'éclater, laisser s'exprimer toute ta personnalité… si tu es parfaitement à l'aise sur tes skis !

Le ski artistique acrobatique est un sport, mais c'est également un spectacle étonnant, avec des envolées et des figures incroyables !

« Fun », mais pas facile !

Discipline olympique depuis les JO de 1992, le ski acrobatique ou *freestyle* est une forme de ski amusante, spectaculaire, mais très difficile ! Les champions s'entraînent des années pour donner cette impression de naturel... On accorde autant d'importance à la performance qu'à la beauté de la figure. Le ski artistique comporte 6 types d'épreuves : saut, bosses, bosses en parallèle, half-pipe, skicross et ballet (ou acroski). Aux JO, les compétitions n'existent que pour le saut, les bosses et le skicross.

Puissance, réflexes, souplesse…

En ski de bosses, il faut aller vite, oser sauter et pousser sur les bosses pour mieux décoller. L'important, c'est surtout de travailler l'équilibre, y compris en pratiquant d'autres sports. Le saut est réservé aux meilleurs, avec un encadrement compétent ! Si ton niveau est moyen, tu peux t'initier au ballet, qui demande un bon équilibre et le sens du rythme.

Ballet sur neige

Le ballet est la discipline la moins populaire du ski acrobatique. Pourtant, les filles et les garçons qui exécutent en musique des figures avec skis et bâtons réalisent des performances incroyables et donnent de superbes spectacles. Certains privilégient le côté danse, d'autres recherchent plus la difficulté dans les acrobaties... Souvent, les meilleurs en ballet sont aussi excellents sur les tremplins de saut.

Cette image décompose un flip : une figure impressionnante à voir mais pas la plus difficile techniquement.

Et que ça saute !

Le saut artistique est super-impressionnant ! L'athlète doit s'élancer sur un tremplin pour s'élever à environ 12 m de hauteur. Il crée alors des figures, en particulier des sauts périlleux, et retombe sur ses skis. Le saut artistique demande un sacré sens de l'équilibre, beaucoup de dynamisme et le goût de l'acrobatie. L'été, les champions s'entraînent sur des trampolines. Comme la gym, ce sport en individuel et par équipes convient à tous les jeunes qui ont « la pêche ».

Bosses en cascade

La descente de bosses se pratique sur des pentes courtes, hyper-raides et pleines de bosses. Le skieur doit jouer avec les obstacles pour aller le plus vite possible. Le ski de bosses mêle l'acrobatie et le sens de l'équilibre.
Le score du compétiteur dépend de son temps et de la qualité technique de sa descente et de ses sauts. De plus en plus, les compétitions se font en duel parallèle : 2 skieurs partent en même temps, et seul le meilleur est qualifié pour le tour suivant.

Histoire de hot dog

Les spécialistes du ski de bosses sont surnommés des « hot doggers », car au départ, la discipline portait le nom rigolo de « hot dog ».
On raconte qu'un skieur mangeait un hot dog au sommet d'une pente très bosselée. Il le laissa tomber, et la saucisse aurait dévalé toute la pente en sautillant sur les bosses. Ce qui aurait donné au skieur l'idée de l'imiter !

Longue de 250 m environ, la piste de bosses représente un sacré travail de préparation pour les équipes techniques !

Le saut à skis

Voler sans ailes… mais avec des skis : il fallait y penser ! Seras-tu un jour ce drôle d'oiseau qui fait trembler les foules ?

1. Le sauteur démarre en position accroupie, les bras le long du corps.

2. Au bout de la piste d'élan, au niveau de la « table » qui remonte, il se redresse et se propulse en avant pour avoir le maximum de puissance.

Et toi ?

Dans certaines stations de ski, des moniteurs apprennent aux enfants à sauter. À 7 ans, il est possible de dépasser 4 m. Si tu es amateur de sensations fortes, essaie les tremplins de 20 m… Pour autant que tu sois très bon skieur, et que tu ne manques ni de capacité de concentration… ni de cran ! Tu peux aussi faire du saut à skis l'été au bord d'un lac, c'est le *water-jump*.

Merveilleux hommes volants

Assis sur la rampe, le sauteur se concentre en attendant le signal. Top ! Il s'élance sur le tremplin. Descente vertigineuse… impulsion finale… ça y est : il « vole » ! Les spectateurs retiennent leur souffle. Trajectoire impeccable et atterrissage contrôlé. Les juges, installés dans une tour en bas de la piste, tiennent compte de la longueur du saut et de son style pour attribuer leur note. Premier saut satisfaisant ? Reste encore le deuxième…

L'Autrichien Thomas Morgenstern a obtenu l'or olympique au grand tremplin en 2006. Un sport où il ne faut pas avoir froid aux yeux !

Du tremplin au point K

Quand on parle de tremplin de 90 ou de 120 m, cela ne représente pas la longueur ou la hauteur réelles du tremplin : c'est la distance entre la fin du tremplin et le « point K ». Visualisé par un panneau rouge, ce point désigne la distance pour l'obtention de 60 points. Au-delà, le skieur gagne 1,8 point pour chaque mètre ; en deçà, il sera pénalisé d'autant. On ajoute ensuite une note de style, entre 0 et 20.

16 ans et demi

C'est l'âge qu'avait le Finlandais Toni Nieminen quand il est devenu le plus jeune champion olympique des Jeux d'hiver (JO d'Albertville, 1992) en réalisant un saut de 122 m.

3. Corps tendu, le sauteur doit rester parfaitement stable. Si l'un de ses skis bouge, il sera déséquilibré et risque de perdre de nombreux mètres.

4. Peu avant la réception, il se redresse et atterrit jambes fléchies.

Sensations garanties

Le saut à skis est un sport olympique depuis les premiers Jeux d'hiver, en 1924. Mais les filles devront attendre les JO de 2010 pour faire des compétitions de saut. Munis d'une combinaison pour fendre l'air et d'un casque de protection, les participants aux concours de saut à skis doivent sauter à 2 reprises. Les épreuves les plus spectaculaires se pratiquent sur des tremplins de 90 m et 120 m. Mais les plus audacieux cherchent à battre des records à partir de tremplins qui dépassent les longueurs olympiques !

La meilleure manière...

La manière classique de sauter exigeait que le sauteur garde ses skis parfaitement parallèles pendant son « vol ». Mais une nouvelle technique est née dans les années 1980 : en sautant avec les skis en V, les meilleurs réussissent à gagner plusieurs mètres !

Le surf des neiges

Le snowboard, ou surf des neiges, est le domaine des fans de la glisse. C'est un peu comme faire du *street* sur la neige… Une sensation incroyable de liberté et de vitesse.

Moins technique que le ski traditionnel et beaucoup plus fun, le snowboard a un succès fou !

Vive la glisse !

Porté par la vague des nouvelles glisses, le surf des neiges ou snowboard (de *snow*, neige, et *board*, planche) a explosé en France dans les années 1990. La grande majorité des jeunes préfère ce mode de glisse au ski traditionnel. Et les tenues des snowboarders sont plus gaies et plus voyantes que celles des skieurs ! Dans les stations, tu trouveras de plus en plus de pistes pour le snowboard. Côté compétitions, il y en a pour tous les goûts : slalom, géant, *half-pipe*, *slope style*, *boardercross*…

Surprises sur les pistes

Des skieurs américains qui s'ennuyaient ferme sur les pistes s'amusent à skier sur un seul ski… et inventent le monoski. Toujours armé de deux bâtons, mais les pieds joints sur une seule planche (face à la pente, contrairement au snowboard), le monoskieur se fait vite remarquer sur les pistes. La mode de cette pratique ne tiendra cependant pas le choc face à la folie du snowboard !

C'est le pied sur la planche !

Dans les années 1960, l'inventeur du snowboard, le surfeur Sherwin Poppers, a l'idée farfelue de dévaler les pentes du Colorado… sur une planche ! Par rapport au ski, qui oblige à se tenir face à la pente, le surf des neiges permet plus de liberté. Si tu es déjà un fondu de surf ou de skate, le snowboard te donnera des sensations familières. Sinon, un bon sens de l'équilibre et quelques jours de pratique suffiront pour bien te débrouiller. Dernier-né, le « skwal », long et étroit, marie les plaisirs du monoski et du surf.

Course aux records

Snowboard et monoski, ces disciplines sœurs, rivalisent dans la course aux records du monde. Pour la vitesse pure, le monoski a pris une petite longueur d'avance : le Français Xavier Cousseau descend à 212 km/h, tandis que l'Australien Darren Powell a poussé son snowboard à « seulement » 202 km/h... Mais dans la course au succès, le surf des neiges est largement en tête !

Culture glisse

Les *boarders* sont des *teenagers* aussi sportifs que cools, qui aiment la compétition ! Ils ne parlent pas de manches mais de *runs* et recherchent, comme les surfeurs, les meilleurs *spots*. Tu peux vouloir faire du *half-pipe*, dont le terrain ressemble aux rampes de skate ou du *modul contest*, qui se joue sur un terrain cabossé. Les *freeriders* préfèrent le hors-piste sur la poudreuse. En dehors des épreuves traditionnelles, les *snowboarders* s'affrontent, sur fond de musique, lors des X-Games. Le jury est composé d'autres *riders*.

Un sport dangereux ?

Il y a à peu près le même nombre d'accidents chez les surfeurs que chez les skieurs alpins. Mais ils sont beaucoup plus fréquents chez les débutants. Comme ils ont encore le réflexe de se rattraper sur les mains quand ils tombent, ce sont surtout les épaules et les bras qui « encaissent ». La cohabitation des skieurs et des surfeurs n'est pas toujours évidente... et les risques de « rencontres » un peu brutales existent. De plus en plus, on propose des espaces réservés aux *freestylers* dans les stations...

Star de son sport depuis l'âge de 15 ans, vainqueur des X-Games en catégorie *half-pipe* et *slope style*, Shaun White a remporté la médaille d'or en *half-pipe* aux Jeux de Turin en 2006.

Es-tu « regular » ou « goofy » ?

Le droitier, ou *regular*, met le pied gauche à l'avant de la planche, tandis que le gaucher, ou *goofy*, y place le pied droit. Commence sur un terrain facile : une pente courte, pas très raide, qui se termine par un arrêt plat, avec de la neige souple. Débute par quelques glissades en contrôlant ta planche. Exerce ton équilibre avec la technique de la patinette : attache ton pied avant et laisse ton pied arrière libre.

Luge et bobsleigh

Glisser à toute vitesse… en luge ou en bobsleigh ?
Quel que soit l'engin, les émotions sont au rendez-vous.

La luge est un sport extrême pour ceux et celles qui aiment les sensations fortes !

Chère piste

Chouette, il neige ! Vite, la luge ! Ça fait longtemps qu'on a inventé un engin sur patins qui glisse sur la belle blanche. La luge de compétition, elle, existe depuis un siècle à peine, et ce n'est qu'en 1964 que ce « jeu d'enfant » est devenu un sport olympique. On peut faire de la luge de compétition sur une piste naturelle, mais les courses s'effectuent surtout sur des pistes artificielles, très chères. Les épreuves de luge monoplace sont ouvertes aux garçons et aux filles, les courses en double sont presque exclusivement pratiquées par les garçons.

139,3 km/h !

C'est la vitesse record en luge. Habituellement, l'engin dépasse les 120 km/h !

Luge de pro

La luge monoplace mesure 1,50 m de long environ et pèse une vingtaine de kilos. La piste artificielle, en béton entièrement recouvert de glace, est longue de 1 000 à 1 500 m, et comprend plus de 10 virages. Le coureur, vêtu d'une combinaison moulante et d'un casque profilé, est couché sur le dos. Il manœuvre sa luge avec les jambes et la guide avec une courroie tenue d'une seule main.

Piste de glace

La piste, qui mesure au moins entre 1 200 et 1 500 m, est très étroite (1,40 m), et bordée de murs de glace qui empêchent le bobsleigh de sortir. Sa pente est plus forte que pour la luge.

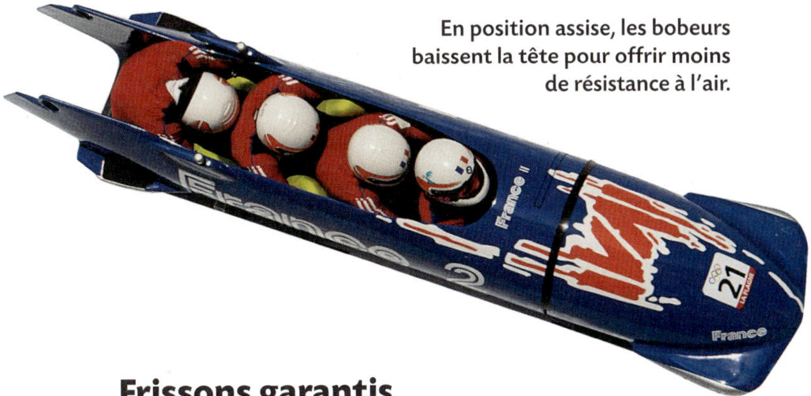

En position assise, les bobeurs baissent la tête pour offrir moins de résistance à l'air.

Drôle de traîneau

Un grand traîneau sur 4 patins, avec une carrosserie, qu'on conduit au moyen d'un volant et de freins... Le bobsleigh est vraiment un engin bizarre ! Il s'inspire d'un moyen de transport utilisé par les bûcherons américains. Bobsleigh veut dire le « traîneau qui se balance » (ou qui sautille). Les premiers étaient en bois, aujourd'hui, ils sont en fibre de verre et en acier.

Frissons garantis

Piloter un bob n'est ni reposant ni facile ! Créé vers 1890 en Suisse, le bobsleigh est une discipline olympique depuis 1924. Les épreuves sur piste se déroulent en plusieurs manches. Bobsleigh à 2 ou à 4 ? Les amateurs sont en tout cas des costauds, avec de super-réflexes. Dans l'équipe, c'est le pousseur qui doit être le plus fort et le plus agile. Les athlètes s'élancent, poussent leur engin de toutes leurs forces : leur bolide prend de la vitesse puis file dans d'impressionnants couloirs de glace.

Le pousseur (à l'arrière) lance le bobsleigh en courant derrière, avant de sauter le dernier dans le bolide.

Des athlètes qui glissent à toute vitesse... Ici, Anni Friesinger, Daniela Anschuetz et Claudia Pechstein en poursuite par équipe dames.

Le patinage de vitesse

Ils courent, ils courent… les patineurs ! Moulés dans leur combinaison, ces extraterrestres filent à toute allure dans un monde de blancheur et de vitesse…

Pas de starting-blocks sur la patinoire ! Prendre un bon départ est particulièrement important sur la glace.

Contre la montre

Revêtu de ta combinaison intégrale, à l'aise sur tes patins bien affûtés, tu t'avances près de la ligne de départ. *Ready* ? Tu te mets en position et tu restes immobile à côté de ton adversaire jusqu'à ce que le starter donne le départ. À toi maintenant ! Les épreuves de patinage de vitesse se déroulent sur des circuits de 500 à 10 000 m maximum pour les hommes et 5 000 m pour les femmes. Les patineurs, qui s'affrontent deux par deux, tournent sur la piste dans le sens inverse des aiguilles d'une montre.

Le short-track

Sur une piste plus courte (111 m), 4 à 6 patineurs s'affrontent à la fois. Ici, le dépassement est libre, les participants prennent donc plus de risques. Dans les virages, les patineurs se couchent presque sur la glace ! Casque et protections sont indispensables en cas d'accident. Les épreuves vont de 500 à 1 500 m, plus les relais 3 000 m (femmes) et 5 000 m (hommes).

En Russie, on entraîne les futurs champions de patinage de vitesse dès le plus jeune âge, dans des écoles spécialisées.

En piste !

La piste de patinage de vitesse a la forme d'un anneau. Divisée en 2 couloirs, elle mesure 400 m au maximum, et comporte 2 virages à 180°, ainsi qu'une ligne droite de croisement : les patineurs courent ainsi tour à tour dans le couloir intérieur et extérieur. Avant les compétitions, des experts techniques jugent de la qualité de la glace.

L'Américain Shani Davis a remporté l'épreuve du 1 000 m aux JO de Turin en 2006.

La planche à voile

Pour les amoureux et les amoureuses de l'eau et du vent, la planche à voile (*windsurf* en anglais) est le sport idéal. Mais le sens de l'équilibre est exigé !

Windsurfer

Avant que la planche à voile ne devienne un sport à la mode, les jeunes Californiens faisaient des régates en surf. En 1968, deux d'entre eux, Hoyle Schweitzer et Jim Drake, ont l'idée de mettre une voile sur une « malibu », une planche de surf longue et large. L'idée de génie des inventeurs de la planche à voile sera de relier la planche et le mât par une articulation souple. Autre trouvaille : l'installation du *wishbone*, arceau qui permet de tenir la voile et le mât en les encerclant.

Une planche fun

Le funboard se rapproche du surf, c'est une version « extrême » de la planche à voile. Avec une planche courte et légère, une petite voile et beaucoup de vent, on peut bondir sur les vagues, faire des acrobaties... Mais cela demande de la force et un entraînement très long. Les compétitions de funboard peuvent être de trois types : régate (par vent faible), slalom (par vent fort), figures (vent fort et vagues).

Les régates de planches à voile se font autour de bouées, comme en voile, avec des planches identiques pour chaque concurrent (monotype) ou de tous types (open).

Apprends à tourner

Le virement de bord est délicat. Voici comment faire.

1. Position de départ : tu es debout et tu tiens le wishbone.

2. Passe devant le mât.

3. Récupère le wishbone de l'autre côté.

Pour démarrer…

Tu peux commencer dès 7 ans. Pour tes débuts, la voile est plus petite, sinon elle serait trop lourde à soulever. En revanche, la planche sera assez grande, pour que tu puisses mieux trouver ton équilibre. Le plus difficile, c'est de démarrer ! Tu soulèves la voile et tu l'orientes grâce au wishbone. Attention, ce n'est pas tout de se laisser porter dans le sens du vent : il faut aussi revenir ! Comme en voilier, tu peux remonter contre le vent jusqu'à un certain angle. Pour tourner face au vent, tu devras savoir virer de bord.

Drôles de chars

Les chars à voile sont d'extraordinaires engins qui évoluent sur les longues plages de sable ou sur la glace. Ils donnent une idée de la vitesse qu'atteindraient les voiliers s'ils pouvaient décoller de l'eau qui les freine : le record du monde de vitesse est de 151 km/h sur sable et de… 230 km/h sur glace !

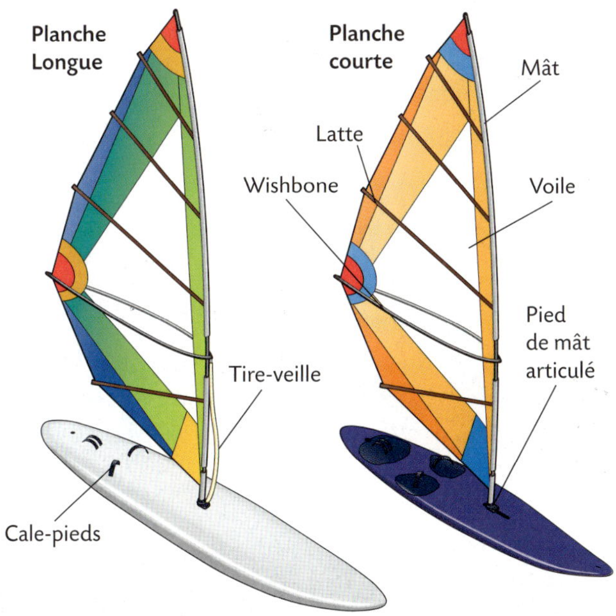

Question de taille

Il y a plusieurs tailles de planches. Les plus grandes mesurent plus de 3,50 m. Elles sont lourdes et lentes, mais supportent le poids du corps, même à petite vitesse, et il est plus facile de garder l'équilibre dessus. Les planches de 3 m environ sont les plus utilisées. Les petites, d'environ 2,50 m, sont utilisées par vent très fort. Il faut vraiment être un très bon véliplanchiste pour sortir en mer dans ce cas-là !

Le surf

Superbes, les gros rouleaux des plages de l'Atlantique ou du Pacifique ! Pourquoi ne pas essayer de les accompagner dans leur course ? Une idée folle… et des sensations démentes.

Les surfeurs n'ont pas froid aux yeux. Impressionnant, non ?

Les premiers surfeurs

Quand le capitaine Cook arrive aux îles Hawaii, en 1778, il découvre… des surfeurs. Mais la tenue légère de ces joyeux sportifs ne plaît pas aux pasteurs américains venus les convertir. Le surf disparaît pendant un siècle. Vers 1920, il se pratique à nouveau à Hawaii et en Californie. C'est l'invention du plastique qui va vraiment lui donner une nouvelle vie, après 1945. En France, les premiers essais de surf se font avant-guerre à Biarritz.

Parles-tu surf ?

- *Spot* : lieu où les plus belles vagues se forment.
- *Take-off* : départ.
- *Bottom turn* : virage en bas de la vague qui permet de la remonter.
- *Roller* : virage en haut de vague pour redescendre à nouveau.
- *Tube* : vague dont la lèvre « recouvre » le surfeur.

Apprivoise ta planche

Tu peux commencer le surf dès que tu sais bien nager. Inutile d'aller loin vers le large, ce serait trop dangereux. Au début, allonge-toi simplement sur la planche et prends les vagues. Ensuite, essaie de trouver ton équilibre debout et apprends à « sentir » la vague. Le surf, c'est aussi une école pour mieux comprendre la nature.

Une combi, une planche

Quand il fait beau, tu peux faire du surf en maillot, mais attention aux coups de soleil ! À la mauvaise saison, tu devras porter une combinaison. Les planches, en mousse dure recouverte de résine de polyester ou de fibre de verre, pèsent environ 3 kg. La *shortboard* (entre 1,50 et 2,50 m) est une planche moderne. La *longboard* (environ 3 m), dite aussi « malibu », date des années 1960. Plate et longue, elle permet de se déplacer sur sa longueur. Le *leach* permet d'attacher la planche à ta cheville pour ne pas la perdre.

Décoller sur la crête ou descendre la vague à toute vitesse, tout est possible, à condition de contrôler parfaitement sa planche et de choisir la bonne déferlante.

En harmonie avec la vague

Le surfeur, à plat ventre sur sa planche, nage vers le large. Il faut choisir la vague : attendre la plus puissante, la plus longue, celle qui « ouvre » le mieux ; puis il faut la sentir : savoir à quel moment démarrer, prendre de la vitesse, essayer de se glisser sous sa lèvre... Quand un beau rouleau se prépare, le surfeur se laisse porter et se met debout au plus haut de la vague. Il glisse alors jusqu'au bas de la vague, prenant de la vitesse, puis remonte la pente et exécute des figures. Fastoche !

Avec le *bodyboard*, il suffit de s'allonger simplement sur la planche pour partir à l'assaut des vagues.

Le kitesurf

À la fois sport et loisir, le kitesurf est un sacré spectacle. Entre mer et ciel, ses adeptes exécutent des figures élégantes ou étonnantes.

Flysurf ou kitesurf ?

En France, on utilisait plutôt le terme « flysurf » qui rendait compte de l'alliance entre le surf et le cerf-volant. Mais l'expression « kitesurf » utilisée aux États-Unis s'est imposée. En anglais, *kite* signifie cerf-volant.

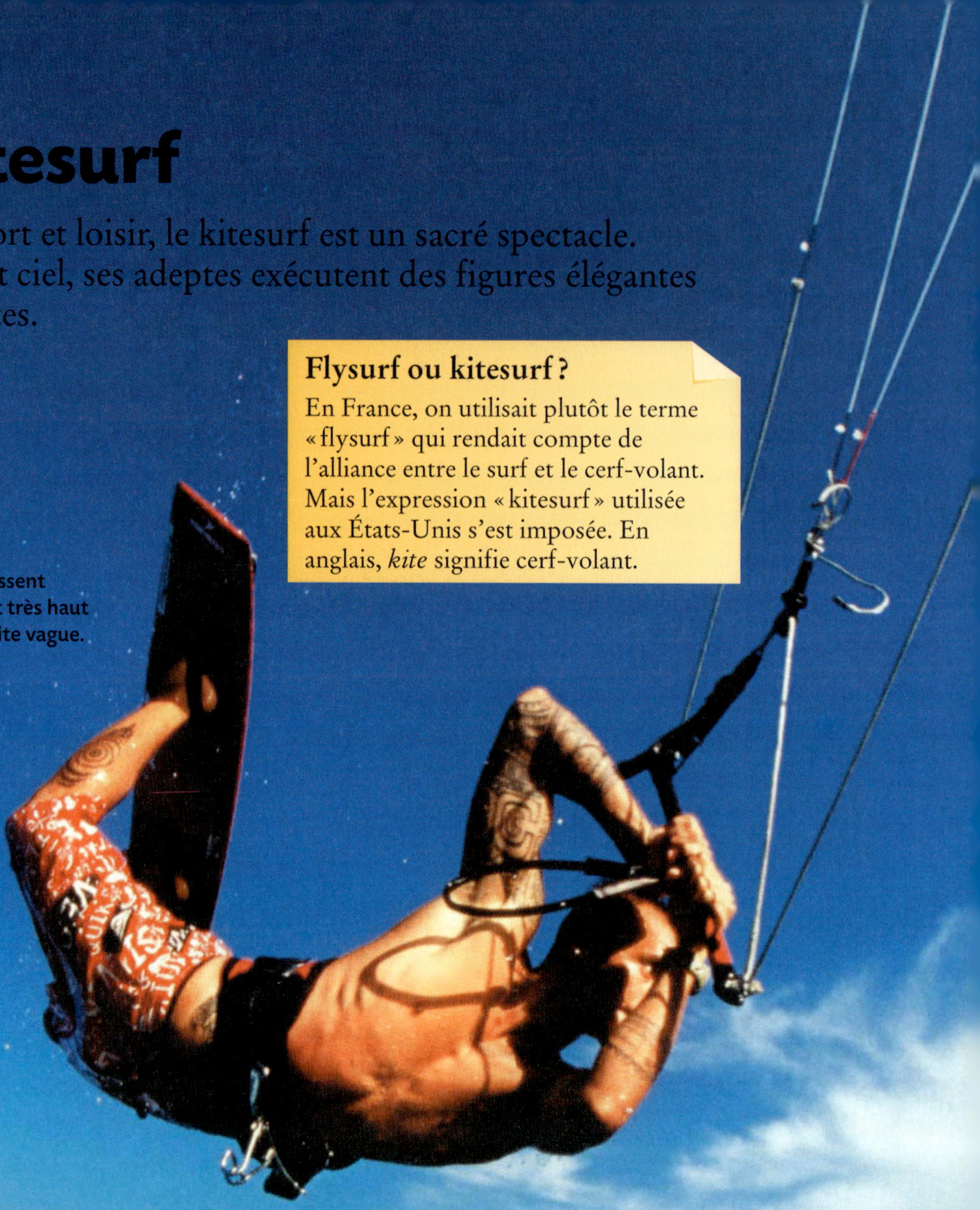

Les kitesurfeurs glissent sur l'eau et sautent très haut avec une toute petite vague.

Surf tout-terrain

Sur la plage, pense à lever les yeux. De plus en plus, il est possible de découvrir de drôles de sportifs qui font des cabrioles au-dessus de la mer. Le kitesurf est la combinaison de deux engins utilisés sur les plages : le cerf-volant et la planche de surf. C'est un sport très dangereux car un mauvais coup de vent peut plaquer le kitesurfeur sur l'eau.

Héritier du cerf-volant

Le kitesurf demande de savoir manier et diriger un cerf-volant car c'est lui qui va te faire avancer et t'envoler. Il ne demande pas nécessairement autant de force et de technique que pour pratiquer le surf ou la planche à voile. Mais il faut être très sportif pour bien en faire... Prends garde à ne pas te retrouver très loin sur la mer, sur un rocher ou une route à cause du vent !

Toujours plus haut

Certains kitesurfeurs recherchent surtout la hauteur des sauts. Attention, le kitesurf demande une prudence extrême et un bon entraînement. Car il est difficile de manipuler des fils de plusieurs dizaines de mètres de long à partir d'une barre... alors que tu as les pieds sur l'eau ! N'oublie pas non plus qu'il faut beaucoup d'espace sur terre et sur l'eau pour ne pas risquer d'accident avec d'autres *riders* sur l'eau ou contre les rochers.

Entre neige et nuages, le *snowkite* est la version hivernale du kitesurf.

La compétition aussi

Ce nouveau loisir est apparu en 1994 mais aujourd'hui c'est aussi un sport. Les *riders* s'affrontent sur les plans d'eau ou en mer à travers une succession de figures et de sauts imposés et d'épreuves de *free ride*, c'est-à-dire de figures libres. Il y a des compétitions spécifiques pour les moins de 15 ans, les *kids*, qui regroupent aussi bien les garçons que les filles.

Des oiseaux volants

Le kitesurf que tu connais aujourd'hui a déjà beaucoup évolué. Au début, il s'agissait d'un trimaran gonflable tiré par un cerf-volant : c'était impossible de le faire revenir au point de départ ! Ensuite, le kitesurf s'est transformé en planche à voile, avec un gréement séparé du flotteur. C'était l'idée de Jim Drake, l'Américain qui avait inventé le windsurf dans les années 1960. Finalement, ce sont deux Bretons, les frères Legaignoux, qui ont mis au point la première aile véritablement dirigeable.

Prêt à décoller ?

Le ski nautique

Deux cents chevaux au bout de la corde, mer bleue, soleil, petit maillot, lunettes noires... Qu'il est bon de se faire admirer par les baigneurs du bord de l'eau !

En slalom, les virages sont toujours spectaculaires !

Tout schuss sur l'eau

Le ski nautique est né du désir de skieurs alpins d'Annecy de s'entraîner sur l'eau en se faisant tracter par un bateau. C'était en 1920. Mais c'est aux États-Unis que le ski nautique a vraiment explosé, après 1945. Plusieurs millions d'Américains pratiquent ce sport. Les compétitions internationales datent de 1947, mais le ski nautique n'est toujours pas un sport olympique.

Sans ski !

Le *barefoot* est la nouvelle discipline du ski nautique. Le « skieur » n'a justement pas de ski ! Pieds nus, avec une combinaison renforcée (il démarre sur les fesses !), il est tiré à plus de 60 km/h et pratique les figures, le slalom et même le saut ! Inutile de dire que cette discipline est réservée à ceux qui sont déjà très bons sur skis… comme ce jeune champion d'Afrique du Sud, Heinrich Sam.

Le saut en tremplin demande une grande force et beaucoup d'adresse. Et c'est très beau à regarder !

En wakeboard, le *rider* (ici, la championne Clémentine Lucine) utilise une planche ressemblant à un surf.

Tu te mouilles ?

Pour débuter, il faut déjà avoir un peu de force et bien sûr savoir nager. Il y a 3 disciplines en ski nautique : le slalom entre des bouées, qui se pratique avec un monoski, les figures (dérapage, demi-tour, passage du pied au-dessus de la corde...) et le saut sur un tremplin. Tu peux commencer très jeune, dès 6 ans. Dans ce cas, tu travailleras d'abord les figures, car le bateau va alors moins vite que pour les autres disciplines.

240 km/h !

C'est le record de vitesse de ski nautique, détenu par l'Australien Grant Torranus.

Les bons skis

Selon la discipline, les skis sont différents. Le skieur amateur utilise le plus souvent des skis de 180 cm. Les petits skis de moins de 120 cm, plus maniables, conviennent au travail de figures. Pour le saut, il vaut mieux des skis plus courts et plus larges, pour avoir plus d'appui. Le monoski s'utilise en slalom.

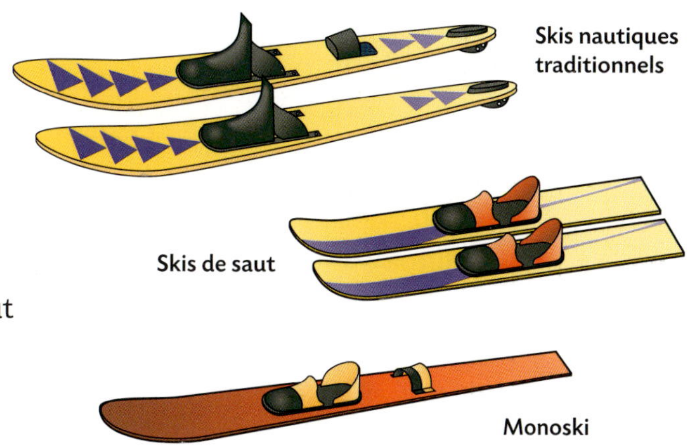

La natation est apaisante si tu la pratiques en amateur mais devient un sport très physique en compétition.

Jeux

d'eau

Mer, rivière, lac, piscine... Quels terrains de jeu ! L'eau est vraiment un élément à tout faire : nager ou plonger, flotter ou ramer, jouer ou pêcher. Prêt à te mouiller ?

Plaisirs de l'eau

Elle amortit tes plongeons, elle te laisse couler dans ses profondeurs ou te maintient à sa surface. L'eau est le cadre de nombreux sports… où il faut savoir nager.

À boire et à jouer

L'eau recouvre les trois quarts de la planète. Depuis toujours, les hommes s'en méfient… ou l'adorent. Ils l'utilisent pour se déplacer, pour trouver leur nourriture, pour se baigner… Ils font de la mer, des rivières et des lacs leurs terrains de sport, et ils ont même apprivoisé l'eau dans des bassins pour pouvoir jouer avec elle sans redouter ses sautes d'humeur… Car l'eau est la meilleure des copines de jeu, mais elle ne connaît pas sa force !

Crawl, brasse, papillon… à chacun sa nage préférée !

Bébés nageurs

Nager n'est pas très difficile… Sauf si on a peur de l'eau. Les bébés, eux, ne sont pas effrayés du tout. Dès 4 mois, ils peuvent s'amuser dans une piscine bien chaude. Plus tard, ils apprendront à nager sans la moindre appréhension. Mais il n'est pas indispensable de commencer si tôt : on peut vaincre sa peur à tout âge !

Bains romains

Dès l'Antiquité, l'eau est synonyme de propreté. Elle est associée à l'hygiène de vie… et donc au sport. Les thermes romains étaient bien plus que de simples bains publics : les citoyens s'y lavaient, s'y détendaient, mais ils venaient aussi faire du sport dans le gymnase attenant et se cultiver dans la bibliothèque.

Indispensable

Tout le monde devrait savoir nager. C'est trop bête de se noyer à quelques mètres du bord, si on tombe à l'eau ! Nager est excellent pour l'équilibre musculaire et la colonne vertébrale. On conseille d'ailleurs la natation en complément de la plupart des autres sports. Savoir nager est aussi indispensable pour pratiquer toutes les activités aquatiques : la voile, la plongée, le ski nautique, le kayak... Et puis, c'est avant tout un plaisir irremplaçable !

Tu peux prendre des cours de natation en groupe ou en individuel, toute l'année si tu n'habites pas trop loin d'une piscine.

Aquagym

Pour ceux qui aiment la gym et l'eau, il y a l'aquagym. Les mouvements sont à peu près les mêmes, mais leur difficulté et leur effet sont très différents : dans l'eau, rien ne pèse… et tout devient facile et amusant. Après chaque séance, on sent quand même que les muscles ont beaucoup travaillé !

Records à battre

Depuis 1875, il y a eu plus de 8 000 tentatives de traversée de la Manche (longue de 32 km) pour moins de 700 réussites. Le record absolu sur un aller simple est détenu par le Bulgare Petar Stoychev en 6 h 57 min 50 s (2007) tandis que la meilleure performance féminine revient à la Tchèque Yvetta Hlavacova avec 7 h 25 min 15 s (2006). Certains ont fait l'aller-retour. D'autres ont même réussi la triple traversée !

Attention !

Entre progressivement dans l'eau quand il fait très chaud. À la mer, ne te baigne pas si les vagues sont trop fortes et méfie-toi des courants et des marées. Respecte la couleur des drapeaux : rouge, baignade interdite ; orange, baignade dangereuse ; vert, tu peux nager en toute tranquillité ! Ne va pas trop loin du bord, car tu peux te fatiguer sans t'en rendre compte... et le retour est souvent plus difficile. Ne te baigne jamais seul.

La natation

« Être heureux comme un poisson dans l'eau » : une belle expression pour dire que l'eau est un élément extraordinaire pour jouer et faire du sport.

Aux JO de Pékin, le Français Alain Bernard obtient la médaille d'or sur le 100 m nage libre, la course de natation la plus prestigieuse.

Tout le monde à l'eau !

Les premières épreuves de natation datent de l'Antiquité. Pourtant, au siècle dernier, même les marins savaient rarement nager ! Ce sont les Anglais qui relancent la mode en Europe. Les premières courses sont organisées à Londres, en 1837. Aux premiers Jeux de 1896, la natation est un sport olympique... avec très peu de pratiquants. En 1936, le gouvernement du Front populaire, en créant les congés payés, va permettre à tous de découvrir la mer.

Qui est ce champion qui gagne une médaille d'or aux JO de 1928 ? C'est Johnny Weissmuller, le futur Tarzan !

La meilleure façon de nager

Il y a de très nombreuses façons de nager. Aux JO, quatre disciplines existent : la brasse, la nage libre, le dos et le papillon. À celles-ci, il faut rajouter les épreuves combinées et les courses de relais. Les différentes nages ne sont pas toutes aussi rapides, c'est pourquoi les compétitions se font entre nageurs pratiquant la même technique.

Un bassin olympique mesure 50 m en longueur. Chaque nageur occupe un couloir de 2,50 m de large.

Sous haute surveillance

Comme en course à pied, la nage a ses sprinters et ses nageurs de fond. Les distances s'échelonnent de 50 à 1 500 m. Il existe également des relais. Le chronométrage est souvent électronique. À l'arrivée, le nageur arrête lui-même le chronomètre en touchant une plaque. Les officiels sont nombreux : juge-arbitre, starter, chef chronométreur, 3 chronométreurs par couloir, juge en chef, 3 juges à l'arrivée par couloir, 1 inspecteur de virage par couloir de chaque côté, 2 juges de nage...

À 17 ans, Laure Manaudou devient à Athènes la première Française championne olympique de natation. Malheureuse à Pékin en 2008, elle fera encore parler d'elle.

Apprends les techniques de « pros »

Le départ et le virage sont 2 étapes décisives pour gagner une compétition.

1. Le départ : au coup de pistolet du starter, plonge ! Porte toute ton énergie vers l'avant en t'enfonçant très peu sous l'eau. Pour la nage sur le dos, accroche-toi aux étriers fixés à la base du plot, replié sur toi-même. Au signal, détends-toi en donnant une brusque poussée de jambes qui te propulse au-dessus de l'eau.

2. Le virage : c'est un mouvement très important pour gagner la compétition. Entraîne-toi souvent à cette « galipette » dans l'eau. En repartant, utilise le mur de la piscine pour te donner de l'élan.

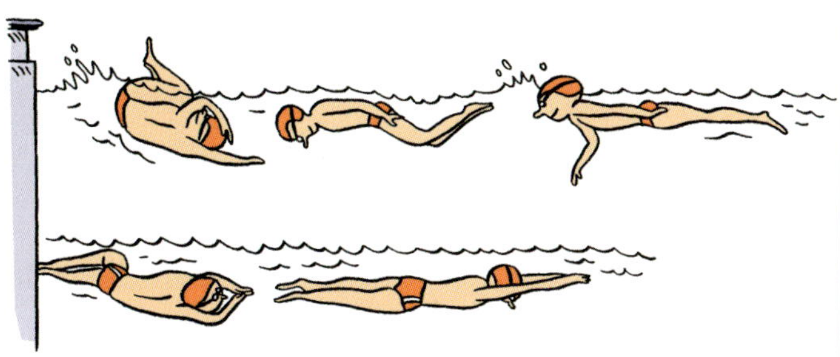

Pour tous

La plupart des nageurs de compétition, surtout en vitesse, sont très grands. La physique des fluides explique cela très facilement : chaque décimètre supplémentaire réduit de 5 % la résistance de l'eau. Les « dodus », pour une fois, ne sont pas trop désavantagés : la graisse, plus légère que l'eau, les aide à flotter et les préserve du froid.

À chaque nage sa distance

Nage	Distance
Nage libre	50 m 100 m 200 m 400 m 800 m (femmes) 1 500 m (hommes)
Dos	100 m 200 m
Brasse	100 m 200 m
Papillon	100 m 200 m
4 nages	200 m 400 m
Relais nage libre	4 x 100 m 4 x 200 m
Relais 4 nages	4 x 100 m

Nages en tout genre

Traverser le bassin en quelques mouvements de crawl parfaitement réglés ou t'éclater dans une brasse papillon, ça te tente ? Alors, jette-toi à l'eau !

Tous les débutants commencent la brasse en gardant la tête hors de l'eau. Mais les champions la mettent en dessous pour aller plus vite !

La brasse pour les débutants

C'est la nage la plus pratiquée au monde, la première que l'on apprend. Mais, même en mettant le visage dans l'eau, il n'est pas possible d'aller très vite. Tes bras et tes jambes travaillent chacun à leur tour. Tu perds donc du temps entre chaque mouvement. Tu dois aussi ramener tes bras sous l'eau, ce qui est bien plus difficile que de le faire à l'air libre comme dans les autres nages. L'intérêt de la brasse, c'est qu'elle est plus facile à bien maîtriser que les autres.

Sur le dos

La nage sur le dos a été inventée vers 1900. Au début, les gens étaient vraiment étonnés de voir des athlètes nager à reculons sans rien voir… Mais cette technique est bien plus rapide que la brasse. Aux JO de Stockholm en 1912, l'Américain Harry Hebner s'impose en pratiquant le dos crawlé, faisant oublier le dos brassé. Les mouvements se font sans arrêt, ce qui favorise la vitesse. Mais le dos crawlé n'est pas aussi rapide que le crawl, car l'articulation de l'épaule ne permet pas au bras de tourner en arrière totalement.

La nage sur le dos c'est surtout super… pour le dos ! Tu peux aller très vite mais fais attention aux autres.

Le crawl, nage reine

C'est la nage la plus rapide et la plus prestigieuse. À tel point que les épreuves de « nage libre », où l'on a théoriquement le droit de nager comme on l'entend, sont, de fait, des épreuves de crawl. Il y a presque 100 ans que les sportifs la pratiquent. Pourtant, à peine un nageur sur dix sait crawler. La technique consiste à avancer grâce à des mouvements alternés des bras et des jambes. Mais le plus difficile, c'est de bien synchroniser la respiration avec le rythme des bras.

Le crawl, c'est la nage des costauds, de ceux qui veulent aller très vite et fendre l'eau.

Quatre en même temps !

Le 4 nages est une discipline qui combine sur un même parcours les 4 techniques existantes. Les champions réalisent le premier quart de la distance en papillon, le deuxième en dos, le troisième en brasse et le dernier en crawl.

Comme un papillon

Un nageur de brasse avait trouvé un moyen de supprimer l'inconvénient majeur de la brasse : au lieu de ramener les bras dans l'eau, il le faisait dans l'air, avec un geste qui rappelait les battements d'ailes d'un papillon. Cette technique permettant d'aller beaucoup plus vite, tous les finalistes du 100 m brasse aux JO d'Helsinki, en 1952, nageaient… le papillon ! On a donc inventé une nouvelle discipline officielle. Cette nage est assez difficile et demande une excellente coordination de tout le corps.

Le relais, la nage en équipe

Dans cette discipline, les équipes sont composées de 4 nageurs. Pour s'élancer, un relayeur doit attendre que son équipier ait touché le bord du bassin. Le relais se pratique sur 4 x 100 m et 4 x 200 m en crawl, et sur le 4 x 100 m quatre nages.

En papillon, les deux jambes serrées ondulent comme une queue de dauphin. Ce mouvement, associé à la poussée des bras, propulse le corps vers l'avant.

Le water-polo

Jouer au ballon dans l'eau, c'est drôle et aussi très physique. Il faut avoir de la force dans les bras et dans les jambes, et surtout beaucoup de résistance.

Imperméable, et gonflé à bloc pour mieux flotter, le ballon pèse de 400 à 450 g.

Ils sont fous ces Anglais !

En anglais *water* veut dire « eau » et polo rappelle le sport de balle britannique qui se pratique à cheval. En fait, il y a plus de 100 ans, les Anglais jouaient au polo dans l'eau... à califourchon sur des tonneaux ! À la fin du XIXe siècle, les tonneaux ont été abandonnés. Le water-polo est sport olympique depuis 1900, mais les filles, elles, ont attendu 100 ans de plus pour pouvoir participer à cette compétition.

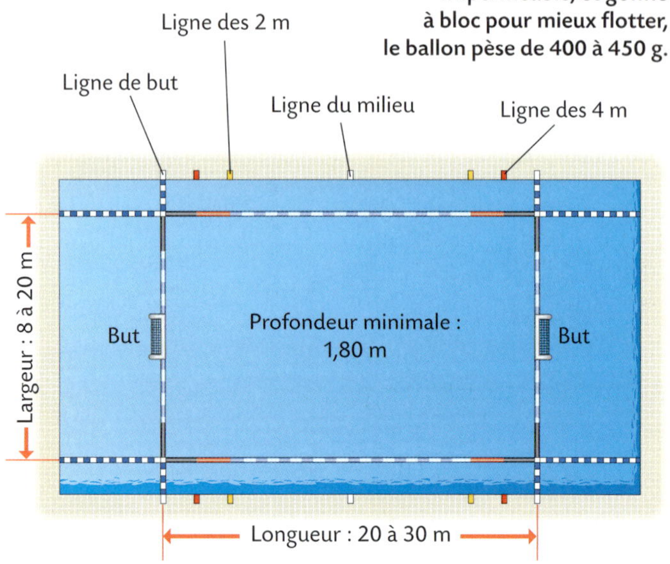

Bassin de water-polo

Le but fait 3 m de large. Pour défendre une telle surface, le gardien doit être très puissant, et disposer d'une fameuse envergure !

Pour se différencier, les joueurs d'une équipe portent des bonnets bleus, ceux de l'autre équipe des bonnets blancs. Les gardiens ont un bonnet rouge.

Sportifs aquatiques

Prends un « terrain » de 30 x 20 m, un but de chaque côté comme au foot, 2 équipes de 13 joueurs (7 dans l'eau et 6 remplaçants) et un ballon... C'est parti pour quatre fois 8 min de jeu effectif, avec des périodes de repos de 2 min. Interdit de marcher sur le fond de la piscine, même si tu as pied. L'arbitre peut sanctionner une faute en accordant un penalty. Lancé de la ligne des 5 m, d'un mouvement ininterrompu, il n'est pas facile à arrêter !

Il est interdit...

- d'enfoncer le ballon sous l'eau ;
- de le saisir à deux mains (les passes se font avec la paume de la main) ;
- de le frapper du poing ;
- de se lancer du fond du bassin pour attraper le ballon ;
- d'éclabousser tes adversaires.

Épuisant !

Pratiqué par les garçons et les filles, le water-polo est un sport complet. Essaie de jouer au ballon dans l'eau sans poser les pieds au fond... Tu comprendras pourquoi les périodes de jeu sont si courtes ! Avec tous les avantages d'un sport d'équipe, le water-polo développera ta musculature, ta résistance et ton agilité. Et c'est vraiment amusant !

Pour effectuer les passes, comme pour les réceptionner, tu devras t'habituer à manier le ballon d'une seule main, en le tenant bien dans ta paume.

La plongée

Les trois quarts de la surface de la Terre sont recouverts par la mer… Fascinant ! D'autant que les paysages les plus riches t'attendent en bordure des côtes, à quelques mètres de profondeur à peine…

Découvrir les merveilles des fonds marins… Un rêve qui peut devenir réalité.

Le grand bleu

La plongée en apnée ne nécessite pas de respecter les paliers de décompression. Pour descendre plus vite, le plongeur utilise un poids, et pour remonter, un « parachute » rempli d'air. La discipline la plus impressionnante est la *no limit* popularisée par le film *Le Grand Bleu*. Jacques Mayol est le premier à descendre à plus de 100 m en 1976. Depuis 2007, le record appartient à l'Autrichien Herbert Nitsch avec une descente à 214 m !

Libre comme l'air… sous l'eau

Depuis toujours, les peuples qui vivent près des mers pratiquent la plongée sous-marine. Jusqu'au XIXe siècle, les hommes nagent sous l'eau uniquement en apnée, en retenant leur respiration. L'invention du scaphandre permet de fournir de l'air à partir d'une pompe restée à la surface. Vers 1930, viendra le temps des bouteilles d'oxygène que le plongeur emporte sur son dos. Mais les épreuves sportives de plongée se font toujours en apnée.

Fascination

La plongée avec bouteille te permettra de découvrir d'étonnants fonds marins sans devoir descendre très bas. Pour faire de la plongée, tu peux commencer à partir de 7 ans en apprenant en piscine le code de communication, l'utilisation de la bouteille, le respect des paliers de décompression… Après 10 séances en piscine, tu peux commencer la plongée en mer. En fonction de tes progrès, tu passeras différents brevets qui te permettront de descendre de plus en plus profond. Mais reste prudent !

Plonger, préserver, protéger

La plongée, c'est magnifique à condition de ne pas faire n'importe quoi. La nature n'appartient pas aux plongeurs et chacun doit respecter les fonds marins, ne rien salir et ne rien prendre. Sur certains sites, le nombre de plongeurs est limité afin de ne pas perturber la faune ou nuire à la flore.

Apprends à parler « plongée »

Impossible de parler, sous l'eau ! Mais pour te faire comprendre, il existe des signes, identiques partout dans le monde.

Ça ne va pas.

Je monte.

J'ai ouvert ma réserve.

Je n'ai plus d'air.

Tout va bien.

La sécurité avant tout

Si les profondeurs t'intéressent, il vaut mieux t'initier à la plongée avec bouteille. Attention, la plongée est un loisir sportif qui peut devenir dangereux si tu ne respectes pas parfaitement les consignes de sécurité. Même les meilleurs ne plongent jamais seuls et évitent de descendre sous l'eau s'ils ne sont pas en forme. Il y a aussi des contre-indications médicales. Renseigne-toi auprès du moniteur.

L'initiation à la plongée se fait en piscine avec des moniteurs spécialisés.

Matériel de plongée « loisir »

Choisis un **masque** adapté à ta tête : trop grand, il se remplira dès que tu seras sous l'eau ! Pour éviter la buée, crache dedans, puis frotte bien la vitre.

Le **tuba** doit être adapté à ta capacité pulmonaire. Si de l'eau pénètre à l'intérieur pendant que tu plonges, souffle très fort dedans pour la chasser.

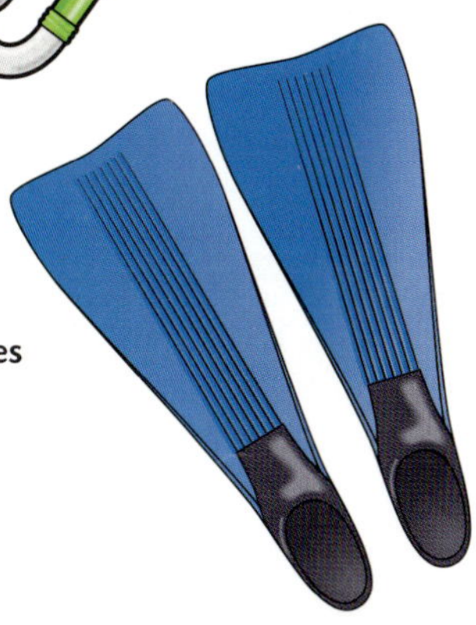

Utilise des **palmes** qui chaussent bien le pied.

Un équipement adapté

La bouteille, fixée au dos du plongeur, contient de l'air comprimé. Celui-ci arrive dans la bouche du plongeur grâce à un détendeur qui permet de respirer « normalement ». Comme ton corps a tendance à flotter dans l'eau, tu as parfois besoin d'une ceinture de plomb. Il te faudra remonter progressivement, en respectant des paliers de décompression. Le nombre et la durée de chaque palier dépendent du temps passé sous l'eau et de la profondeur de la plongée.

Entre 3 bouées et sur une trentaine de kilomètres, la Coupe de l'America mobilise ce que la technologie fait de mieux aujourd'hui...

La voile

Ruser avec le vent, les vagues et tes adversaires : la voile est affaire de stratégie et de technique. Mais c'est aussi un excellent exercice physique car tous tes muscles bougent quand tu essaies de garder l'équilibre !

BLANCO : « LE CHAMPIONNAT ANGLAIS NE VEUT RIEN DIRE »

MANCHESTER PREND LA TÊTE À ARSENAL

L'ÉQUIPE

JOYON, COMME UN AVION

SOIRI : UNE TIMIDE REPRISE

CES CHAMPIONS QUI ONT FAIT 2007

RINER, LE COLOSSE AU SOMMET

Les exploits de Francis Joyon captent souvent l'attention des médias.

Sport et transport

Avant d'être un sport, la voile était un moyen de transport. Ce qui ne veut pas dire qu'on se moquait des performances ! Pour regagner plus vite un port avant la tempête, pour profiter d'un meilleur prix pour les marchandises ou pour attaquer un navire ennemi, les marins ont toujours essayé de tirer le maximum des voiles de leur bateau. Ils se sont donc toujours mesurés entre eux... Amicalement ou non.

LE ZOOM DE L'ÉQUIPE

Formule 1 des mers

Pour améliorer leurs performances, les navigateurs ont fait construire des bateaux plus grands, plus légers et à la pointe de la technologie. En 2008, Francis Joyon a établi un nouveau record du tour du monde en solitaire en 57 jours ! Reste à savoir qui, du marin et de l'assistance à la fois technique et humaine dont il bénéficie, a désormais le plus de mérite...

Jeune, solitaire et championne

La Britannique Ellen MacArthur devient à 17 ans le plus jeune skipper professionnel. À seulement 22 ans, elle remporte la Route du Rhum 1998 en monocoque et récidive en 2002 après avoir pris la 2e place du Vendée Globe 2001 : elle est alors la plus jeune solitaire à avoir bouclé un tour du monde. En 2005, elle bat le record du tour du monde en solitaire.

Courses sur océan

Il y a de par le monde des aventuriers dont on ne connaîtra jamais le nom... et il y a les stars. Pour aller au bout de leur rêve, les coureurs au large ont besoin de voiliers de plus en plus performants. Il leur faut donc de l'argent, des sponsors, des médias... Mais une fois qu'ils ont largué les amarres, ils sont seuls face à l'adversaire le plus impitoyable et le plus imprévisible. La mer sera toujours une aventure !

Marins et techniciens

Les grands navigateurs sont de véritables athlètes, capables de résister au manque de sommeil, de manœuvrer des voiles immenses et de lutter contre les mers déchaînées. Mais ils doivent aussi participer à la conception de leur bateau et savoir tout réparer à bord. La météo, le positionnement par satellite et les pilotes automatiques les aident de plus en plus... Mais ils restent seuls maîtres à bord !

5 jours, 19 h, 29 min, 20 s !

C'est le temps record qu'a mis le Français Thomas Coville pour traverser l'Atlantique en solitaire en juillet 2008. Au début de l'année, il avait déjà battu le record de distance en 24 h pour un solitaire avec 619,3 miles.

Les principales courses pour monocoques et multicoques

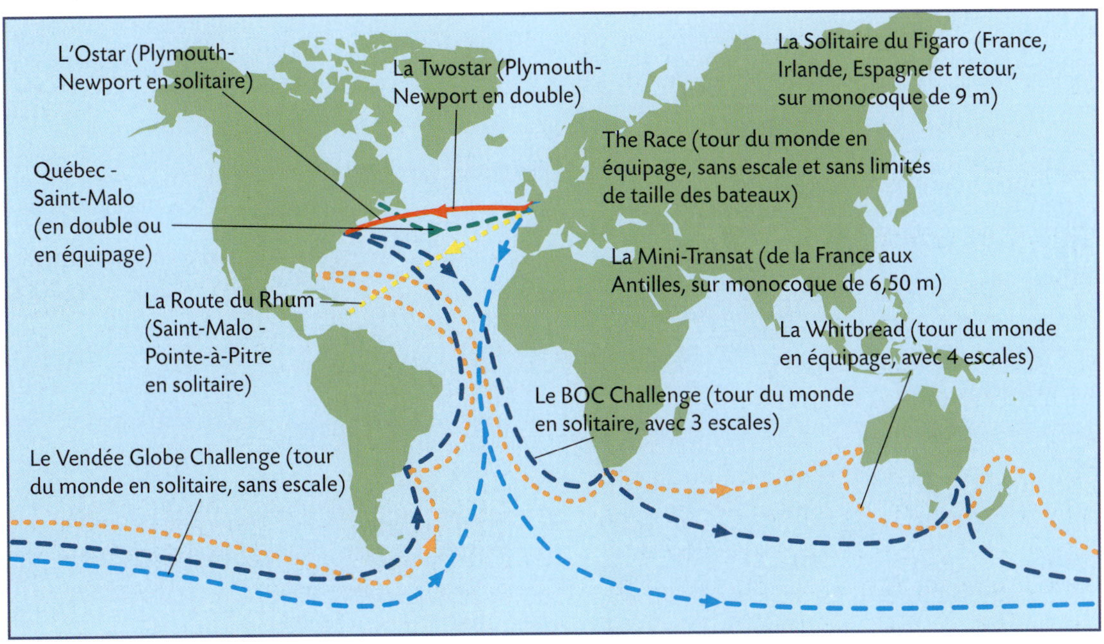

Bâbord et tribord

« Regarde à gauche ! » : des mots impossibles à entendre dans la bouche d'un marin sur son bateau. À bord, il n'y a ni gauche ni droite. Où que l'on se trouve sur le pont, « bâbord » désigne le côté gauche du bateau quand on regarde vers l'avant. « Tribord » indique toujours le côté droit.

Apprivoiser le vent

Un voilier ne se contente pas d'aller où le vent le pousse. Au « près » (30° à 45° du vent), la voile prend un certain angle par rapport au vent, et fend l'air en deux. À l'intérieur de sa courbure, le vent pousse la toile. À l'extérieur, un vide se crée, qui tire encore plus la voile vers l'avant. Aussi curieux que cela puisse paraître, le vent arrière n'est pas l'allure la plus rapide. En fait, la voile est seulement poussée par l'air, elle n'est plus tirée comme au près. Et quand le vent vient de face, le bateau recule !

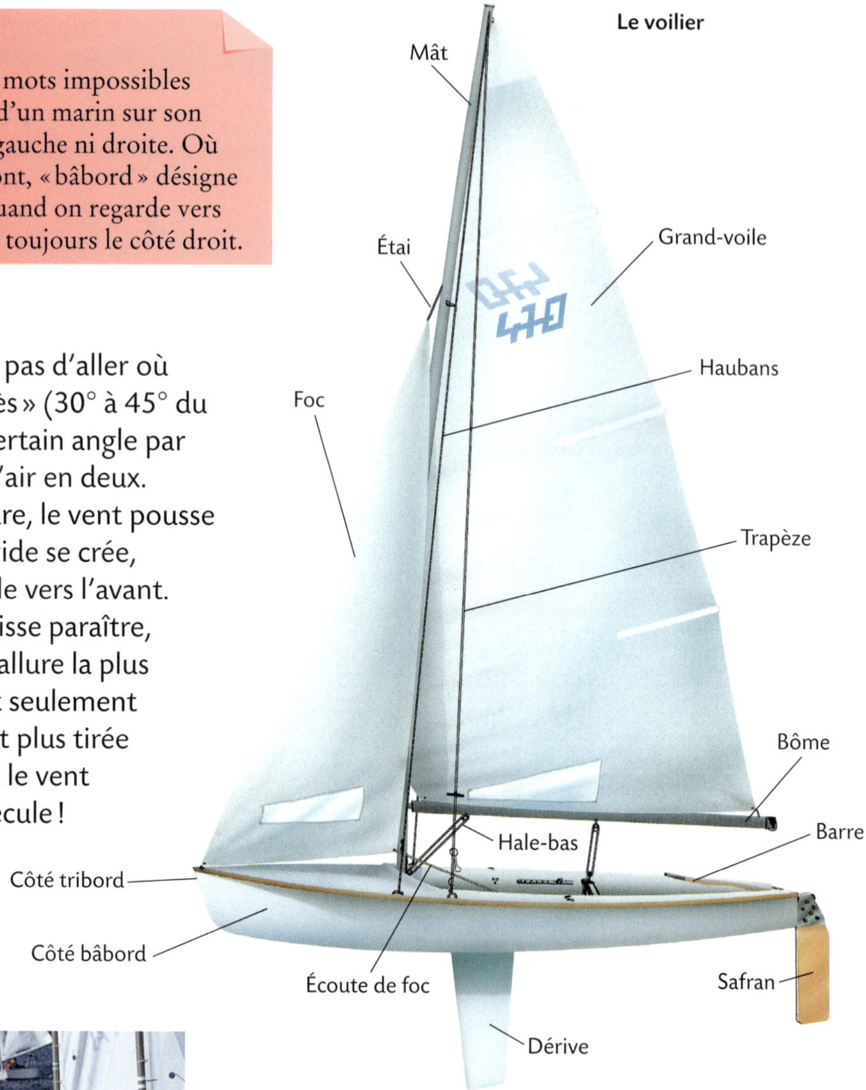

L'Optimist est un dériveur... C'est ton propre poids qui joue le rôle du lest et l'empêche de chavirer.

Paroles de marin

Les « drisses » servent à hisser les voiles, les « écoutes » à les régler en fonction du vent. La « dérive » peut se remonter. Elle empêche le bateau de déraper sur l'eau comme un bouchon poussé par le vent. Parfois, elle est fixe et lourdement lestée pour stabiliser le voilier ; elle s'appelle alors une « quille » et le bateau, un « quillard ». Le « gouvernail » permet de diriger le bateau. Il est composé du « safran », qu'on fait pivoter dans l'eau avec la barre. Et attention : le mot « corde » porte malheur sur un voilier !

Tu peux participer à des régates dès ton premier stage de voile. Il y a des compétitions pour tous les âges et sur plusieurs types de bateaux.

Prêt pour la régate ?

Tu peux commencer à faire de la voile dès 7 ans avec un Optimist. Ensuite, tu pourras essayer d'autres dériveurs, seul ou à deux : Vaurien, 420, 470... Dès 12 ans, il est possible de naviguer sur des catamarans de sport. Les quillards sont des voiliers plus grands (au moins 5 m). On y apprend à manœuvrer en équipage. La Fédération française de voile organise des Championnats de France par catégories d'âge. Mais il faudra d'abord que tu sois sélectionné...

Ne jamais oublier

En été, troque ton ciré et ton bonnet contre un bob ou une casquette et de la crème solaire. Remplace les bottes par des chaussures antidérapantes en caoutchouc ou des tennis (jamais pieds nus !). Et surtout, ne monte jamais à bord sans ton gilet de sauvetage !

Différents types de voiliers

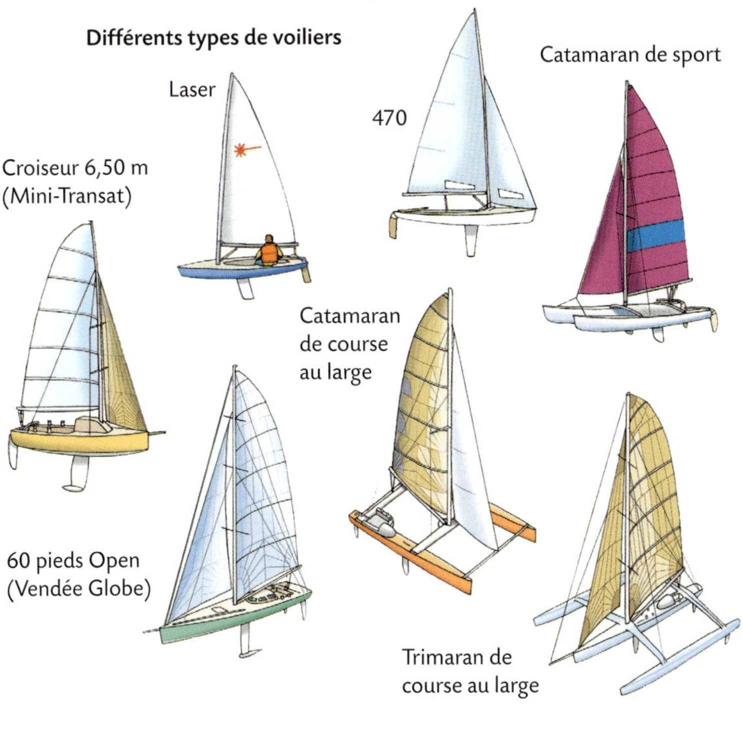

À couteaux tirés

Les régates se font, sur plan d'eau ou en mer, autour de 3 bouées. Le trajet est calculé de façon à tester les équipages à toutes les allures : au louvoyage (navigation en zigzag), au largue (avec voile en « poussée ») et au vent arrière. Le départ se fait au 3e coup de canon. Il est souvent l'occasion d'une belle bagarre, où il faut jouer avec les règles de priorité. Le bateau qui passe le premier la bouée de départ prend déjà une option sur la victoire !

Le canoë-kayak

En canoë ou en kayak, retrouve les sensations des intrépides trappeurs dans des cadres naturels exceptionnels.

Pour découvrir des décors sauvages de manière originale, explore les cours d'eau en canoë ou en kayak, en groupe ou en famille.

Comme les Indiens

Le canoë et le kayak sont deux types de bateau bien différents. Le canoë s'inspire des barques légères des Indiens d'Amérique du Nord. Le kayak est l'héritier des petites embarcations étanches que les Esquimaux utilisaient pour la pêche. Ils étaient construits à partir d'une armature en bois et en os de renne, entièrement recouverte de peau de phoque. Pour être bien maintenus à l'intérieur, les Esquimaux rentraient dans un « chausson » imperméable, serré à la taille. Ils pouvaient chavirer sans tomber de l'embarcation, ni être trop mouillés.

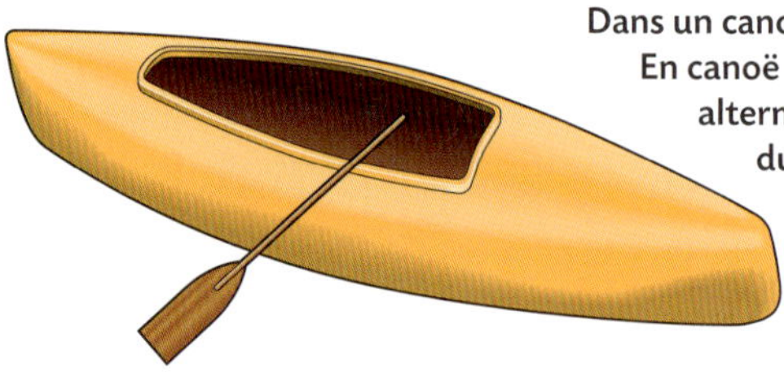

Dans un canoë, tu te tiens à genoux. En canoë simple, tu utilises une pagaie alternativement de chaque côté du bateau. En double, chacun pagaie de son côté du bateau.

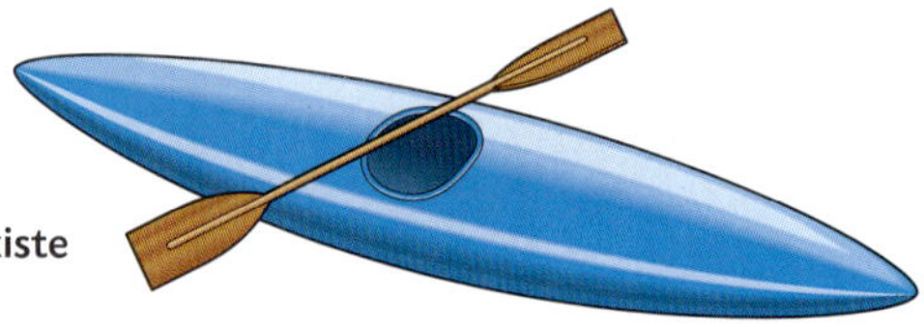

Dans un kayak, tu es assis et tu utilises une pagaie double. Les kayakistes pratiquent en simple, double ou à quatre. Il existe un kayak de mer, avec un avant relevé pour passer les vagues. Idéal pour la découverte du littoral !

Par la porte !

Le slalom est une course contre la montre, dans une rivière mouvementée. Les bateaux passent entre des portes suspendues au-dessus de l'eau. Des juges surveillent les concurrents, car il est interdit de toucher les perches, sous peine de pénalités. Chez les hommes, le slalom se fait en canoë simple et double, et en kayak monoplace. Les femmes font uniquement du kayak monoplace.

Familles de champions

Champion olympique en canoë monoplace à Sydney en 2 000, Tony Estanguet a gagné une nouvelle médaille d'or à Athènes. Son frère avait obtenu le bronze à Atlanta. Toutefois, à Pékin, il n'a pas dépassé les demi-finales. Quant à Benoît Peschier, il est le premier Français à obtenir un titre olympique en kayak en 2004… 35 ans après Claude Peschier, son père, qui fut le premier Français champion du monde de kayak !

Les kayakistes qui participent aux compétitions de descente et de slalom doivent porter un casque et un gilet de sauvetage.

En descente

Appelée aussi course en rivière sportive, la descente se pratique sur les mêmes bateaux que le slalom, mais elle n'est pas une discipline olympique. C'est une course de vitesse sur 3 à 8 km de rivière, où les athlètes peuvent rencontrer des obstacles naturels. Très spectaculaire ! Il existe aussi des épreuves de sprint sur une distance de 300 à 500 m.

Sprint et fond

La course en ligne se pratique en canoë et en kayak sur des plans d'eau sans courant. Les bateaux suivent des couloirs. Chez les hommes, les courses se font sur 500 et 1 000 m en canoë et en kayak simple ou double, et sur 1 000 m en kayak à quatre. Les compétitions féminines se limitent aux différents kayaks, sur 500 m. Il existe des courses de fond (10 000 m pour les hommes, 5 000 m pour les femmes) qui ne sont pas au programme olympique.

Quand commencer ?

Il est possible de faire du canoë ou du kayak dès 7 ans… à condition de savoir nager. Mieux vaut s'y prendre tôt si tu veux essayer toutes les rivières de France : il y en a plus de 25 000 km !

Les canoës sont des embarcations profilées qui atteignent 20 km/h environ sur des eaux calmes.

L'aviron

Extraordinaire engin ! D'un coup de rame, cette étrange araignée d'eau glisse de plusieurs mètres. L'aviron est le meilleur des sports pour l'équilibre physique.

Galériens par plaisir !

Le célèbre poète latin Virgile décrivait déjà la première course d'aviron, au Ier siècle après J-C. L'aviron fait partie de la même famille que le canoë et le kayak, mais il se pratique uniquement en eau calme, sur les lacs ou les rivières. L'autre différence provient du moyen de propulsion : ici, pas de pagaies, mais des rames (appelées avirons) fixées au bateau. Elles ne sont pas directement en appui sur la coque, mais sur les portants situés de chaque côté du bateau. Ce sport tout en puissance est fait pour les garçons et les filles solides !

L'aviron n'est pas seulement un sport de vitesse. C'est aussi une formidable façon de découvrir des paysages et de profiter de la nature.

Propulse-toi !

L'aviron fait travailler tous les muscles grâce à la technique de propulsion utilisée pour avancer.

1. Tu glisses vers l'avant en ramenant les rames en arrière.

2. Tu tires les avirons vers toi, en poussant sur tes pieds pour reculer ton siège.

Comment ça marche ?

L'aviron, ce n'est pas le nom du bateau, mais celui de la rame. En bois ou en fibre de carbone, elle est placée dans une fixation appelée « dame de nage ». Le rameur, assis sur le siège à roulettes, les pieds bien calés, tire en cadence sur les avirons. Le barreur agit sur un tout petit gouvernail. Il donne surtout le rythme à ses coéquipiers.
Les bateaux peuvent être armés « en couple » (le rameur dispose de deux avirons) ou « en pointe » (un aviron manié à deux mains).
Il existe aussi des yoles de mer qui se mesurent lors de compétitions acharnées.

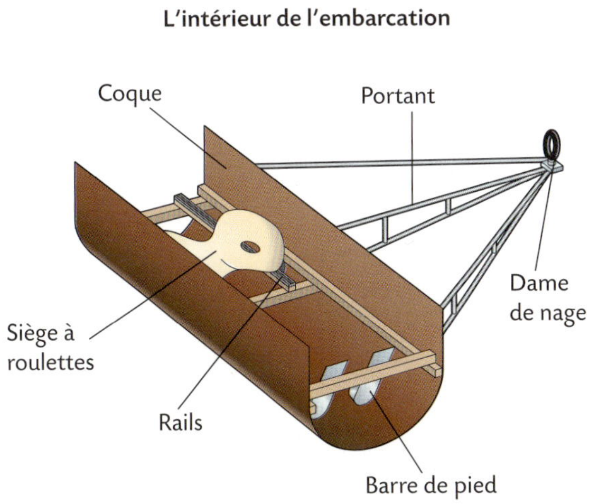

La joute, un sport de 5 000 ans !

Si l'aviron fait partie de la tradition anglaise, la joute est un sport français. Il existe des variantes lyonnaise, languedocienne, provençale ou parisienne. Au son de la musique, deux hommes, debout chacun sur un bateau, essaient de se faire tomber dans l'eau avec une lance de bois. Et la tradition veut que le vainqueur plonge pour aller embrasser son dernier adversaire qui barbote dans l'eau...

Le bon plan

Un plan d'eau sans obstacle, sans courant, à l'abri du vent... Les 6 bateaux sont alignés au départ, en face de leur couloir, large de 5 m. C'est parti ! Le gagnant est le premier qui franchit la ligne d'arrivée avec l'avant de son embarcation. La distance est de 1 000 m pour les Minimes, 1 500 m pour les Cadets et Juniors, 2 000 m pour les Seniors.

Les Français ont décroché la médaille de bronze en quatre de couple messieurs aux JO de Pékin en 2008.

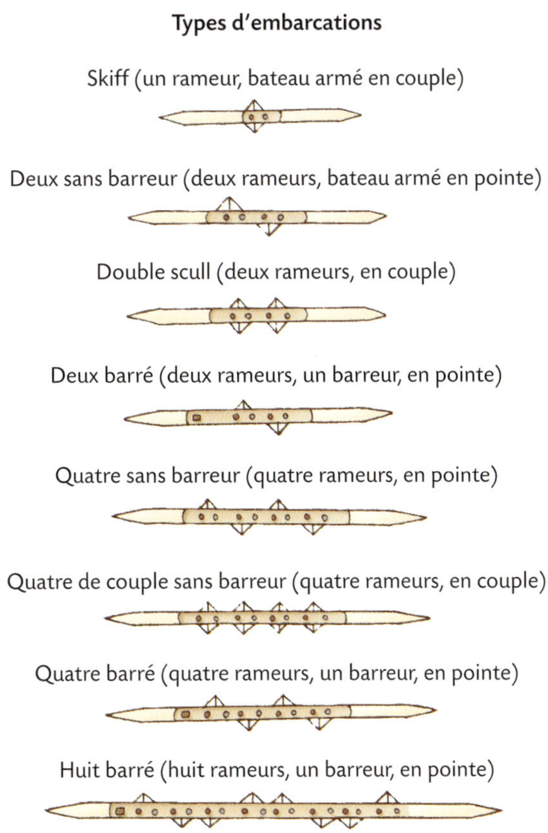

Eau vive

Les rivières sont un superbe terrain d'aventure. Mais bien sûr, la sécurité est primordiale dans les sports d'eau vive.

Jouer avec l'eau, pas avec le feu

La rivière est idéale pour le jeu, la glisse et l'action. Descente en raft ? Nage en eau vive ? Tu peux aussi choisir de descendre son cours à pied ou à la nage. Dans tous les cas, il faut être prudent, se renseigner sur la météo. Car un orage peut transformer le jeu en cauchemar, en provoquant une brusque montée des eaux ou en créant des vagues déferlantes. Ne pars pas sans te faire accompagner par une personne expérimentée.

Rivières accueillantes... ou pas

Les rivières sont classées en catégories selon leur difficulté de navigation : de 1, facile avec de petits rapides et des obstacles sans danger, à 6, infréquentable sauf par les professionnels qui prennent toutes leurs précautions. Mais une même rivière peut avoir des sections de difficulté très différentes. Renseigne-toi bien !

Le raft est un radeau pneumatique très stable, qui ne peut pas couler.

Précautions

Pour réduire les risques et supporter l'eau froide, prends toujours un casque et une combinaison. Ne commence pas la nage en eau vive avant 13 ans : il ne suffit pas que tu saches bien nager et que tu maîtrises l'utilisation des palmes, il faut aussi que tu aies suffisamment de force pour te dégager des courants.

Ambiance rafting

Les rafts apparaissent sur les plages de Normandie lors du débarquement de 1944. Après la guerre, les Américains les utilisent pour descendre des rivières ou des torrents. Ce nouveau sport s'est beaucoup développé : certains raids se font sur 1 000 km de descente ! Le rafting est assez facile. Si tu sais bien nager, tu peux le pratiquer dès 8 ans. L'embarcation comprend 5 à 8 personnes, dont un barreur expérimenté. Tu auras de grands frissons, des fous rires et des moments d'excitation. Mais n'oublie pas le casque et le gilet de sauvetage obligatoires.

Nager dans les remous

La nage en eau vive, appelée aussi *hydrospeed*, se pratique en rivière ou en torrent. Ce sport est très spectaculaire, car le nageur descend le courant à très grande vitesse. Pour cela, il utilise un flotteur insubmersible qui l'aide autant à flotter qu'à se protéger. Avec ses palmes, le nageur peut se diriger à l'intérieur des courants. La difficulté dépend de la puissance des courants et des obstacles rencontrés.

En *hydrospeed*, tu as besoin, en plus du flotteur, de palmes pour mieux t'orienter, d'une combinaison pour lutter contre le froid et d'un casque pour te protéger.

Quelle épreuve !

La descente en eau vive se pratique sur 7 à 12 km. En slalom, le nageur doit passer entre 10 et 20 portes sur 400 et 800 m. Les compétitions sont organisées par la Fédération de sports sous-marins et par la Fédération de canoë-kayak.

Le canyoning pour les aventuriers

C'est le sport à la mode. Tu descends une rivière à pied ou à la nage. Mais lorsque tu rencontres une chute, tu es obligé de sauter ou de descendre en rappel. Il faut donc prévoir du matériel d'escalade. Le canyoning s'adresse aux bons sportifs, habitués à l'effort de longue durée. Mais avant 16 ans, il vaut mieux s'en tenir aux parcours très faciles. Et fais-toi toujours accompagner par un adulte expérimenté ou, mieux encore, par un moniteur professionnel.

Le canyoning est un sport extrême, qui demande une préparation rigoureuse et une excellente condition physique.

La pêche

Il y a toutes sortes de pêcheurs : des grands marcheurs, des rusés, des naïfs, de fins techniciens, des écolos, des non violents... Et toi ? Lequel es-tu ?

Ton terrain, c'est la nature

La pêche est d'abord un métier difficile. Elle est pratiquée depuis la nuit des temps par des hommes qui n'avaient – et n'ont encore – que ce moyen pour se nourrir. C'est pourquoi, même en tant que sport, la pêche reste parfois une affaire sérieuse. Certains vont en haute mer, d'autres préfèrent les berges d'une rivière ou d'un lac, mais la plupart sont des amoureux de la nature qui se désolent quand leur « terrain » est pollué.

La pêche est avant tout le moyen de mieux connaître la nature et les poissons. Certains pêcheurs remettent même leurs prises à la rivière.

Organise une virée pêche-écolo

Emmène tes copains pour une partie de pêche près d'un étang ou au bord d'une rivière et organise un concours. Le but est de pêcher un poisson de ton choix, plus ou moins rare en fonction de l'endroit où vous vous trouvez. Et ajoute des points de bonus pour ceux qui « pêchent » des détritus et des objets polluants : ce sera toujours ça de moins dans l'eau !

Apprends à reconnaître les poissons de rivière

Brochet (50 cm à 1,30 m)

Carpe (40 cm à 1 m)

Perche (10 à 50 cm)

Technique d'abord

La pêche en eau douce est un vrai sport. Les champions utilisent du matériel très élaboré, de la canne aux hameçons, et s'affrontent lors de Championnats du monde annuels. La technique la plus fine est la pêche à la mouche. Par ses mouvements de canne, le pêcheur agite sa « mouche » (qui est le plus souvent une plume) là où il devine la présence du poisson. Il imite tellement bien les mouvements de l'insecte que la truite bondit... et gobe l'hameçon.

La pêche à la mouche demande beaucoup de dextérité et de sang-froid.

Vive les écoles de pêche !

Dès 10 ans, tu peux y apprendre les techniques de pêche sportive, mais aussi l'observation et la découverte de l'eau et des poissons, grâce à des initiateurs formés au respect de la nature. Tu peux faire de la compétition à partir de la catégorie Minimes.

Permis de pêcher

Pour obtenir ton permis, tu dois adhérer à une association de pêche. Cette carte, gratuite jusqu'à 16 ans, est valable une année. Pour la pêche de certains poissons, comme le saumon, il y a des suppléments à payer. Tu dois respecter les dates d'ouverture et de fermeture de la pêche, ainsi que divers règlements, comme l'interdiction de pêcher plus d'une demi-heure après le coucher du soleil.

Sandre (30 cm à 1 m)

Truite (25 à 40 cm)

Pêche en haute mer

La pêche au large peut être pratiquée par tous mais il est interdit de vendre les poissons attrapés. Respecte les limites pour la taille des lignes ou des filets. Certaines espèces sont protégées. Renseigne-toi avant de partir. Et si tu as l'esprit de compétition, participe aux Championnats de pêche au large !

Pour explorer la nature de manière insolite, essaie les sports aériens : le parapente par exemple !

Entre air

et terre

S'élever jusque dans les nuages, explorer les cieux ou plonger dans les tréfonds de la Terre ? Monter en douceur, planer tranquillement ou chuter à toute vitesse ? Vers le haut ou vers le bas ? De nombreuses possibilités s'offrent à toi !

Le pilotage

Pour apprendre à voler, l'homme a d'abord rusé : il a inventé le ballon gonflé d'air chaud. Mais pour rivaliser avec l'oiseau, il a bien fallu qu'il se risque sur des engins plus lourds que l'air… Et ça, c'était du sport !

Fous volants

En 1890, Clément Ader réalise, pour la première fois, un petit bond avec un engin plus lourd que l'air muni d'un moteur à vapeur. Mais il faut attendre le moteur à essence pour que les frères Wright réussissent, dès 1903, les premiers véritables vols. En 1908, Henri Farman réussit à voler sur un kilomètre. Un an plus tard, Louis Blériot traverse la Manche ! Après l'ère des pionniers, ce sont malheureusement les techniques inventées pendant les deux guerres mondiales qui feront le plus progresser l'aviation…

Et si tu devenais pilote ?

La formation pour obtenir un brevet de pilotage comprend des cours théoriques et pratiques. À 15 ans, tu pourras obtenir le « brevet de base » pour voler seul dans un rayon de 30 km. La « licence de pilote privé » (PPL) est accessible à partir de 17 ans. Attention : la formation au pilotage est très chère, mais il existe des aides aux jeunes pilotes. Renseigne-toi !

Un sport de « vieux »

Aujourd'hui, les appareils, même les plus petits, sont d'une fiabilité à toute épreuve. Mais ne t'attends pas à pouvoir prendre les commandes d'un avion comme celles d'un scooter ! La réglementation est très stricte. Avant de piloter, tu devras passer par des contrôles d'aptitude physique (bonne vue indispensable !) et effectuer une formation rigoureuse. Mais si tu en brûles d'envie, tu peux commencer à te renseigner dès 14 ans auprès d'un aéro-club…

Les pilotes de voltige sont des « as » hyper-professionnels. Leurs avions semblent capable de tout dans le ciel !

De haut vol

La voltige aérienne consiste pour le pilote à bien positionner son avion, monoplace ou biplace, dans un cadre imaginaire de 1 km de côté, puis à réaliser différentes figures et acrobaties. C'est un spectacle très impressionnant que tu peux suivre depuis le sol. Les pilotes qui pratiquent la voltige sont sélectionnés en fonction de leur expérience et de leur sang-froid : pas de place pour les « rigolos » ! C'est une question de survie pour le pilote... et pour les spectateurs.

La voltige en équipe demande encore plus de maîtrise des pilotes, parce qu'elle exige une parfaite synchronisation.

Championnats

Il existe un Championnat de pilotage de précision et un Championnat de rallye aérien. Depuis 1953, le Tour de France permet à des pilotes de 17 à 21 ans de se perfectionner. Quarante-cinq jeunes titulaires du brevet de pilotage sont sélectionnés par les clubs. Ils doivent effectuer en 7 jours un parcours de 2 400 km en 7 étapes.

Gymnastique aérienne

Deux juges de cadre estiment si le concurrent est sorti de la zone réglementaire de 1 km de côté. Dans ce cas, il peut recevoir des pénalités ou être éliminé. Le pilote effectue des figures « imposées connues », expliquées longtemps avant la compétition, ou « imposées inconnues » qu'il découvre la veille de l'épreuve. Enfin, chaque pilote propose une série de figures et d'enchaînements libres. Sept juges notent la qualité de la voltige et le niveau de difficulté.

Essayer de relier Londres à Paris en vol inversé : il fallait y penser !

Haute pression

Quand l'avion réalise une boucle, le pilote supporte une pression très forte due à l'accélération. Elle est de plusieurs fois son poids, 3 à 4 fois plus forte que ce que tu as peut-être ressenti sur le grand huit, dans les fêtes foraines. Quand l'avion est à l'envers, heureusement, le pilote est retenu par une ceinture !

Le secret du planeur réside dans ses ailes immenses et sa légèreté.

Le vol à voile

Toute la fascination du vol, avec le bruit du moteur en moins ! Dans le silence, alors ? Mieux encore : le délicieux sifflement de l'air qui t'entoure…

Oiseau immobile

Le planeur vole de ses propres ailes... mais il est incapable de décoller seul ! En 1856, le Français Jean-Marie Le Bris effectue le premier vol grâce à l'élan donné par un cheval. Aux temps héroïques, tous les moyens étaient bons pour prendre de l'altitude : chute depuis le bord d'une falaise, catapulte géante... Aujourd'hui, le problème est résolu : les planeurs se font tracter par un avion jusqu'à l'altitude désirée. Il en existe même avec un petit moteur auxiliaire qui permet une totale autonomie.

Régates célestes

Les compétitions de vol à voile ont pour principe d'effectuer un trajet déterminé à l'avance le plus rapidement possible. Ce peut être un aller-retour, un triangle (avec 2 points de virage obligés), un polygone (plusieurs points de virage)… un peu comme une régate de voile.

Porté par le vent

L'art de piloter un planeur, c'est maîtriser la portance, c'est-à-dire savoir utiliser les courants d'air qui montent depuis la terre chauffés par le soleil. Les « courants ascendants » permettent au planeur de rester à une altitude de 3 000 m... et beaucoup plus en cas d'orage. Les montagnes créent souvent une ondulation sous le vent, permettant au planeur de dépasser les 10 000 m.

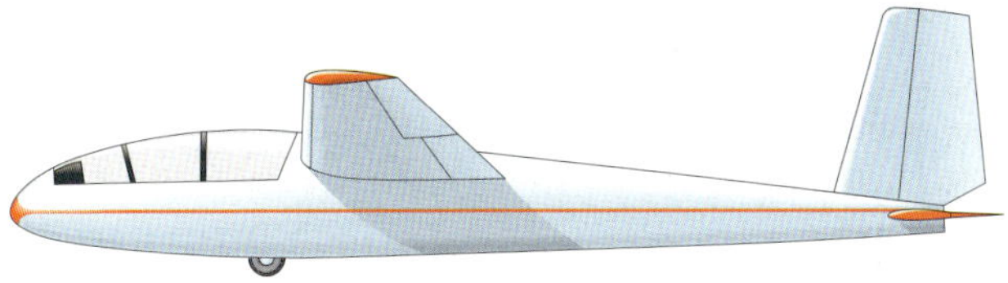

Constitué de matériaux modernes, comme la fibre de carbone, le planeur pèse de 200 à 600 kg.

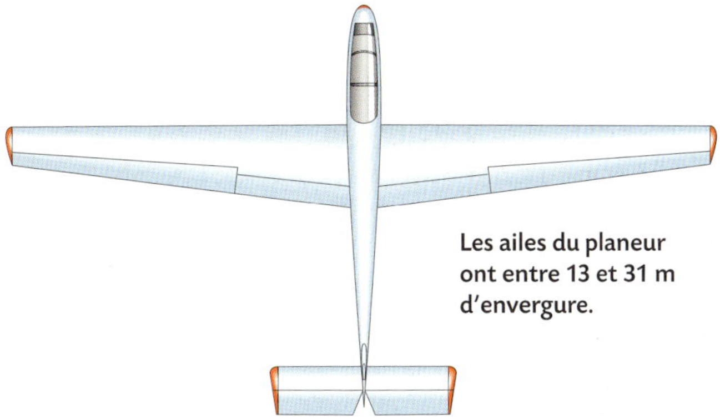

Les ailes du planeur ont entre 13 et 31 m d'envergure.

Un ballon dans le ciel

Dans la montgolfière, l'air chaud qui fait monter l'appareil est produit par un brûleur à gaz, et enfermé dans une immense enveloppe de tissu. On se dirige en cherchant, à différentes altitudes, le vent qui porte dans la bonne direction. Cette méthode un peu aléatoire a limité l'importance des montgolfières dans le transport aérien... mais possède un charme certain !

Des aides pour décoller

Il faut avoir 15 ans pour commencer l'école de planeur. Tu apprendras progressivement le mécanisme de fonctionnement d'un planeur avant de découvrir les techniques de décollage et d'atterrissage. La Fédération propose des bourses aux garçons et filles, âgés de 15 à 25 ans. Ces bourses, qui paient le « remorqué » de 20 vols, sont offertes à tous. Ensuite, il faut que tu réussisses au moins les épreuves théoriques du brevet de pilote de planeur pour continuer à en bénéficier.

15 447 m !

C'est le record absolu d'altitude en planeur détenu par l'Américain Steve Fossett depuis 2006. Quant à la distance maximale parcourue en ligne droite, elle est de 1 461 km.

Le parachutisme

Parcourir le ciel comme un oiseau : tu imagines ? Si tu veux connaître le grand frisson, ose le grand saut !

Le plus vieux rêve de l'homme...

On raconte que, jadis, les acrobates chinois sautaient avec des parasols ! Léonard de Vinci, en 1502, avait déjà dessiné un projet de parachute. En 1797, André-Jacques Garnerin saute depuis un ballon volant à 680 m d'altitude... Ça marche ! En 1912 ont lieu les premiers sauts à partir d'un avion. Le parachutisme devient un moyen de sauvetage pour les pilotes en péril et une façon pour les militaires d'atteindre un objectif. Mais le parachutisme est aussi une discipline sportive particulièrement impressionnante et diversifiée.

6 700 m !

C'est la hauteur depuis laquelle le pilote russe Chesov est tombé... sans parachute. Il a survécu car la neige a amorti sa chute !

Premier saut

Pour commencer le parachutisme, il faut avoir 15 ans. Tu peux préparer en une journée un saut d'initiation : tu sauteras d'un avion, à 1 200 m d'altitude. Après quelques secondes, ton parachute s'ouvrira tout seul. Car, souvent, la peur du vide est telle que tu serais incapable d'actionner la commande de ton parachute ! Si tu es trop effrayé, tu peux opter pour le saut en tandem. Il existe aussi des stages d'initiation.

Pour s'élever...

Le parachute ascensionnel sert non pas à ralentir la chute, mais au contraire à t'élever dans les airs. Le plus souvent, tu es tiré par un bateau. Accessible dès 12 ans, c'est une très bonne façon de t'initier au parachutisme et à tous les autres sports de vol libre.

Sensations fortes

De plus en plus, ce qui intéresse les sportifs, ce n'est pas tellement le maniement du parachute, mais plutôt ce qui se passe avant de l'ouvrir ! Plongeant vers le sol à 250 km/h, les adeptes de la chute libre en profitent pour effectuer toutes sortes de figures en groupe (vol relatif) ou en solo (voltige). Sensations garanties !

Paré pour la chute ?

Le « vol relatif » fait partie des disciplines de chute libre. Les parachutistes doivent effectuer, en 35 ou 50 s, des figures imposées, à 4 ou à 8. Certains tentent des records en formant des figures avec toujours plus de participants. Le plus grand vol relatif au monde a été réalisé en 2006 par 400 parachutistes regroupés en une étoile géante. En voltige, le sauteur doit exécuter le plus vite possible 6 figures imposées.

Surfer à près de 200 km/h... sur de l'air ? C'est possible ! Les évolutions de surf aérien sont filmées par un vidéo parachutiste.

Le vol relatif en équipe demande beaucoup de coordination. Il faut très bien connaître les membres de son équipe et multiplier les exercices en commun.

Envie de voile contact ? Accroche-toi !

Jeux des airs

Parmi les disciplines à parachute ouvert, la « précision d'atterrissage » consiste à exécuter un saut à partir de 1 000 m. Le parachutiste doit toucher au sol une cible de seulement 3 cm de diamètre. S'il touche, avec son pied, le cœur de la cible, il fait un « carreau ». La « voile contact » consiste à voler en groupe de 4 ou de 8, parachute ouvert, en s'accrochant à la voilure du partenaire. C'est très beau à regarder et très difficile à réaliser, car chacun doit être à la même vitesse.

Aile delta et parapente

Une toile fine et résistante, des sangles, une belle envie de liberté… et voici les disciplines de vol libre. Les oiseaux n'en reviennent toujours pas !

Grâce aux courants ascendants, l'aile delta peut atteindre des altitudes bien plus élevées que le point de décollage.

Retombée spatiale

Dans les années 1960, deux ingénieurs de la NASA, l'organisme américain qui s'occupe des vols dans l'espace, mettent au point un parachute en forme d'aile triangulaire appelée « delta », pour récupérer les engins rentrant dans l'atmosphère. L'invention n'est pas retenue par la NASA, mais les amateurs de sensations fortes comprennent vite l'intérêt de cette technique.

Pilotage du parapente

Des commandes sont reliées directement à l'avant et à l'arrière de la voile. Le pilote, assis dans son harnais, peut « freiner » la partie droite ou gauche de la voile pour tourner. L'important est de savoir trouver les courants d'air chaud pour se maintenir le plus longtemps possible. Les parapentistes bien entraînés peuvent faire des figures magnifiques dans le ciel.

Apprends à manœuvrer l'aile delta

Voici les 3 techniques de base que tu apprendras en débutant.

Pour piquer (descendre), tire le triangle de contrôle vers toi.

Pour virer, déplace ton corps d'un côté ou de l'autre.

Pour cabrer (monter), pousse le triangle vers le haut.

L'ultra léger motorisé

Même si les premiers ULM étaient basés sur le principe de l'aile delta, leur technique les rapproche plus du pilotage d'avion que du vol libre. Propulsés par des moteurs très légers (des moteurs de tondeuse à gazon !), ces engins de moins de 150 kg sont tout de même trop lourds pour permettre le vol à voile. D'où la nécessité d'une mécanique en parfait état !

4 343 m !

C'est l'altitude record atteinte par le Britannique Larry Tudor en 1990 sur une aile delta. Il détient également le record de distance en ligne droite : 495 km (1994).

Fous sautants

En 1978, en Haute-Savoie, des parachutistes veulent s'entraîner à la précision d'atterrissage en économisant le coût de la montée en avion. C'est ainsi qu'ils s'élancent à partir du sommet d'une montagne... et inventent le parapente ! Mais il faudra encore quelques années pour que les fabricants mettent au point des voiles vraiment adaptées....

Étape obligatoire

Il faut avoir 14 ans pour débuter le vol libre. Inscris-toi dans une école qui porte le label de la Fédération de vol libre (FFVL). Les moniteurs t'accompagneront pour apprendre les techniques de vol. Puis tu effectueras des vols accompagnés avant de te lancer, seul (d'abord en liaison radio avec les moniteurs pour l'aile delta). Tu seras également sensibilisé à la sécurité : tous les pilotes sont très attentifs à leur matériel, à la météo et au vent, et très rigoureux dans leurs moindres gestes.

Le parapentiste court pour gonfler sa voile de 25 m^2 et décolle du sommet d'une montagne. Des paysages de rêve pour récompenser un travail tout en finesse avec les ascendances !

Le cerf-volant

Magique ! Cet engin délicat qui glisse dans le vent semble vivre sa propre vie. En fait, il t'obéit au doigt et à l'œil. Et si ton corps reste sur terre, ton esprit est avec lui dans le ciel…

Comme une immense machine à air...

Une longueur record pour ce cerf-volant géant !

Les cerfs-volants nous observent...

Apprivoiser le vent

Les premiers cerfs-volants sont apparus en Chine il y a 4 000 ans, puis ils se sont répandus au Japon, en Inde, en Arabie et en Europe. On s'en est servi pour guider les tirs d'artillerie, pour le sauvetage en mer, comme antenne de radio... Pour les Chinois, c'était un moyen de communiquer avec les dieux. Les premiers cerfs-volants étaient fabriqués en bambou et en papier. Aujourd'hui, ils sont constitués des mêmes matériaux que pour les avions : aluminium, carbone ou Kevlar. Les plus simples sont plats, mais toutes les formes sont permises.

Compétitions d'ici et d'ailleurs

Depuis quelques années, il existe des Championnats de cerf-volant acrobatique. Les pilotes font effectuer à leurs engins en forme d'aile delta des figures imposées ou libres, et des ballets. En Asie et en Amérique du Sud, les jeunes se passionnent pour le combat de cerfs-volants. Il s'agit de couper les fils du cerf-volant adverse. Ce sport peut être dangereux car les fils très coupants et presque invisibles peuvent blesser les passants. C'est pourquoi ce type de compétition est interdit en France.

Guide ton cerf-volant

Sur la plage, veille à t'installer dans un endroit bien dégagé pour t'initier au maniement du cerf-volant.

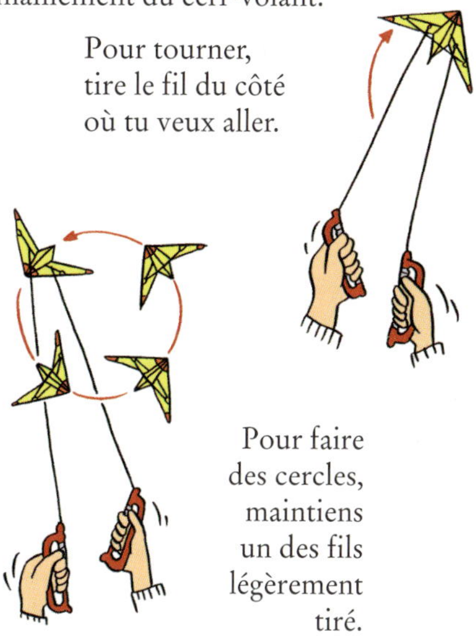

Pour tourner, tire le fil du côté où tu veux aller.

Pour faire des cercles, maintiens un des fils légèrement tiré.

Le maniement du cerf-volant est délicat : c'est en t'exerçant que tu le maîtriseras.

Tout en délicatesse

Si tu veux connaître toutes les finesses du pilotage, choisis un cerf-volant en forme d'aile delta. Prends-le bien solide car, les premières fois, tu auras sans doute quelques accidents... Recherche les lieux bien dégagés, où les perturbations du vent seront les moins gênantes et où ton précieux engin risque moins de s'abîmer. Dès que tu commences à te débrouiller, n'hésite pas à fréquenter les endroits où d'autres passionnés s'exercent. C'est en les regardant faire, puis en te mesurant à eux que tu deviendras un vrai pilote !

Mini avions

En aéromodélisme, il y a les fous de l'avion en balsa qui parviennent à fabriquer des engins dont le poids ne dépasse pas 1 g. Les compétitions ont lieu dans d'immenses hangars. Tout est dans le réglage : une fois l'avion lâché, plus moyen d'intervenir. Le vainqueur est celui qui reste le plus longtemps en vol. Mais tu connais aussi l'aéromodélisme à moteur, avec télécommande : toutes les sensations de la voltige... mais sans les risques !

L'escalade

Tu rêves d'égaler les exploits de ces étranges araignées humaines, qui s'élèvent le long de parois vertigineuses ? Un petit tour à l'école d'escalade, et tu connaîtras déjà tes premières émotions de grimpeur !

Joie de la grimpe

Plus accessible que l'alpinisme, l'escalade offre à un maximum de gens le plaisir de grimper. Plus besoin de haute montagne à proximité, ce sport se pratique aussi bien sur de petits rochers ou des falaises qu'en salle ! L'escalade sportive n'est pas un sport olympique, mais les filles comme les garçons peuvent participer à un Championnat du monde et à une Coupe du monde.

Quand tu débutes

Suis bien le circuit et respecte les consignes de sécurité. Tu dois toujours avoir au moins 3 points d'appui (n'avance jamais en même temps un pied et une main). Et regarde bien où tu poses tes pieds. Apprends à observer attentivement la paroi pour repérer les bonnes prises. Essaie-les avant de t'en servir, pour trouver le meilleur point d'appui. Attention, la descente est souvent plus difficile que la montée !

Certains grimpeurs comme Patrick Edlinger (la star de la grimpe dans les années 1980) donnent l'impression de danser sur les falaises. Mais derrière l'apparente facilité se cachent un travail incroyable et une volonté de fer.

Équipe-toi !

- Le casque te protège en cas de chute de pierres ou de choc contre un rocher.
- Attaché à la corde, le baudrier est un harnais confortable.
- Les chaussons d'escalade te permettent de mieux adhérer à la paroi.

Les murs d'escalade alternent des prises en creux ou en saillie.

Premiers pas

Tu peux commencer l'escalade très tôt en t'inscrivant dans un stage ou un club. Tu y feras tes « premiers pas » sur des tours, des murs ou des rochers spécialement aménagés. Les circuits pour enfants se font sur des blocs, où les voies à suivre sont bien signalées, et où les chutes ne sont pas trop dangereuses. Ton objectif : réussir tout seul les passages proposés ! Pour apprendre sur des petits blocs, pas besoin d'équipement particulier. Le club te fournira le nécessaire pour grimper sur les murs plus hauts.

À l'assaut des falaises, la sécurité est primordiale.

La force sera avec toi...

Quand tu auras assez d'expérience, tu pourras envisager l'escalade de falaise. La hauteur de ces rochers rendant toute chute très grave, tu devras t'assurer avec un matériel adapté, et apprendre sa bonne utilisation. Fille ou garçon, le grimpeur doit être plutôt léger, et particulièrement souple. Il sera fort, aussi bien physiquement que dans sa tête. Les meilleurs grimpeurs sont capables de réaliser 700 tractions sur une barre fixe en une heure ou même de faire plusieurs tractions sur un seul doigt !

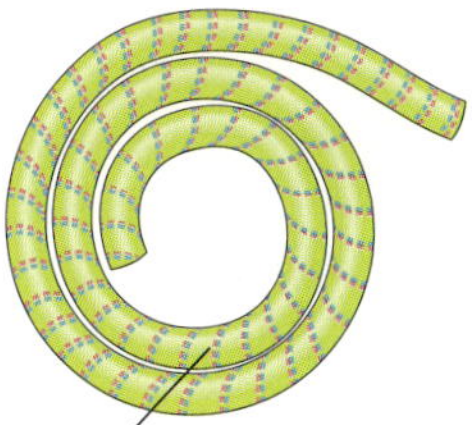

Une **corde** en Nylon tressé t'assure en cas de chute.

Le **descendeur** bloque la corde ou la laisse glisser à volonté.

Deux **mousquetons** attachés par une sangle forment la **dégaine**.

Matériel d'escalade

1a, 1b, 1c...

Tous les rochers ne présentent pas la même difficulté. Les plus faciles sont numérotés 1a, puis 1b, puis 1c, jusqu'aux très durs qui sont marqués 8c ou 9a. Il existe des topo-guides pour de nombreuses parois, qui indiquent les « voies » déjà équipées de pitons et précisent, portion par portion, leur difficulté.

Pour éviter les risques de chute, les alpinistes avancent en cordée. Être « premier de cordée » est une lourde responsabilité...

Alpinisme et spéléologie

Toujours plus haut... ou plus bas ! Si tu ne crains pas le vertige et si tu es très résistant, choisis l'alpinisme. Si tu rêves plutôt d'explorer les entrailles de la Terre, opte pour la spéléologie.

LE ZOOM DE L'ÉQUIPE — Sur le toit du monde

Les alpinistes n'ont ni compétitions ni adversaires directs. Ils sont en quête d'absolu et d'exploits. Quatorze sommets culminent à plus de 8 000 m. Ils sont 14 à les avoir tous gravis ! Le premier à avoir réussi cette performance, en 1986, est l'Italien Reinhold Messner. Aucun Français n'y est encore parvenu.

À l'assaut !

Les montagnes ont toujours fasciné les hommes. Au fil des siècles, quelques audacieux se sont lancés à l'assaut de leurs sommets. Ainsi, le roi d'Aragon Pierre III escalade déjà le pic du Canigou à la fin du XIIIe siècle. La conquête des Alpes, le plus vaste et le plus haut ensemble montagneux d'Europe, date de la fin du XVIIIe siècle. Après l'exploit de Michel Gabriel Paccard et de Jacques Balmat qui, en 1786, réussissent la première ascension du mont Blanc, les tentatives se sont multipliées... L'alpinisme était né !

Sport à hauts risques !

Aujourd'hui, ils sont des milliers à marcher sur les traces des pionniers, attirés par la découverte de la montagne ou par le défi... Mais l'alpinisme reste un sport très difficile, qui exige une préparation rigoureuse. Avant d'entamer une ascension, il faut toujours bien prendre en compte les éléments naturels et les risques liés à la montagne : tempête, avalanche ou chute de pierres. En plus, il faut avoir une excellente condition physique et une grande résistance au froid et à la fatigue : bref, être un vrai athlète !

Voyage au centre de la Terre...

Tu es un mordu d'alpinisme ? Peut-être adoreras-tu l'alpinisme à l'envers ? C'est ainsi qu'Édouard Alfred Martel, l'un des pionniers de la spéléologie en France (il a exploré une rivière souterraine en 1888, simplement équipé de bougies et d'échelles de corde) définissait cette activité. Au lieu de gravir des montagnes, le spéléologue descend sous terre ! Tu peux t'initier à partir de 12 ans, dans un club ou lors d'un stage avec un moniteur diplômé. On te prêtera le matériel.

Les spéléologues se déplacent rarement sur leurs deux pieds !

Grimper en marchant

Si tu as le vertige, choisis plutôt la randonnée pour explorer la montagne, ou même les bords de mer ou la campagne... Les chemins les plus connus sont les fameux « GR », sentiers de grande randonnée balisés par des bandes blanches et rouges. Il existe aussi des boucles courtes dans les villes et les villages. Prévois de bonnes chaussures de marche, de l'eau et des provisions. Ne pars jamais seul, et préviens quelqu'un de ton trajet.

Jamais seul !

Les grottes sont classées selon leur difficulté d'accès. Dans les plus faciles, tu peux pénétrer sans escalade. Mais la plupart comportent des « puits », dans lesquels on descend avec des échelles et des cordes. Les grottes les plus difficiles, profondes de plusieurs centaines de mètres, avec des passages très étroits et des courants très forts, sont réservées aux meilleurs. Ce sport peut être dangereux : ne pars jamais seul et préviens toujours quelqu'un qui puisse alerter les secours en cas de problème !

Stalactite ou stalagmite ?

La montagne abrite un trésor de grottes, de cavernes, de gouffres... où les concrétions formées par l'eau composent un fabuleux décor. Les plus connues sont les stalactites (avec un « t » pour te souvenir qu'elles tombent) et les stalagmites (avec un « m » car elles montent).

Se défouler, se dépasser, partager,
s'amuser... vive le sport entre copains !

COPAIN DES SPORTS

CAHIER PRATIQUE

Les métiers

Sportif professionnel de haut niveau

Pour être sportif professionnel, il faut avoir des prédispositions physiques, beaucoup s'entraîner et aimer la compétition.

Pas facile de devenir « pro »

Bien évidemment, être doué dans une discipline sportive, gagner des tournois et des championnats sont des conditions indispensables. Les entraîneurs viennent repérer les meilleurs jeunes lors de certaines compétitions. Tu devras entrer dans une section sport-études, être sélectionné pour entrer dans le centre de formation d'un grand club ou dans un centre national.

Une discipline rigoureuse

Les sportifs de haut niveau s'entraînent plusieurs heures par jour. Ils doivent participer à de nombreuses compétitions officielles et passent ainsi beaucoup de temps en déplacement. La majorité des sportifs exercent un autre métier pour vivre et pour préparer leur reconversion professionnelle.

Une carrière très courte

Il faut énormément de travail pour devenir et, surtout, rester un champion. Quelques rares sportifs « tiennent » pendant plus de 30 ans, comme la cycliste Jeannie Longo. Pour d'autres, la carrière se termine avant 25 ans ! Sans compter les blessures qui peuvent briser un avenir prometteur du jour au lendemain. Et bien sûr, les sportifs professionnels ne sont pas tous des champions et des stars...

Entraîneur

Il conseille, motive, rassure. Il surveille le physique de son « poulain » et soutient son moral : l'entraîneur a vraiment un rôle essentiel.

Des meneurs d'hommes et de femmes

Les entraîneurs professionnels sont peu nombreux. Ce sont souvent des éducateurs sportifs ou des professeurs très réputés, parfois d'anciens champions. Il n'y a pas de formation spécifique. Ces hommes et femmes ont une grande capacité à motiver les sportifs. Ils ont du charisme. Si certains entraînent de nombreux sportifs, d'autres s'occupent seulement d'un seul champion.

Complice avec le sportif

Il y a des entraîneurs très directifs et d'autres qui sont plus psychologues, qui essaient d'être à l'écoute des champions et de les comprendre. Un bon entraîneur doit encourager et pousser le sportif à faire de son mieux. Mais en même temps, il doit savoir rassurer et réconforter. C'est à lui d'aider le sportif à aller le plus loin possible sans mettre sa santé physique en danger et sans lui mettre trop de « pression ».

Savoir s'organiser

L'entraîneur travaille pour un club, une ligue ou une fédération. Il conçoit des exercices pour faire progresser le sportif. Mais il passe aussi énormément de temps à préparer et programmer les entraînements, ce qui suppose de solides connaissances en physiologie, anatomie...

Éducateur sportif

Si tu es parfaitement à l'aise dans une discipline et très patient, tu seras peut-être un jour ce moniteur sympa qui accompagne les premiers pas des débutants dans un sport individuel ou collectif.

Avoir la « pêche »

L'éducateur, appelé aussi « moniteur sportif », peut aussi bien travailler dans un club sportif, un centre de loisirs, un centre de vacances ou dans une station de sports d'hiver. Comme pour les professeurs, il faut d'abord avoir le sens de la pédagogie et le goût pour l'explication technique. En même temps, le moniteur doit être excellent dans la discipline sportive qu'il enseigne.

Diplôme obligatoire !

Pour exercer leur profession, les moniteurs sportifs sont obligés d'obtenir le BEES (brevet d'État d'éducateur sportif), accessible à partir de 18 ans. Tu pourras l'obtenir en passant directement l'examen ou après avoir suivi une préparation dans une école spécialisée dans les métiers du sport. Le bac n'est pas obligatoire. Mais tu devras réussir des examens théoriques du niveau d'une classe de terminale, une épreuve pédagogique et aussi des épreuves pratiques liées au sport que tu veux enseigner. Beaucoup de très bons sportifs deviennent moniteurs pour continuer à pratiquer leur sport favori.

Animateur sportif

Capable de pratiquer un grand nombre de sports, il a un bon niveau et connaît différentes disciplines. Il est dynamique et aime travailler dans la bonne humeur !

Mettre de l'ambiance

Pour être un bon animateur sportif, tu devras être capable d'initier tout le monde à presque toutes les disciplines sportives... en gardant le sourire ! Plus que les performances, c'est la qualité de l'animation qui compte. Tu dois aimer travailler en groupe, posséder le sens de la pédagogie et avoir un esprit de leader. Une bonne dose de patience et de bonne humeur est indispensable et il faut évidemment adorer le sport !

Animer où ?

L'animateur sportif doit disposer du BEESAAPT (brevet d'État d'éducateur sportif, option animation des activités physiques pour tous) qui est une spécialisation du BEES (*voir* ci-contre). Le plus souvent, il est expert dans un sport ou deux mais en pratique beaucoup d'autres. Il peut travailler dans différentes structures sportives, des centres d'animation socio-culturels... L'État et les villes emploient aussi des professionnels pour s'occuper du sport. Le ministère des Sports dispose d'inspecteurs chargés de vérifier les installations sportives ou d'organiser des initiations.

Professeur d'éducation physique et sportive

Un bon prof de gym, c'est celui qui rassure et encourage les craintifs, et qui pousse les plus doués à se dépasser.

Le désir de transmettre

C'est un métier d'enseignement, il faut donc aimer les enfants et avoir des qualités pédagogiques. Il est nécessaire de connaître de nombreux sports et de pratiquer plusieurs disciplines sportives, en particulier l'athlétisme, la gymnastique et la natation. Mais être bon en sport ne suffit pas : tu devras être patient et savoir bien expliquer tout en veillant à la sécurité des élèves. Si tu veux en savoir plus sur ce métier, discute avec ton prof de sport, tu le connais, alors profites-en !

Une formation de professeur

Après un bac scientifique, tu devras étudier 3 ans à l'université en STAPS (sciences et techniques des activités physiques et sportives). Puis, pendant un an, tu devras préparer le concours du CAPEPS (certificat d'aptitude au professorat d'éducation physique et sportive) à l'université ou par correspondance. Si tu l'obtiens, tu suivras une formation d'une année à l'IUFM (institut universitaire de formation des maîtres), comprenant des stages pratiques. Tu seras ensuite affecté dans un collège ou un lycée.

Journaliste de sport

Si tu suis avec passion l'actualité sportive, et si tu aimes les contacts humains, le journalisme est peut-être ta voie. Mais il y a peu de places...

Parler du sport

Tu peux travailler dans la presse écrite ou l'audiovisuel. Dans la plupart des pays, il existe un grand quotidien sportif, comme *L'Équipe* en France, et de nombreux magazines spécialisés. Il y a aussi beaucoup de chaînes de télévision qui sont spécialisées dans le sport comme Eurosport. Les radios, les télévisions et certains sites sur Internet proposent de nombreuses émissions et rubriques pour les passionnés.

Devenir incollable en sport

Pour être journaliste de sport, il faut bien sûr avoir une connaissance approfondie de nombreux sports et aussi des facilités pour l'écriture et/ou pour le commentaire en direct. La capacité à faire partager son enthousiasme est aussi très importante. Certains journalistes sportifs sont d'anciens sportifs de haut niveau. Mais la plupart ont étudié dans une école de journalisme. Généralement, on y rentre sur concours après avoir obtenu une licence à l'université. Certaines écoles prévoient une option sport en dernière année.

Gestionnaire

Les installations sportives, les centres d'entraînement, les stades ou encore les équipes de champions ont besoin de personnes qui sachent diriger une entreprise, faire sa publicité, organiser le quotidien et les grands évènements.

Les managers du sport

Pour être un bon gestionnaire, tu dois aimer le sport mais aussi être capable de prendre des responsabilités, de diriger une équipe, et avoir des connaissances approfondies en économie et en gestion. Les managers du sport sont aussi souvent des spécialistes de la communication, pour faire de la promotion ou pour passer des contrats avec des sponsors.

Des métiers divers

Les spécialistes de la logistique préparent les déplacements, d'autres personnes s'occupent du ravitaillement ou de la sécurité. Des professionnels ayant des compétences juridiques et économiques négocient les contrats avec les sportifs ou avec des partenaires.

Des cursus spécialisés

Certaines universités ou écoles de commerce proposent un master professionnel de gestion du sport. Pour t'y inscrire, il faut que tu réussisses ton bac et que tu fasses au moins trois années de formation universitaire en économie ou en communication. Il existe aussi des options de spécialisation en gestion des organisations sportives.

Médecin du sport

Il en existe de toutes sortes ! Certains travaillent pour des champions ou pour des organisateurs d'épreuves, d'autres sont installés en ville et soignent les « simples » sportifs.

Docteur du sport

Les médecins du sport sont d'abord de très bons... médecins ! Ils ont aussi une parfaite connaissance des milieux du sport, de la nutrition et des effets de l'entraînement. Ils ont étudié la médecine pendant sept ans à l'université, puis suivi une spécialisation d'un an qui donne une « capacité de médecine et biologie du sport ». Paresseux s'abstenir !

Kiné, ostéo...

Pour aider les sportifs, amateurs ou professionnels, à améliorer leurs performances ou à se soigner, il n'y a pas que les médecins. Parfois, les chirurgiens interviennent en cas de gros problèmes. Des spécialistes du cœur ou des articulations peuvent aussi être sollicités. Les kinésithérapeutes et les ostéopathes soignent les bobos musculaires ou articulaires des sportifs. Ils s'occupent de la rééducation des blessés. Les podologues sont spécialisés dans les problèmes de pieds, fréquents dans certains sports. Les nutritionnistes et les diététiciens mettent au point les régimes alimentaires à suivre pour être en pleine forme. Les sportifs peuvent aussi se faire aider par des sophrologues ou des acupuncteurs.

Adresses utiles

Fédérations sportives

Aéronautique
http://www.ff-aero.fr
Tél. : 01 44 29 92 00

Aïkido, aïkibudo et affinitaires
http://www.aikido.com.fr
Tél. : 01 43 48 22 22

Aïkido et budo
http://www.ffab-aikido.fr
Tél. : 04 98 05 22 28

Athlétisme
http://www.athle.com
Tél. : 01 53 80 70 00

Automobile (sport)
http://www.ffsa.org
Tél. : 01 44 30 24 00

Aviron
http://www.avironfrance.asso.fr
Tél. : 01 45 14 26 40

Badminton
http://www.ffba.org
Tél. : 01 49 45 07 07

Base-ball et softball
http://www.ffbsc.org
41, rue Fécamp
75012 PARIS
Tél. : 01 44 68 89 30

Basket-ball
http://www.basketfrance.com
Tél. : 01 53 94 25 00

Billard
http://www.ffbillard.org
Tél. : 04 70 96 01 01

Boomerang
http://franceboomerang.fr
05 56 49 56 69

Boules (sports de)
http://www.ffsb.fr
Tél. : 04 78 52 22 22

Bowling et sports de quilles
http://www.federationbowling.org
Tél. : 01 69 02 70 00

Boxe
http://www.ffboxe.asso.fr
Tél. : 01 49 42 23 72

Boxe française, savate et disciplines associées
http://www.ffsavate.com
Tél. : 01 53 24 60 60

Canoë-kayak
http://www.ffck.org
Tél. : 01 45 11 08 50

Char à voile
http://www.ffcv.org
Tél. : 01 45 58 75 75

Course d'orientation
http://www.ffco.asso.fr
Tél. : 01 47 97 11 91

Cyclisme
http://www.ffc.fr
Tél. : 01 49 35 69 00

Cyclotourisme
http://www.ffct.org
Tél. : 01 56 20 88 88

Éducation physique et gymnastique volontaire
http://www.ffepgv.fr
Tél. : 01 41 72 26 00

Équitation
http://www.ffe.com
Tél. : 01 58 17 58 17

Escrime
http://www.escrime-ffe.fr
Tél. : 01 44 53 27 50

Football
http://www.fff.fr
Tél. : 01 44 31 73 00

Football américain
http://www.fffa.org
Tél. : 01 43 11 14 70

Glace (sports de)
http://www.ffsg.org
Tél. : 01 41 58 40 40

Golf
http://www.ffgolf.org
Tél. : 01 41 49 77 00

Gymnastique
http://www.ffgym.com
Tél. : 01 48 01 24 48

Haltérophilie, musculation, force athlétique et culturisme
http://www.ffhmfac.fr
Tél. : 01 55 09 14 25

Handball
http://www.ff-handball.org
Tél. : 01 46 15 03 55

Handisport
http://www.handisport.org
Tél. : 01 40 31 45 00

Hockey
http://www.hockeyfrance.com
Tél. : 01 41 33 03 40

Javelot, tir sur cible
Tél. : 03 22 77 29 97

Judo, jujitsu, kendo et disciplines associées
http://www.ffjudo.com
Tél. : 01 40 52 16 16

Karaté et disciplines associées
http://www.ffkama.fr
Tél. : 0 820 200 651 (numéro indigo)

Kick boxing et disciplines associées
http://www.fkb-da.com
Tél. : 02 32 57 19 47

Lutte
http://www.fflutte.com
Tél. : 01 48 03 86 40

Montagne et escalade
http://www.ffme.fr
Tél. : 01 40 18 75 50

Motocyclisme
http://www.ffmoto.org
Tél. : 01 49 23 77 00

Natation
http://www.ffnatation.fr
Tél. : 01 40 31 17 70

Parachutisme
http://www.ffp.asso.fr
Tél. : 01 53 46 68 68

Pêche
http://www.federationpeche.fr
Tél. : 01 48 24 96 00

Pelote basque
http://www.ffpb.net
Tél. : 05 59 59 22 34

Pentathlon moderne
http://www.ffpentathlon.fr
Tél. : 01 40 78 28 41

Pétanque et jeu provençal
http://www.petanque.fr
Tél. : 04 91 14 05 80

Planeur ultra léger motorisé
http://www.ffplum.com
Tél. : 01 49 81 74 43

Polo
http://www.francepolo.com
Tél. : 01 44 14 10 00

Randonnée pédestre
http://www.ffrandonnee.fr
Tél. : 01 44 89 93 93

Roller-skating
http://www.ffrs.asso.fr
Tél. : 05 56 33 65 65

Rugby
http://www.ffr.fr
Tél. : 01 53 21 15 15

Rugby à XIII
http://www.ffr13.com
Tél. : 01 48 00 92 56

Ski
http://www.ffs.fr
Tél. : 04 50 51 40 34

Ski nautique
http://www.ffsn.fr
Tél. : 01 53 20 19 19

Spéléologie
http://ffspeleo.fr
Tél. : 04 72 56 09 63

Sport adapté
http://www.ffsa.asso.fr
Tél. : 01 42 73 90 00

Sport en milieu rural
http://www.fnsmr.org
Tél. : 01 45 78 01 78

Sports sous-marins (Études et)
http://www.ffessm.fr
Tél. : 04 91 33 99 31

Squash
http://www.ffsquash.com
Tél. : 01 55 12 34 90

Surf
http://www.surfingfrance.com
Tél. : 05 58 43 55 88

Tennis
http://www.fft.fr
Tél. : 01 47 43 48 00

Tennis de table
http://www.fftt.com
Tél. : 01 53 94 50 00

Tir
http://www.fftir.asso.fr
Tél. : 01 58 05 45 45

Tir à l'arc
http://www.ffta.fr
Tél. : 01 48 12 12 20

Triathlon
http://www.fftri.com
Tél. : 01 49 46 13 50

Twirling bâton
http://www.fftwirling.fr
Tél. : 03 82 50 42 42

Voile
http://www.ffvoile.net
Tél. : 01 40 60 37 00

Volley-ball
http://www.volley.asso.fr
Tél. : 01 58 42 22 22

Vol à voile
http://www.ffvv.org
Tél. : 01 45 44 04 78

Vol libre
http://federation.ffvl.fr
Tél. : 04 97 03 82 82

Fédérations scolaires

Union française des œuvres laïques d'éducation physique (UFOLEP)
http://www.ufolep.org
Tél. : 01 43 58 97 71

Union générale sportive de l'enseignement libre (UGSEL)
http://www.ugsel.org
Tél. : 01 44 41 48 50

Union nationale du sport scolaire (UNSS)
https://www.unss.org
Tél. : 01 42 81 55 11

Union sportive de l'enseignement du premier degré (USEP)
http://www.usep.org
Tél. : 01 43 58 97 90

Union sportive de la fédération de l'éducation nationale (USFEN)
Tél. : 01 42 39 48 48

Organisations nationales et internationales

Comité international olympique (CIO)
http://www.olympic.org/fr
Tél. : 41 21 621 61 11

Comité national olympique sportif français (CNOSF)
http://www.franceolympique.com
Tél. : 01 40 78 28 00

Ministère de la santé, de la jeunesse, des sports et de la vie associative
http://www.jeunesse-sports.gouv.fr
Tél. : 01 40 56 60 00

Divers

Fédération française des clubs omnisports
Tél. : 01 42 53 00 05

Fédération nationale des offices municipaux du sport (FNOMS)
http://www.fnoms.org
Tél. : 01 42 41 11 98

L'Équipe
http://www.lequipe.fr

Musée national du Sport
http://www.museedusport.jeunesse-sports.gouv.fr
93 avenue de France
75013 Paris
Tél. : 01 45 83 15 80

Union nationale sportive Léo-Lagrange
http://www.leolagrange-sport.org
Tél. : 01 48 10 65 83

Nos équipes ont vérifié le contenu des sites internet mentionnés dans cet ouvrage au moment de sa réalisation et ne pourront être tenues pour responsables des changements de contenu intervenant après la parution du livre.

Glossaire

Amateurs : personnes qui pratiquent un sport pour le plaisir et la forme, parfois sans participer à des compétitions. Dans certains sports, il n'y a pas de professionnels, et même les meilleurs restent des amateurs qui ont un travail « normal » à côté de leur activité physique. Jusqu'en 1980, seuls les amateurs pouvaient participer aux JO.

Association sportive : regroupement de sportifs autour d'une ou plusieurs disciplines. En adhérant à une association, tu pourras utiliser les équipements et les terrains, être assuré, bénéficier des conseils d'entraîneurs... et partager ta passion avec d'autres amateurs !

Champion : sportif de haut niveau, aux premières places des grandes compétitions. Il peut se distinguer par ses performances mais aussi par son esprit de compétition.

Championnat : compétition dans une discipline. Il en existe pour tous les âges, pour toutes les catégories et d'ampleurs différentes : dans une école, une ville ou un département, aux niveaux national, continental (Europe, Amérique, Afrique...), mondial et olympique.

Club : regroupement de sportifs dans une école, un collège, une ville ou un village autour d'une ou plusieurs activités. Il est dirigé par des bénévoles, mais les entraîneurs doivent avoir des diplômes.

Compétition (ou tournoi) : épreuve qui oppose plusieurs sportifs. On peut faire du sport sans participer à des compétitions mais elles permettent de se mesurer à l'autre. Elles se déroulent au sein d'un club, entre plusieurs clubs ou dans un cadre plus large. Dans certaines disciplines, les compétitions te permettent de gagner des points pour améliorer ton classement.

Coupe du monde : série de compétitions ou de tournois qui permettent de marquer des points. Le champion ou l'équipe qui en a marqué le plus remporte la coupe. Il existe aussi les compétitions par équipe qui se font par élimination jusqu'à la finale opposant les deux dernières équipes en lice. Dans la même année, il peut y avoir une Coupe du monde et un Championnat.

Division (ou ligue) : système de compétition qui permet à des sportifs de différents niveaux de se rencontrer sans que ce soit toujours les mêmes qui gagnent ! Dans chaque division, les sportifs et les équipes qui se rencontrent sont presque de même force. Les meilleurs de chaque année montent dans la division supérieure. Inversement, les derniers sont relégables, c'est-à-dire qu'ils vont descendre dans la division inférieure.

Dopage : pratique qui consiste pour un athlète à prendre des médicaments et des drogues pour améliorer ses performances ou pour pouvoir s'entraîner plus longuement. Non seulement, c'est interdit mais c'est aussi une prise de risque énorme pour la santé.

Échauffement : série d'exercices qui préparent le corps à l'activité sportive, notamment les muscles et les articulations. Il est indispensable avant chaque entraînement ou compétition.

Entraînement : échauffement, exercices et pratique d'un sport en vue d'améliorer son niveau. Les champions s'entraînent très régulièrement et très durement. À ton niveau, un ou deux entraînements par semaine suffisent.

Équipe : groupe de sportifs qui participent ensemble à une épreuve contre une équipe adverse. Ce terme s'applique le plus souvent aux sports collectifs. Mais tu peux aussi faire partie d'une équipe dans un sport individuel, celle de ton école par exemple.

Esprit sportif (ou fair-play) : attitude qui consiste à respecter l'adversaire, les règles du jeu et l'esprit de chaque discipline. C'est donc ne jamais tricher et savoir accepter la défaite.

Fair-play : voir esprit sportif.

Fédération : structure officielle qui organise les épreuves et fixe les règles de chaque sport.

Handisport : sport pratiqué par les handicapés.

Jeux olympiques (JO) : compétition multisport organisée tous les quatre ans au niveau international. Il existe les JO d'hiver pour le ski et les sports qui se pratiquent sur neige ou sur glace. Les JO d'été regroupent tous les autres sports.

Jeux paralympiques : JO pour les athlètes ayant un ou plusieurs handicaps physiques ou mentaux.

Légende : se dit d'un champion qui a réalisé des exploits extraordinaires ou marqué les esprits par des attitudes grandioses.

Ligue : voir division.

Sport-études : section scolaire dans un établissement qui aménage les horaires de façon à concilier entraînement et études et qui possède des structures adaptées.

Tournoi : voir compétition.

Index

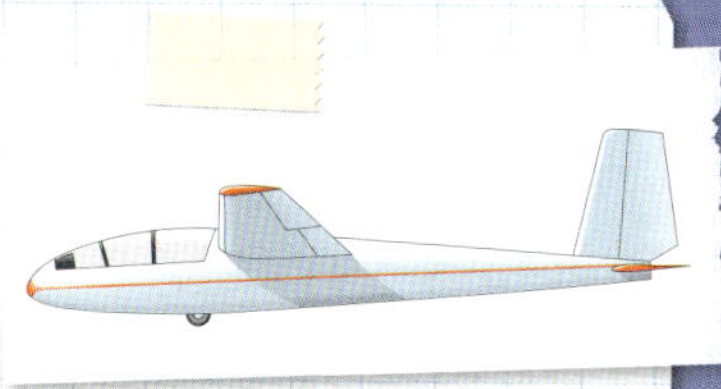

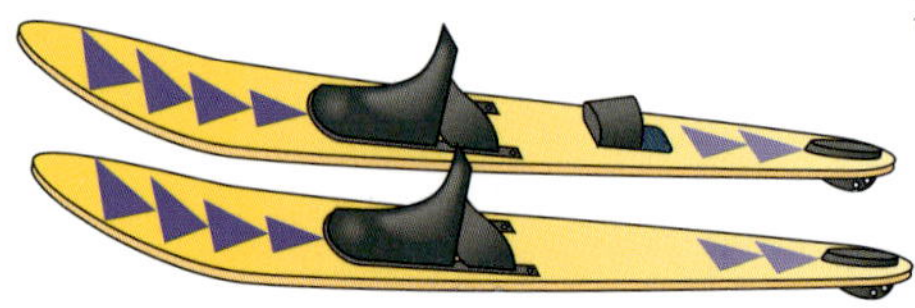

Crédit des illustrations et des photographies

Photographies

Presse sports

P. 8-9 Rondeau; p. 10 (h) Pochat; p. 11 (h) Rondeau; p. 11 (b) Nataf; p. 12 (h) Miguel Arguel Santos; p. 12 (bg) DR; p. 10 (h) Martin; p.16 Lablatinière; p. 17 Lahalle; p. 18 (h) Tony Nolar; p. 18 (b) Prévost; p. 19 Mao; p. 20 Patrick Gripe; p. 21 (hg) Mahé; p. 21 (hd) Luttiau; p. 21 (b) Pochat; p. 22 Pichon; p. 23 (h) DR; p. 23 (m) Fonds Excelsior; p. 24 (h) Martin; p. 24 (md) Alain Mounic; p. 25 (h) Martin; p. 25 (b) Lecoq; p. 26 (h, b) Martin; p. 27 (h) Matthias Hang; p. 28-29 Lahalle; p. 30 Lahalle; p. 32-33 Bongarts; p. 33 (b) Feure; p. 34 (m) Martin; p. 35 (h) Martin; p. 36 (b) Rondeau; p. 37 (h) Rondeau; p. 37 (b) De Martignac; p. 38 (g) Lablatinière; p. 39 (h) Fèvre; p. 39 (b) Martin; p. 40 (h) Fablet; p. 41 (h) Mao; p. 41 (b) Martin; p. 43 (m) Mantey; p. 42 (h) Boutroux; p. 42-43 Prévost; p. 44 (h) Martin; p. 44 (b) DR; p. 45 Lahalle; p. 46 Fablet; p. 46 Didier Fèvre; p. 4 DR; p. 49 Didier Fèvre; p. 50 (h) Claude Diderich; p. 50 (m) Nolwen Le Gouic; p. 50 (b) Lahalle; p. 51 Ebehart Thonfeld; p. 52-53 Philippe Caro; p. 54 (h) Marc Franotte; p. 54 (m) DR; p. 55 (hd) Robert Matt; p. 55 (hd) Jeroen Putnams; p. 56 Argueyrolles; p. 57 (h) Delorme; p. 57 (m) Mantey; p. 58 et p. 59 Bob Rosato; p. 60 (h) Luttiau; p. 61 Lahalle; p. 62 Mounic; p. 63 (h, md) Papon; p. 63 (mg) Martin; p. 65 Prévost; p. 66-67 Alès Feuzer/Gracia; p. 67 (h) Fablet; p. 69 Martin; p. 70 Martin; p. 71 Landrain; p. 72 Pochat; p. 73 Lablatinière; p. 74-75 Mantey; p. 76 Alain Mounic; p. 78-79 Alain Mounic; p. 79 (h) Luttiau; p. 80 Rondeau; p. 81 (md) Philippe Coutausse; p. 81 (bd) Nadine Rups/Witers; p. 82 Alain Mounic; p. 83 Lahalle; p. 84 Thierry Gromick; p. 85 Thierry Gromick; p. 86 (h) The star Ledger/US Presswire; p. 86 (b) Jeff Crow; p. 86-87 R.C. Modra; p. 87 The star Ledger/US Presswire; p. 88 Étienne Follet; p. 89 Étienne Follet; p. 90 Matthew Emmons/US Presswire; p. 91 (h) Lecoq; p. 91(b) Matthew Emmons US Presswire; p. 93 (h) DR; p. 93 (b) Tay Duclam/Witers; p. 95 (h) Mao; Boulanger; p. 96-97; p. 98 (h, m) Lahalle; p. 100 Fablet; p. 101 (h) Denis Boulanger; p. 101 (m) Feuré; 102-103 Denis Boulanger; p. 102 (b) Valéria Witers/Witers; p. 104 Boulanger; p. 105 (h) Mark Gunter; p. 105 (b) Denis Boulanger; p. 106 Rondeau; p. 107 (b) Papon; p. 108–109 et 109 (b) Denis Boulanger; p. 108 (b) collection Laget; p. 110 Alain Mounic; p. 110-111 Lynn Johnson; p. 111 (h) Lynn Johnson; p. Patrick Bolger; p. 112 Prévost; p. 113 Rondeau; p. 114 (g) C. Petit; p. 114 (b) Argueyrolles; p. 115 Rémy Artiges; p. 116 Christian Petit; p. 117 (h) Mathieu Lamarrez; p. 117 (b) Christian Petit; p. 120-121 Deschamps; p. 122 (mg) D.R.; p. 124 (h, bg, bd) Martin; p. 125 (hg, hd) Martin; p. 126 (h) Mantey; p. 126 (b) Fèvre; p. 127 (h) Fèvre; p. 127 (b) V. Witters; p. 128 (h) Prévost; p. 128 (b) Fèvre; p. 129 (h) Mochard; p. 130 Martin; p. 131 Landrain; p. 132 B. Crockford/Sport the library; p. 133 (m, b) Martin; p. 134 (g, d) Martin; p. 135 (h) Mantey; p. 135 (b) Martin; p. 136-137 P. Gripe; p. 138 (m) DR; p. 138 (b) Fablet; p. 139 (h) Rondeau; p. 140 Lahalle; p. 141 (h) Lahalle; p. 141 (b) A. Mounic; p. 142 (h) F. Seguin; p. 142 (b) Prévost; p. 143 (h) Sport the library/S. Hunziker; p. 143 (b) Papon; p. 144 (h) Fel; p. 144 (b) Mao; p. 145 (h) Agence zoom; p. 145 (m) Mao; p. 145 (b) Sport the library/D. England; p. 146 (b) De Martignac; p. 147 (h) D. Lafarge/Luxo; p. 148 (b) J. Torregano; p. 149 C. Amar; p. 150 (h) Mantey; p. 150 (b) DR; p. 151 (h) Fablet; p. 151 (b) Mantey; p. 152 (h) P. Huit; p. 152 (b) Deschamps; p. 153 (h) Lahalle; p. 153 (b) Papon; p. 154 L. Swiderek; p. 155 (h) C. Harris/Sport the library; p. 155 (b) C. Abad; p. 156 (h) L. Swiderek/S. Pérec; p. 156 (b) S. Pérec; p. 157 (h) V. Venzke; p. 157 (b) M. Hangst/Witters; p. 158-159 Seguin; p. 160 (h) Fel; p. 160 (b) B. Deprez; p. 161 (h) Rigoulet; p. 161 (b) Rondeau; p. 162 Laurent; p. 164 (h) J. Crow; p. 164 (b) G. Mingasson; p. 165 (b) D. Boulanger; p. 166 (h) De Martignac; p. 167 (h) Witters/Witters; p. 167 (b) Rondeau; p. 168 (h) M. Hangst/Witters; p. 169 (h) Lahalle; p. 169 (m) Lecoq; p. 170 (h) G. Piko/Argenpress; p. 170 (b) Eq. Images; p. 171 (h) P. Caron; p. 171 (b) P. Costabadie; p. 172-173 (h) M. Fred; p. 172 (b) Lablatinière; p. 173 (m) Papon; p. 174-175 J. Childs; p. 176 S. Bruty; p. 177 (h) Mao; p. 177 (b) Prévost; p. 178 Martin; p. 179 Lahalle; p. 180 S. Szwarc; p. 181 (b) Lahalle; p. 182 (hg) M. Hangst/Witters; p. 182 (hd) Fèvre; p. 182 (b) Prévost; p. 183 (hg, hd) Martin; p. 184 Sport the library/B. Stanley; p. 185 (h) De Martignac; p. 185 (b) Prévost; p. 186 Sports Illustrated; p. 187 (h) Fèvre; p. 187 (b) M. Hangst/Witters; p. 188 (h) Witters; p. 188 (b) Empics/P. S.; p. 189 (b) D. Stohmeyer; p. 190 (h) U. Richard; p. 190 (b) Moha; p. 191 P. Caron; p. 192 Sport the library/J. Childs; p. 196 (mh) T. McKenna; p. 196 (mb) J.-M. Derei; p. 196 (bd) Sport the library/J. Childs; p. 194 A. Laurel; p. 195 (b) A. Laurel; p. 197 Pochat; p. 198-199 Martin; p. 200 (h) Martin; p. 202 (h) A. Mounic; p. 202 (m) R. C. Modra Sports Illustrated; p. 202 (b) Martin; p. 203 Martin; p. 204 (h) Lahalle; p. 204 (b) Martin; p. 205 (h, b) Martin; p. 206 Martin; p. 207 (h) Martin; p. 207 (b) Sports Illustrated; p. 208 (h) Sport the library; p. 209 C. Amar; p. 210 Deschamps; p. 211 Nataf; p. 212 Landrain; p. 213 B. O'Neill; p. 214 Fèvre; p. 215 (h) Rondeau; p. 215 (b) Martin; p. 216 Fablet;

p. 217 (h) G. Favier ; p. 217 (b) Martin ; p. 218 P. Corgnet ; p. 219 (h) Mao ; p. 222-223 Mao ; p. 224 Deschamps ; p. 225 (h) Martin ; p. 225 (b) Bouly ; p. 227 L. Bordes ; p. 229 (m) Sport the library ; p. 230 C. Elfes ; p. 231 (h) J. Crow ; p. 231 (b) Mao ; p. 232 (h, m, b) C. Abad ; p. 233 (b) O'Born ; p. 234 T. Mc Kenna ; 235 (b) Sport the library/S. Carter ; p. 236 (h) A. Zuberer ; p. 237 (h) A. Cooper ; p. 237 (b) A. Hodalic ; p. 240 Nataf ; p. 242 Lahalle ; p. 243 Pochat.

Corbis :
P. 15 (h) Tony Aruzza ; p. 13 (b) Duomo ; p. 34 (h) Kerim Okten ; p. 36 (h) Robichon ; p. 38 (bd);) Kerim Okten ; p. 107 Bettman ; p. 125 CSPA/NewSport ; p. 148 (h) R. Morsch ; p. 163 (h) A. Inden/Zefa ; p. 163 (b) DLILLC ; p. 165 (hg) D. Lefranc/Kipa ; p. 165 (hd) F. Gerard ; p. 181 (h) M. D. de Lossy ; p. 189 (h) V. Smirnov/Itar-Tass ; p. 195 (h) D. Stiplovsek/EPA ; p. 196 (h) P. Morris ; p. 196 (bg) K. Fleming ; p. 196 (md) E. Kreutz/Newsport ; p. 200 (b) Z. Holloway ; p. 201 (h) Kishimoto/Amanaimages ; p. 201 (b) L. Psihoyos ; p. 208 (m) F. Seguin ; p. 219 (b) P. Giraud/Sygma ; p. 220 H. Benser/Zefa ; p. 221 (h) J. Vanuga ; p. 221 (b) W. & D. Mc Intyre ; p. 226 C. & A. Purcell ; p. 228 J. Houck ; p. 229 (h) A. Focus/Index stock ; p. 229 (b) G. Kalt/Zefa ; p. 233 (h) J. Prévost/Temp sport ; p. 235 (h) W. Manning ; p. 237 (m) G. Mendel ; p. 238 T. Pannell ; p. 241 R. Cummins.

Journal L'Équipe :
P. 6 (h, b) ; p. 7 (h) ; p. 22 (m) ; p. 32 (h) ; p. 55 (b) ; p. 67 (m) ; p. 76 (b) ; p. 112 (m) ; p. 135 (hd) ; p. 151 (mh) ; p. 203 (mh) ; p. 210 (m).

Milan/D. Chauvet :
P. 100 (h) ; 103 (h) 122 (bg) ; p. 122-123 (m).

Milan/Yaël Kung
P. 15 (h).

Illustrations

– Toutes les illustrations des copains sont de **Laurent Audouin**.
– Toutes les infographies sont de **Roland Chenel**.

Corinne Deletraz
P. 12 ; p. 13 (hg).

Couverture

De gauche à droite :
Bob Van Den Cruijsem / Presse Sports
Mantey / Presse Sports
Jeff Crow / Sport the Library / Presse Sports
Fond stade : Rondeau / Presse Sports.

Illustrations de **Laurent Audouin** et **Roland Chenel**.

Malgré tout le soin apporté à cet ouvrage, des erreurs ont pu se glisser dans ses pages. Nous apprécierions que des lecteurs nous en fassent part pour que nous les corrigions avant une prochaine réédition.